[양극성 장애의 치료]

대인관계 및 사회적 리듬 치료의 임상가 가이드

Ellen Frank 저 | 김빛나 역

Treating Bipolar Disorder

A Clinician's Guide to
Inter**p**ersonal and
Social **R**hythm **T**herapy

학지사

Treating Bipolar Disorder: A Clinician's Guide to Interpersonal and Social Rhythm Therapy
by Ellen Frank

TREATING BIPOLAR DISORDER

역자 서문

양극성 장애에서 경험적으로 효과가 입증된 심리치료로 대인관계 및 사회적 리듬 치료(IPSRT)라는 치료법이 개발되었다는 사실은 관련 논문을 통하여 일찍이 전해 들은 바 있었지만, 실제로 원서를 구해 읽은 것은 2016년 1월이었습니다. 당시 저는 학지사에서 출간을 준비 중이던 이상심리학 시리즈 중 『양극성 장애』의 개정 작업을 진행하고 있었습니다. 국내 독자들에게 IPSRT에 대한 정확한 정보를 소개하고픈 소망에서 매뉴얼을 구해 직접 읽게 되었는데, Frank 박사님께서는 IPSRT에서 중요한 치료적 도구인 사회적 리듬 차트 양식을 『양극성 장애』 개정판에 수록할 수 있도록 흔쾌히 보내 주시기도 했습니다.

그 후로 저는 이 책을 저 혼자가 아닌, 다른 국내 독자들과 공유하며 함께 읽고 싶다는 생각을 갖게 되었습니다. 비록 이 책이 출간된 지도 약 10년이 흐르기는 했지만, 양극성 장애와 관련된 경험적 이론과 연구 결과들을 충실하게 수록하고 있을 뿐만 아니라 양극성 장애의 심리치료를 위해 실제 임상에서 적용 가능한 유용한 개입법들을 소개하고 있는 이 책의 장점은 여전히 빛바래지 않은 것으로 보였기 때문입니다. 특히 국내에서는 양극성 장애의 심리학적 연구나 심리학적 치료에 관한 참고자료들을 충분히 찾아보기 어려운 실정이기 때문에, 저와 같은 정신건강 관련 분야 종사자나 학생 및 수련생들에게는 유용한 지식의 보고가 될 수 있겠다는 확신이 들었습니다.

번역이 쉬운 책은 아니었습니다만, 저와 같은 갈증을 가지고 있는 어떤 독자에게 조금이라도 도움이 될 수 있다면 충분한 보람을 느낄 수 있을 것 같습니다. 간혹 번역체로 느껴질 만한 문장들이 있지만, 이 책은 '임상가 가이드'로 실용서이기 때문에 정확한 의미 전달을 우선시하여 의역을 자제하고 가급적 직역을 하였음을 밝히며 양해의 말씀을 드립니다.

마지막으로 이 책의 번역본을 가장 먼저 읽고 오탈자를 검토해 준 남편 고영건과 편집에 수고해 주신 학지사 편집부의 김서영 님에게도 감사의 인사를 전합니다.

저자 서문

대인관계 및 사회적 리듬 치료(IPSRT)의 시작

대인관계 및 사회적 리듬 치료(IPSRT)는 어느 하루에, 정확히 말하면 1990년 7월 14일에 구상되었다. 그전의 10년 동안 나는 재발성의 단극성 우울증을 겪는 사람들을 위한 대인관계 치료의 보호효과를 검증하는 장기적인 유지치료 연구를 하고 있었다. 본래 열성적인 인지치료자였던 나는 연구를 준비하면서 Klerman, Weissman, Rounsaville과 Chevron(1984)의 대인관계 치료(IPT)를 배웠고 믿을 수 없이 단순한 이 우울증 치료의 힘에 매료되었다. 개종한 사람보다 더 열성적인 신도는 없다고 한다. 1989년경 나는 인지치료에서 IPT로 개종을 했다고 볼 수 있을 것이다.

연구의 일환으로 우리 연구팀은 가족 심리교육 워크숍을 하고 있었는데, 부분적으로는 연구 참여자들의 가족 구성원을 모집하기 위한 목적이었다. 우리는 가족 구성원들이 우울증이 실재하는 것이고 잠재적으로 치명적인 병이라는 것을 진정으로 이해하고, 환자들이 얼마나 괴로움을 겪는지를 분명히 보고 우리가 진행하는 연구의 목적과 이 연구가 결국에는 환자 가족들에게도 도움이 될 것이라는 것을 이해한다면, 환자 가족들이 치료와 연구에 있어 협력 파트너가 될 것이라고 믿었다. 그 당시 정신의학에서 이 생각은 상당히 급진적인 것이었지만, 바로 이 급진적인 생각이 National Depressive and Manic-Depressive Association(NDMDA, 현 Depression and Bipolar Support Alliance)에 호소력이 있었다.

우연히 나의 46세 생일이기도 했던, 그 운명적인 7월 14일에 NDMDA는 치료에 있어 가족 참여라는 주제에 관하여 전국 모임에서 강연을 해 달라고 부탁했다. 강연이 점심시간 이후에 예정되어 있었음에도 불구하고, 비행 스케줄 때문에 나는 시카고에 아침 일찍 가야만 했다. 양극성 장애 환자들과 직접적인 경험이 많이 없는 다른 대부분의 임상가들과 마찬가지로, 나는 양극성 장애가 이미 해결된 문제라고 생각했었다. 그렇지만 NDMDA 모임에서 5시간 만에 내가 틀렸다는 것을 깨달았다!

나는 그날 New York Mental Health Players라는 단체의 공연을 보는 것으로 일정을 시작했다. 그 공연은 양극성 장애 환자들이 삶에서 겪는 문제들을 보여 주는 짤막한 사례들로 구성되어 있었으며, 각 사례들을 보여 준 뒤 청중의 코멘트와 토론을 위한 시간이 있었다. 그 토론 시간 동안 분명해진 것은 양극성 장애에 매우 강한 사회적 낙인이 찍혀 있다는 것과 청중 사이에 있던 NDMDA 회원들이 그것 때문에 얼마나 고통을 겪었는가 하는 것이었다. 리튬을 복용한다는 사실을 이야기했다가 해고된 전직 간호사 여성의 이야기가 아직도 기억난다.

또한 인상적이었던 것은 그날 아침에 거기 있던 사람들의 교육 수준과 현재 그들의 직업 상태 간의 엄청난 간극이었다. 청중들 중에는 박사학위 소지자들이 가득했지만, 택시기사로 근근이 살아가거나, 과거에 회계사였지만 이제는 할인점 점원으로 일하거나, 고도로 훈련된 전문가였지만 지금은 아예 직업이 없는 사람들도 있었다.

NDMDA 회원들과 함께 노스웨스턴 대학교 캠퍼스의 잔디밭에 차려진 아름다운 장소에 앉아 점심식사를 했지만, 내가 들은 대화는 그 아름다운 7월의 밝음과는 극명한 대조를 이루었다. 회원들은 (예를 들자면, 마라톤같이) 자신에게 중요한 활동을 하는 것에 대해 정신과 의사들이 리튬을 복용하면서 병행할 수 있도록 도와주기보다는 아예 참여하지 않도록 만류하는 점에 대해 불평했다. 회원들은 자신들이 받는 치료의 질이 낮고, 자신들에게 치료에서 필요한 것이 단지 약만은 아니라는 점을 임상가들이 이해하지 못한다고 이야기했다.

강연을 하기 전 화장실에 들렀는데, 거기서 그날 모임의 응급 입원 프로토콜이 얼마나 잘 운영되고 있는지에 대해 이야기하는 회원과 자원봉사자의 대화를 엿듣게 되었다. 비록 모임의 이틀째였지만 벌써 세 명의 참가자들이, 아마도 그곳에서 강렬한 경험에 과잉 자극되어 입원을 해야만 했다.

나는 (자리가 비어 있을 것이라는) 보통 발표자들이 갖는 환상을 품은 채 강연이 예정된 장소에 도착했는데, 모든 좌석이 만석이었을 뿐만 아니라 양극성 장애 환자와 그들의 가족들이 강당 뒤편에 줄을 서 있었고 계단과 교단 앞에도 모두 사람들이 앉아 있었다. 치료에서의 가족 참여는 이 사람들이 듣고 싶어 했던 주제라는 것이 확실해 보였다.

강연을 하는 한 시간 반 동안 나는 이 환자들과 가족들의 양극성 장애와 관련된 심리사회적 이슈들에 대한 관심과 장애에 대한 정확한 지식을 얼마나 절실히 원하는지 그리고 성공적인 치료를 위해서 가족들을 참여시키는 것이 얼마나 중요한지에 대해 집중 특강을 받는 것 같았다. 내가 강연장을 떠날 때까지 말 그대로 모든 사람들이 서 있었다. 그들에게 무언가 필요하다는 강렬한 느낌이 나에게 뚜렷이 감지되었다. 만약 내가 강당을 재빨리 떠나지 않는다면 집으로 돌아가는 비행기를 탈 수 없으리란 것을 알았다. 그래서 약간은 (파파라치는 없지만) 팬들에게 쫓기는 록스타 같은 느낌으로, 복도에서 최대한 많은 질문에 대답하고자 노력하면서 황급히 종종걸음을 쳐 차를 타러 갔다.

마침내 리무진의 문이 닫히고 차까지 나를 따라온 열두 명 가량의 사람들을 돌아보면서, 나는 내 인생의 다음 10년은 이 환자들과 그 가족들을 위해 헌신할 필요가 있음을 확신했다. 곧바로 단어들이 머릿속에서 떠올랐고 나는 내가 무엇을 해야 할지 정확히 알았다. 그것은 대인관계 치료를 사회적 리듬 조절 치료와 결합시키자는 것이었다.

나는 그날 이전의 몇 년 동안 Western Psychiatric Institute and Clinic과 맥아더 재단 연구 네트워크의 동료들과 함께 사회적 차이트게버(social zeitgeber, 시간조절신호－메트로놈을 생각해 보라)와 단극성 우울장애의 관계에 대하여 이론화하고 있었다. 리무진에서의 바로 그 순간 나는 우리의 이론이 단극성 우울장애보다 양극성 장애에 더 잘 적용된다는 점을 갑자기 깨닫게 되었다. 또한 환자들이 규칙적인 사회적 리듬을 확립하고 유지하도록 돕는 행동치료적 요소를 계획하는 것은 어렵지 않을 것 같았다. 비록 환자와 가족들이 그렇게 하도록 설득하는 일은 조금 도전적일 수 있겠지만 말이다.

집에 돌아가면 그날 저녁 우리 집 뒷마당에서 새로운 전공의 환영 파티가 열릴 예정이었다. 열여덟 명의 긴장한 1년차 전공의와 그들의 가족들을 맞이하기에 앞서, 나의 남편이자 동료인 David Kupfer에게 이 새로운 아이디어에 대하여 말할 시간은 단 몇 초뿐이었다. 그날 밤 잠자리에 들기 전 우리는 편지봉투 뒤편에 IPSRT의 개략적인 초안을 적을 수 있었다. 이제 남은 것은 정교화와 경험뿐이었다.

우리가 그날 개발한 치료법은 대인관계 치료의 핵심적 구성요소에 기초한 것이었다. 즉, 환자가 가진 장애의 역사를 고려하고, 그 장애에 대하여 환자를 교육시키고, 기분 증상을 관리하고, 환자의 삶에서 대인관계 영역을 살피고 그것이 기분장애와 어떠한 관련성을 맺고 있는지를 알아보고, 현존하는 대인 관계적 문제를 완화하고 예방하는 것이다. IPSRT가 Klerman 등(1984)이 만들어 냈던 다른 수정된 치료법들과 다른 점은 사회적 리듬 또는 환자의 삶에서의 규칙적 일과에 초점을 맞춘 행동수정 요소를 추가한 것이었다.

나와 동료들은 1980년대 후반 이후로 발표한 논문들에서 기분장애(주요우울증과 양극성 장애)가 일주기 리듬의 교란, 생체시계의 이상을 반영한다는 주장을 해 왔다(Ehlers, Frank, & Kupfer, 1988; Ehlers, Kupfer, Frank, & Monk, 1993). 이 두 기분장애의 많은 증상이 규칙적인 24시간 리듬을 가진 것들이라는 것을 생각해 보라. 그 증상에는 수면(과 각성), 배고픔, 에너지, 주의집중력, 심지어는 기분 자체까지 속한다. 나아가 우리는 출근 시간, 보통 가족들과 저녁을 먹는 시간, 좋아하는 TV 프로그램이 끝나는 시간과 같이 외부적인 사회적 요인들이 생체시계를 맞추는 데 도움을 준다는 점을 이야기했다. 사회적 요인들이 이와 같은 방식으로 기능할 때 사회적 차이트게버가 된다. 그리고 우리는 사회적 일과의 변화나 방해가 일어나는 것을 차이트스퇴러(zeitstörer) 또는 시간 교란자라고 명명하였는데, 이는 생체시계를 교란시켜 자연스럽게 조율된 생체리듬을 망가뜨릴 수 있다. 우리의 결론은 기분장애에 취약한 사람들을 새로운 기분삽화(우울증 또는 조증)로 이끄는 것이 바로 사회적 차이트게버의 상실이나 차이트스퇴러의 출현이라는 것이었다.

그날 리무진에서의 잠시 동안 나는 인지치료의 일정 계획하기와 모니터링 기법을 차용해서 환자들이 규칙적인 사회적 리듬을 만들고 유지하도록 돕기 위해 응용하는 일이 비교적 쉬울 것이라고 생각했다. 또한 이러한 시도들이 기존 대인관계 치료의 네 가지 대인관계 문제영역 중 적어도 세 가지와는 자연스럽게 맞아떨어질 것이라고 생각했다. 그 세 가지 대인관계 문제영역은 미해결된 애도 경험을 해소하기, 중요한 역할 전환을 협상하기 그리고 중요한 타인과의 역할 갈등을 해결하기 등이었다. 따라서 IPSRT는 (일주기 체계의 교란을 예방하고자 하는 바람에서) 사회적 리듬을 규칙적으로 만드는 노력들을 통합함으로써 제I형 양극성 장애 환자들이 약물치료에서 얻는 성과를 더욱 증진하고, 더불어 환자들의 대인관계와 사회적 기능을 증진하기 위한 치료법이 되었다. 기존의 네 가지 대인관계 영역에 새로운 영역인 '건강한 자기를 상실한 것에 대한 애도'가 추가된 것은 질병에 대한 수용과 치료에 대한 협조를 증진하기 위함인데, 그 두 가지가 특히 어려운 이슈가 되는 양극성 장애 환자 집단의 특성을 반영한 것이다.

우리가 양극성 장애의 약물치료를 증진하거나 보완할 수 있는 심리치료를 개발하는 작업에 착수하였을 때, 우리 스스로에게 질문했던 것들 중 한 가지가 바로 '일류 임상가들이 양극성 장애를 가진 환자에게 적절한 약물을 처방하는 것 외에 어떤 일들을 하는가?' 하는 것이었다. 우리는 전문적인 약물치료자들이 양극성 장애 환자들을 진료할 때 처방받은 약물을 잘 복용하는 것과 더불어 일련의 생활양식 변화들을 늘 추천한다는 점을 깨달았다. 더욱이 이러한 생활양식 수정들은 제I형 양극성 장애의 병리에 생리학적 불안정성이 핵심적인 것으로 가정하는 모델과 모두 일관된 것이었다. 따라서 IPSRT에 대한 우리의 근거는 재발성 기분장애의 병리생리학에 대한 일반적인 이해와 연구 문헌들에 모두 기초한 것이라고 볼 수 있다.

NDMDA 협회 모임에 다녀온 날 이후로 IPSRT는 동료들과 수많은 환자들의 도움 덕분에 초보적인 아이디어에서 매우 정교화된 치료법으로 진화할 수 있었다. 그러나 우리가 환자들로부터 배워 가면서 IPSRT는 계속하여 진화할 것이라고 생각한다. 당신도 이 책을 읽고 이 치료법을 사용하면서, 환자들이 새로운 기분삽화의 재발 위험성을 줄일 충분한 규칙성을 유지하는 동시에 지지적인 대인관계와 만족스러운 사회적 역할들을 갖출 수 있도록 도울 수 있는 추가적인 방법들에 대하여 분명 생각해 내게 될 것이다.

TREATING BIPOLAR DISORDER

차례

1장

환자들

18세에 Jill의 미래는 매우 창창해 보였다. 그녀는 자신에게 완벽하리라 생각했던 유명 대학에 입학 허가를 받은 상태였다. 밝고 믿음직한 친구가 여러 명 있었고, 근처에서 대학에 다닐 예정인 멋진 남자친구와 자신을 아끼고 지원해 주는 부모가 있었다. 고등학교 시절에 몇 번의 어려운 학기가 있기는 했었다. 그럴 때면 좀처럼 에너지와 열정이 생기지 않거나, 아침에 일어나기 너무 힘들거나, 하얀 터틀넥을 입을지 회색 터틀넥을 입을지를 결정하는 데에만 몇 시간이 걸리거나, 평소에는 강했던 집중력이 약해져 역사 교과서의 한 문단을 읽거나 영어 수업을 위해 짧은 시 한 편을 읽을 때에도 거듭하여 여러 번 읽어야만 하거나, 평소에는 활기 넘치던 이 젊은 여학생에게 그 무엇도 재미있게 느껴지지 않곤 했다. 이런 시기들은 그녀의 부모를 당황스럽게 했지만, 그들은 이것을 사춘기의 변덕스러움 정도로 생각했다. 특히 봄이 오면 딸이 자기 자신의 상태와 성적을 혼자 힘으로 회복했기 때문이었다.

Jill은 과거 집에서의 정돈된 일과와 비교하여 대학생활의 무질서함에 적응하는 데 어려움을 겪었다. 집에서는 저녁식사가 6시 반에서 7시 사이였고, 자정이면 집 전체에 불이 꺼졌으며, 토요일이면 오전 10시쯤 아버지와 함께 러닝을 했고, 일요일에는 교회에 다녀와 할머니 댁에서 가족모임을 가지곤 했다. 대학에서 1년을 보낸 뒤, 집에서처럼 생활하는 것이 훨씬 더 낫다는 것을 절감한 Jill은 이 혼란 가운데서 질서를 지키고픈 욕구를 공유하고, 밤샘공부를 하는 것이 멋지지 않다고 생각하며, 자고 싶을 때는 문 앞에 '방해하지 마시오(Do Not Disturb)' 표시를 기꺼이 거는 룸메이트를 찾았다.

우등생으로 대학을 졸업한 Jill은 대학원에 입학하게 되었다. 그녀는 자신이 잘 할 수 있으면서 동시에 개인적 삶을 병행할 수 있으리라 생각한 전공을 선택했다. 그녀는 박사학위와 결혼이라는 양대 목표를 이루며 대학원 과정을 마쳤다. 그녀와 (역시 영문학 교수를 꿈꾸던) 남편은 운 좋게도 동부에 있는 같은 도시에 자리를 잡을 수 있었고, 그로부터 2년 후 첫 자녀가 태어날 때까지 그들 삶의 모든 것이 잘 정돈되어 있는 것처럼 보였다. 그러나 출산 후 5일만에 Jill은 그들 부부가 알지 못했던 낯선 사람이 되어 있었다. 한순간 발작적으로 흐느끼다가 그다음에는 거창해졌고 말이 조리에 맞지 않았다. 그녀는 자신의 아기가 '사탄의 표시'를 가지고 있다고 확신했고, 아기가 전적으로 정상이라고 이야기하는 소아과 의사에게 아기가 불운한 존재라고 말하는 데 거리낌이 없었다. 다행히 소아과 의사는 그녀의 흥분되고 정신증적인 혼재성 상태가 산후 정신증(postpartum psychosis)이라는 것을 알아보았고 정신과 치료를 의뢰했다. 남편과 부모 그리고 당연히 Jill 자신의 반대에도 불구하고, 그녀를 의뢰받은 정신약리학자는 Jill이 원치 않더라도 입원을 해야 한다고 주장했다. 며칠 내에 다량의 리튬, 소량의 전형 신경이완제의 도움을 받아 Jill은 이전의 자기 모습을 되찾은 것으로 보였다.

정신과 의사는 지난주 동안 일어난 일들이 장기적인 예후와 관련해서 의미하는 바를 설명하려고 했지만, '조울증'이나 '양극성 장애'라는 단어는 Jill이나 가족 누구도 듣기를 원했던 말이 아니었다. "우리 가족 중에 이런 병을 가진 사람은 없었어요. 조울증은 유전병이잖아요. 심장병 가족력은 있지만, 이런 비슷한 것은 전혀 없었다고요." 그럼에도 불구하고 정신과 의사는 사춘기부터 시작된 경미한 계절성 기분변동의 과거력, 이번 삽화 전에 전반적으로 양호한 적응 수준과 대인관계를 가졌다는 점, 출산 직후 즉각적으로 첫 번째 정신증 삽화가 발병한 점 그리고 무엇보다 중요하게는 리튬과 적은 용량의 항정신증 약물에 반응하여 빠른 치료반응을 보였다는 점을 들어, 이 모든 사실들이 그녀가 양극성 장애로 진단되어야 한다는 점을 가리킨다는 것을 주장하였다.

이후로 수개월이 지나면서, Jill은 가르치는 일을 재개했고 다시 칭찬을 받게 되었다. 그녀는 애정을 가지고 자녀를 보살피는 데 어려움을 느끼지 않았고, 남편과도 충만한 삶을 누릴 수 있었다. 아들의 출산 이후 그 기이한 기분삽화는 그것만 아니었더라면 완벽했을 인생에 일어났던 이상 경험으로, 그녀 자신과 가족들에게는 그냥 잊고 싶은 것이었다. 그녀는 정신약리학자와의 예약을 취소할 구실들을 계속 찾았다. 다른 더 중요하고 의미 있는 일들이 많았다. 결국 그녀는 리튬을 다 소진했고, 의사가 대단히 심각하게 예상했던 것과는 반대로 아무 일도 일어나지 않는 것 같았다.

그 후로 몇 년간은 모든 것들이 잘 되어 갔다. 자녀, 경력 그리고 결혼생활은 번창했다. Jill의 아들이 세 살이었을 때, 친했던 올케가 임신을 하게 되었다. 집필을 위해 그해 겨울학기를 쉬고 있던 Jill은 아기 키우는 것을 돕기 위해 시애틀로 가겠다고 자원했다. 도착한 지 며칠이 지나자 그녀는 자신이 실수를 했다는 점을 깨달았다. 남동생과 올케의 좁은 아파트에는 Jill과 아들이 사용할 여유 공간이 전혀 없었다. 규칙적인 일과를 거의 지키지 못했고, 신생아와 함께였기 때문에 그 무엇도 스케줄에 맞춰 진행되지 않았다. Jill은 아들을 달래거나 제시간에 밥을 먹이거나 밤에 책을 읽어 주는 일과들이 이렇게 끊임없이 변동하는 집 안에서는 거의 불가능하다는 것을 깨달았다. 그리고 비가 끊임없이 왔다! 따라서 그녀와 아들은 그 집을 벗어날 수가 없었다. 곧 그녀는 고등학교 시절 힘들었던 시기와 유사한 기분을 느끼기 시작했다. 가장 최악이었던 것은 그녀가 남편과 거의 이야기할 수 없었다는 것이다. 3시간의 시차와 사적 공간의 부재 때문에 그녀는 '버팀목(rock)'이라고 여기던 남편으로부터 완전히 분리된 느낌이었다. Jill은 집으로 돌아올 즈음 거의 움직일 수 없는 우울증에 빠졌다. 집필은 불가능했다. 한 문단을 읽어 내려가기 전에 다른 생각에 빠지곤 했다. 그녀는 애써 일상을 유지해 나갔는데, 남편이 귀가할 즈음 식탁을 차리는 정도의 일만 간신히 해내는 수준이었다. 사실, 대다수의 날들에는 남편이 귀가할 때 그냥 소파에 앉아 있거나 TV를 바라보고 있거나 또는 남편이 벌써 왔다는 사실에 놀라곤 했다. Jill도 남편도 무슨 일이 벌어지고 있는 것인지 설명할 길이 없었고, 이러한 무기력과 아들을 출산한 직후의 경험 사이의 관계성에 대하여 알지 못했다.

자학과 자책 후에 Jill은 봄 학기에도 학교로 돌아갈 수 없다는 것을 깨달았고 병가를 냈다. 그리고 결국 다시는 돌아가지 못했다.

거의 1년이 걸렸지만, 마침내 Jill의 우울증이 나아졌다. 그녀와 가족들은 그동안 일어난 일들에 대해 여러 이유들을 찾아냈다. 스스로를 너무 몰아붙였다, 학계의 경쟁적인 분위기가 잘 맞지 않았다, 너무 예민했다, 학생들에게 너무 헌신적인 나머지 학생들의 요구에 맞추느라 자신의 경력을 우선시하는 것이 어려웠다 등등이 그 이유였다.

아마도 그녀는 좀 더 친절하고 덜 경쟁적인 분위기에서는 잘했을 것이고 여전히 문학을 가르치는 즐거움을 느낄지도 모를 일이다. 그녀는 어려움 없이 작은 사립 여자고등학교에 직장을 구했다. 학교 측은 그런 경력을 가진 사람이 학생들을 가르친다는 사실에 흥분했고, 다른 교사들은 따뜻하고 우호적이었으며 학생들도 모두가 바라는 대로 똑똑하고 탐구심이 있었으며 항상 준비가 되어 있었다. 그녀는 아무것도 새로 만들어 내지 못했으나 행복했다. '이 일은 아이가 자랄 때까지는 괜찮을 거야. 그런 다음엔 대학으로 돌아갈 거야.'

그녀의 삶이 대략 정상으로 돌아갔을 때 Jill과 남편은 둘째를 임신하기로 결정했다. 임신 기간은 평탄했고 그녀도 잘 지냈으며, 곧 여름방학이 시작할 예정이었으므로 둘째 아들을 출산하기 전주까지 수업을 했다. 그러나 출산하고 병원에서 돌아와 하루가 채 지나기 전에 Jill의 남편은 이전의 출산 후 경험이 반복되는 듯한 불길한 징조들을 발견했다. 그는 지난번에 Jill을 치료했던 정신약리학자와 연락을 하려고 했으나, 이사를 한 뒤였다. 그는 어디로 가야 할지를 몰랐다. 그는 Jill의 부모에게 뭐라고 이야기해야 할지 두려웠고, 이 모든 것이 자신의 기우이기를 바랐다. 그렇지만 소아과 의사에게 첫 번째 산후 진료를 가야 할 날 즈음에는 Jill이 첫 번째 출산 후보다도 더 나쁜 상태라는 것을 부정할 수 없었다. 그리고 그의 생각에는 Jill을 이 문제에 직면시키는 데 소아과 의사에게 도움을 구할 수 있을 것 같았다.

이번에는 부모님의 도움 덕에 Jill의 남편은 그녀가 병원에 자발적으로 입원하도록 간신히 설득해 낼 수 있었다. 입원 후 차츰 약의 효과가 나기 시작했다. 다시금 Jill은 리튬과 전형 신경이완제의 병합치료에 잘 반응했고 10일 만에 집에 돌아올 수 있었다.

자신의 병에 어떠한 패턴이 있다는 것을 더 이상은 부정할 수 없었던 Jill은 새로운 정신약리학자를 정기적으로 만났고 시간에 맞춰 약을 복용하는 등 치료를 받기로 결심했다. 가을에 그녀는 자신이 사랑하는 가르치는 일을 다시 시작했고 그 후로 몇 년간은 잘 지내는 듯이 보였다. 두 아들은 왕성하게 성장했지만, 그녀와 남편은 딸도 한 명 갖기를 원했다. 그들은 의사에게 자문을 구했고, 의사는 그녀가 지난 출산 후로 복용해 왔던 리튬을 천천히 감량하여 끊고 출산하기 몇 주 전부터 다시 시작하면 세 번째 산후 기분삽화를 막을 수 있으리라 생각했다.

의사가 미처 계산하지 못했던 것은 Jill이 임신 5개월만에 유산을 하리라는 것이었다. 급격한 호르몬 변화와 유산의 정서적 여파로 그녀는 다시 정신증 삽화를 겪게 되었고 입원을 했는데, 이번에는 약물치료에 대해 전과 같은 신속한 반응을 보이지 않았다. 의사는 약을 바꾸어 가며 시도해 보았으나, 어떤 약도 그녀의 망상과 조증적 흥분을 가라앉히지 못했다. 이전에는 그녀의 정신증적 사고의 주제가 된 적이 없었던 남편은 그녀가 '내가 이 기분 나쁜 정신병원에 갇혀 있는 동안' 다른 직장 동료와 바람을 피웠다고 비난하기 시작하자 엄청난 충격을 받았다. 그는 수업과 다른 학과 업무들 그리고 날뛰는 어린 아들 둘을 감당하면서 매일 밤 그녀를 면회하려고 애썼지만, 전체 병동에 들리고도 남을 만큼 큰 소리로 악의적인 비난을 퍼붓는 그녀는 남편을 한계까지 몰아갔다. 밤마다 집에 가면 그의 머릿속에서 병원에서 있었던 끔찍한 장면들이 반복하여 재생되었고, 그가 글을 쓰거나 학생들의 과제를 읽거나 또는 아이들과 놀아 줘야 할 시간들에도 하루 종일 그 기억이 떠나지 않았다.

마침내 Jill의 치료진은 전기충격치료(electroconvulsive therapy: ECT)만이 조증을 통제할 가능성이 있을 것이라는 결론을 내렸다. 그녀의 남편은 매일 밤 자신이 겪는 수모를 멈출 수 있는 것이라면 무엇이든지 절실하게 원했다. 여전히 그들 사이에 관계의 끈이 남아 있어서 그는 ECT가 퇴원할 방법일 수 있다는 점을 그녀에게 설득시킬 수 있었다. 첫 번째 ECT 후 그는 차이가 생긴 것을 볼 수 있었다. 이 치료법은 효과가 있을 것이었고, 이전의 행복한 일상으로 돌아갈 수 있을 것이었다. 그들이 꿈꾸던 딸은 외관상으로나마 정상적인 삶으로 돌아가는 것에 비해서는 전혀 중요하지 않았다. 그리고 그의 생각이 맞았다. ECT는 Jill의 조증을 완전히 가라앉혔다. 그러나 집에 돌아왔을 때의 그녀는 취약하고 이전과는 다른, 그가 알던 Jill과는 영 딴판인 사람이 되었다. 그녀는 조용했다가 짜증스러웠다가를 반복했고, 신체적인 친밀한 접촉은커녕 대화를 하기도 힘들었다. 그들은 모든 것들에 대해 다투기 시작했다. 자녀들, 언제 저녁을 먹을지, 그가 연구실에서 얼마나 시간을 보내는지(어쩌면 그녀는 아직도 그가 바람을 피운다고 생각하고 있었는지도 모른다), 집 안이 얼마나 지저분한지.

가을이 다가오면서, Jill은 1년간 휴직하던 학교를 찾아가 다음 학기 일정에 대해 상사와 의논할 약속을 잡았다. 그제야 그는 Jill에게 자리를 다른 대체교사가 이미 채웠다는 것을 이야기했다. 학교 측은 매우 미안해했고, 유산이 그녀에게 분명 힘든 일이었으리란 것을 이해한다고 하였다. 그녀는 집에 도착한 것을 모를 정도로 정신없이 운전을 해서 돌아왔는데, 마치 마지막 닻이 들어올려지고 완전히 표류하는 듯한 기분이었다. 잠깐 그녀는 누군가에게 가서 '이야기'하고 싶다고 생각했으나, "우리 가족들은 그렇게 안 한다. 우리는 자기 문제는 스스로 처리해."라는 어머니의 목소리가 머릿속에 울렸다.

Jill은 근방의 큰 공립 고등학교에서 가르칠 자리를 구할 수 있을지도 모르겠지만, 가르치는 스트레스를 감당하기에는 자신이 너무나 취약해져 있다는 것을 깨달았다. 대신 집 근처 아동 서점에 일을 구했다. 적어도 서점에서는 그녀가 아이들보다 먼저 퇴근해서 저녁을 준비하고 예전처럼 집안일을 돌볼 시간을 줄 것이었다. 그러나 이제는 아무것도 중요하지 않은 것처럼 보였다. 남편과의 관계는 소원해졌고 그들은 늘 싸웠으며 아들들은 통제가 되지 않았고 집안은 혼란스러웠다. 어느 날 밤 남편은 귀가하지 않았고, 어떤 면에서는 그것이 안도감을 주었다.

그 다음날 남편은 서점으로 찾아와 잠시 커피 마실 시간을 갖자고 했다. 카페에서 그는 아젯밤 밤새 캠퍼스를 걸으며, 자신이 평화롭게 돌아갈 수 있는 집을 얼마나 필요로 하는지를 그녀에게 어떻게 이야기를 해야 할지를 고민했다고 말했다. 자신이 Jill과 아들들을 돌봐 줄 테니 걱정할 필요는 없지만, 집을 나가 별거하고 싶다고 했다. Jill에게 과거 '버팀목'이 되어 주던 남편은 재정비할 시간이 필요해진 것이었다.

Jill이 대인관계 및 사회적 리듬 치료(IPSRT)를 받기 위해 찾아온 시점에는 남편과 3년 이상 별거 중이었고 이혼은 임박한 일이었다. 그녀는 남편이 서점으로 찾아온 날부터 일하러 가지 않았다. 그녀는 자기 자신에게 언젠가는 돌아가 일하리라 이야기했지만, 실제로 돌아가지는 않았다. 마침내 서점은 문을 닫았고 그녀는 취직할 다른 곳을 생각해 낼 수 없었다. 그녀는 금전적으로 그럭저럭 살아갔지만, 이제 곧 전남편이 될 그의 대학 월급으로는 더 많이 지원받을 수 없었다. 그녀의 부모는 도와주지 못하거나 또는 도와주지 않았다. 부모님은 왜 그녀가 대학교수 일을 계속할 수 없었는지를 아직도 이해하지 못했다. 아이들은 학교에서 문제를 일으키기 시작했고 그녀는 어찌해야 할 바를 몰랐다. 여름은 더 최악이었다. 세 가족은 하루 종일 하릴없이 보냈고, 적당한 시간에 잠자리에 들지도 않았으며 일어나고 싶을 때에 일어났다. 결국 그녀는 다음 해는 아들들과 이렇게 생활하지는 않으리라 결심했다. 자신의 삶을 다시 되돌리기 위해 도움이 필요했다. 그녀는 언제 친구들과 만나 시간을 보냈는지 또는 그러기를 원했던 적이 언제였는지를 기억할 수 없었다. 정확히 말해 우울한 것은 아니었지만, 지난 입원 후로 완전히 회복한 적도 없었다. 복용하는 약이 딱 맞지도 않는 것 같았고, 예전과 같은 에너지와 열정이 돌아올 것 같은 느낌이 들기 시작할 때마다 의사와 그녀는 둘 다 크게 우려하며 더 많은 약을 복용하기로 동의했다. 약 12년 전에는 그리 확실해 보였던 창창한 Jill의 미래는 어디로 간 것일까?

Jill의 사례는 여러 측면에서 양극성 장애를 겪는 사람들에게 전형적이며, 불행히도 어떤 심리사회적 치료나 심리교육을 전혀 받지 못한 환자들의 경우와 특히 유사하다. 인생 초기에 그녀는 대단한 에너지, 지적인 장래 그리고 양호한 사회적 관계를 가지고 있었다. 정돈된 일상을 영위했던 따뜻하고 지지적인 가족을 포함해서 초기 양육 환경의 우수함은 비교적 경미하고 짧아서 그리 두드러지지 않던 계절성 우울 외에는 기분장애의 양상이 거의 드러나지 않도록 보호해 주었다. 잘 기능하기 위해서 무엇이 필요한가(규칙적인 일과, 충분한 수면, 체계성 등)에 대한 그녀 자신의 성숙함, 분별심 그리고 지혜가 대학, 대학원 과정 그리고 결혼과 직업 생활의 초기 동안 그녀를 보호해 주었다. Jill의 사례에서는 출산과 연관된 엄청난 호르몬과 일주기 리듬 상의 문제가 양극성 장애를 촉발시켰다. 일단 발병하게 되자, 이전에 그녀를 보호해 주었던 것들—직계가족에서 분명한 기분장애가 없었던 점, 부모의 기본적인 완고함, 그녀와 가족들의 정신장애에 대한 순진한 태도—이 결국은 그녀를 몰락하게 하는 원인이 되었다. 만약 그녀와 가족들이 기분장애에 관한 심리교육을 어떤 식으로든 더 받았더라면, 첫 조증 이후로 발생했던 조증들과 심각한 우울증을 막을 수 있었을지도 모른다. 그녀는 운 좋게도 첫 번째 약물에 양호한 치료반응을 나타내 증상들이 잘 조절되었다. 그러나 처음에는 그녀 자신도 가족들도 양극성 장애가 전 생애에 걸쳐 지속되는 것이며 재발할 가능성이 있다는 것을 진정으로 이해하거나 받아들이지 못했다. 만약 그녀가 양극성 장애의 관리와 그 장애의 맥락에서 발생할 수 있는 대인 관계적 문제들에 대한 심리치료를 받았더라면, 시애틀로 여행을 가지도 않았을 것이고 결혼생활에서 발생하는 일들에 대하여 그리 어리둥절해하지도 않았을 것이다. 이 지점에서는 정신약리학자조차도 무엇이 필요한지를 보지 못했다. 어떠한 종류의 심리사회적 개입 없이는 많은 양극성 장애 환자들이 Jill의 삶에서와 같이 회복하기 어렵게 점차 악화되는 경과를 밟게 된다.

그렇지만 Jill은 여전히 여러 가지 장점을 유지한 채 IPSRT 치료를 받으러 왔다. 아마도 가장 중요한 것은 그녀가 자신의 삶의 방향을 바꾸고자 하는 상당한 동기를 갖고 있었다는 점이었다. 또한 그녀는 지적이고 말하는 것에 능하고 비교적 통찰력이 있었다. 비록 10여 년 전의 자기 자신과는 달라졌지만, 젊은 시절 가지고 있던 사회적 기술도 어느 정도 보유하고 있었다. 그리고 발병 시점이 성인이 된 이후였기 때문에 그녀는 충분히 기능한다는 것이 어떤 것인지에 대한 감이 있었다. 비록 그럴 수 있었던 것이 오래전이었지만 말이다.

Jill의 IPSRT 치료자는 고등학교 시절의 계절성 기분변화까지 거슬러 올라가 양극성 장애의 병력을 청취하는 것으로 치료를 시작했다. 치료자는 Jill과 함께 병력의 타임라인을 만들어 냈는데, 언제 어떤 기분삽화가 있었는지, 어떠한 치료를 받았는지, 증상의 발생과 연관된 상황적 요소들이 있었는지 등이 그녀의 결혼 및 직업 상태와 더불어 포함되었다. 치료자는 그녀의 기분삽화 발생에 일주기 체계 문제와 호르몬 변화가 연결되어 있다는 점을 지적했다. 또한 규칙적 일과를 지킬 때 얼마나 더 잘 생활했는지도 이야기했다. 그는 어떤 약이 가장 효과가 좋았는지를 알기 위해서 그동안 복용했던 다양한 약에 대해서 물었다. 그런 다음 '대인관계 질문지'를 작성했는데, 이것은 현재 Jill에게 중요한 인간관계와 과거 중요했던 인간관계에 대하여 검토하는 것이었다. 치료자는 한때 두루 원만했던 이 여성이 지금은 얼마나 사회적으로 고립되어 있는지를 발견했다. 병력을 청취하고 대인관계 질문지를 작성하면서 치료자는 그녀의 직업적 기능이 분명히 저하되었다는 점도 알 수 있었다. 네 번째 회기에서 치료자는 Jill과 함께 IPSRT 문제영역들을 이야기했고, 그녀가 과거 직업적으로나 아내로서 잘 기능했던 이전 삶과 건강한 자기 자신을 상실해 버린 것에 대해 우선 애도할 필요가 있다는 점에 동의했다. 그들은 그녀가 이혼 후 싱글인 한부모로서의 삶으로의 전환을 아직 충분히 이루지 못했다는 점에 대해서도 이야기했지만, 이것은 치료에서 나중의 주제로 미뤄 두었다. 처음에는 치료에서 Jill과 아이들이 규칙적 일과에 편입되도록 집중해야 했다. 다행히도 Jill의 치료자는 규칙적인 일정이 있을 때 기분이 더 나아질 것이라는 점에 대해 그녀를 그리 오래 설득할 필요는 없었다. 치료자는 사회적 리듬 차트(Social Rhythm Metric)를 주고 다음 치료 회기 전까지 작성해 오도록 했다. 그 다음 주 그녀가 치료를 받으러 왔을 때, 치료자는 사회적 리듬 차트에서 아침에 일어나는 시간이 3시간까지나 차이가 나는 점을 알아차렸다. 기상 시간이 생체시계를 맞추는 경향이 있기 때문에, 치료자는 Jill이 매일 정해진 시간에 규칙적으로 일어나도록 권했다. 당시는 여름이었고 아이들이 등교할 필요가 없었기 때문에, 치료자는 일단 오전 9시를 목표 시간으로 잡았고 점차 더 이른 시간에 기상할 수 있도록 도울 생각이었다.

또한 치료자는 Jill에게 아침 식사를 만들고 아침마다 가족들이 모여 앉아 먹는 것을 제안했는데, 이 활동이 Jill의 자존감뿐만 아니라 그녀의 생체시계를 맞추는 데 도움이 되고, 아이들의 일상에도 안정감을 더해 줄 것이라는 생각에서였다. 치료를 받으러 올 때마다 치료자는 그녀가 치료에서 보이는 진전을 칭찬했고 그녀에게 어려운 도전으로 생각되었던 것들을 지키도록 격려했다. 치료자는 정기적으로 그녀의 증상과 새로운 치료 약물에 대한 반응 그리고 잠재적인 부작용에 대해서 물어보았다. 비교적 규칙적인 일과를 갖게 되자, 치료자는 그녀가 과거 전도유망한 젊은 교수로서의 자기 자신을 잃어버리게 된 것을 애도할 수 있도록 도왔다. 치료자는 한때 지지적이었던 부모들이 그녀의 병에 대해서는 대개 부인함으로써 그녀를 실망시켰다는 점에 대해 이해할 수 있도록 조심스럽게 접근했다. 치료자는 Jill에게 부모와 함께 넷이서 치료 회기를 가지는 것이 유용할지를 물어보았고, 그녀가 머뭇거리며 마지못해 그러자고 대답하자 합동 심리교육 회기에 대한 계획을 Jill이 마음의 준비가 된 이후로 미루어 두었다. 치료자는 결혼생활과 이혼이 그녀에게 가지는 의미를 더 깊이 탐색했다. 치료자는 Jill이 지금 어떠한 삶을 원하는지 그리고 그중 어떤 것들을 가능하다고 생각하는지를 이해하고자 노력했다. 그 후로 몇 달 간 Jill은 어쩌면 아주 천천히 자신의 병을 스스로 다스릴 수도 있을 도전으로 받아들이게 되었고, 한부모로서의 삶도 일정 부분 만족스러울 수 있는 것으로 수용하였다. 얼마 후 부모와의 합동 심리교육 회기를 시도했을 때, 치료자는 Jill의 부모가 너무나 자의식이 강하며, 화가 나고 실망한 상태여서 치료를 통한 도움을 받지 않고는 딸을 돕지 못할 것이라는 것을 알았다. Jill의 치료자는 합동 심리교육 회기 이후 그녀가 부모와 연결감을 다시 느낄 수 있도록, 부모들이 그녀에게 덜 비판적인 지원군이 되어 줄 수 있도록 도왔다. 치료자는 Jill에 대해 적정 수준의 기대를 가지고자 했으며, 이를 그녀에게 전달했다. 할로윈 즈음에 이르러 Jill은 아들의 친구와 그 부모들을 초대한 작은 파티를 열 수 있을 정도로 회복되었다. 그녀의 아이들은 엄청나게 기뻐했고, Jill도 자기 자신에 대해서 어쩌면 최근 몇 년만에 처음으로 기쁜 감정을 느꼈다. 그들은 그녀가 다시 일을 시작할 수 있을 것인가는 아직 미정으로 남겨 두었고, 당분간은 꾸준한 회복세에서 Jill의 기분을 안정되게, 일상을 규칙적으로 그리고 아이들과의 가정생활과 학교생활을 유지하는 것을 계속해 나가기로 하였다.

어떤 면에서 Tad는 Jill보다 운이 좋은 경우였지만, 그들의 이야기는 거의 비슷하게 시작한다. 18세에 Tad의 미래는 매우 밝아 보였다. 어릴 때부터 예술가로서의 재능이 있던 그는 전국적으로 명성이 있는 예술대학에 입학했다. 그는 세계적으로 알려진 교수와 회화를 공부할 기회를 가지게 되었는데, 앨라배마의 작은 마을에서 자라 진짜 박물관에 한 번도 가 본 적이 없었고 미술 명작이라고는 어머니가 일하는 도서관에서 빌려온 미술책에서만 본 터였다. 예술적 관심 때문에 중학교 때부터 외톨이였지만, 이제 자신이 오랫동안 꿈꾸어 오던 것을 실제로 해 볼 수 있게 된다는 것에 고등학교에서 겪었던 어려움들이 다 사라지는 것만 같았다. 사실 그 때의 어려움은 상당했었다. 몇 달씩 말도 할 수 없을 정도로 슬프다가 갑자기 곧 죽을 것만 같은, 숨이 멎는 듯한 불안감에 휩싸이거나, 며칠간 짜증스러워지는 시기가 오면 인내심이 강한 성자 같은 그의 어머니조차도 더 이상 참을 수가 없는 상태가 되거나 말 그대로 이 세상에서 완전히 버려진 듯한 느낌이 들곤 했다.

대학에서 그는 한두 명이 아니라 수십 명의 소울 메이트들을 찾을 수 있었는데, 이들은 Tad만큼이나 강한 예술적 관심을 가지고 있었으며 자신들의 열정에 대해서 다음날 아침 해가 밝을 때까지 밤을 새워 이야기하고 싶어 하는 사람들이었다. 그리고 학교 근처에는 박물관들이 있었다! 지하철 한 정거장 거리에 있는 박물관에서는 눈과 머리를 위한 진정한 향연이 펼쳐졌다. 그는 원할 때마다 한 시간 정도를 내어 피카소나 렘브란트 또는 반 고흐의 진품을 보러 갔고, 고등학교 때와는 달리 끝없는 에너지를 지닌 것만 같아 보였다. 실제로 몇 주 내에 그는 잠을 잘 필요가 없어지는 경험을 하게 되었다. 오후 시간을 박물관에서 보내고 밤새 학교 친구들과 이야기를 해도, 방에 돌아왔을 때에는 아직 숙제와 프로젝트들을 명석하게 완수해 낼 수 있는 에너지가 남아 있었다! 가장 멋지고 독창적인 아이디어들이 끊임없이 떠올랐다. 보도의 시멘트 안의 광물들에 햇빛이 반사되는 것이 그에게는 반 고흐의 〈별이 빛나는 밤〉처럼 보였다. 새벽녘 기숙사 방에 걸어 돌아가면서, 휘어진 오래된 나무들의 그림자가 미켈란젤로의 〈죽어 가는 노예〉 그림과 같은 힘과 강렬함을 가진 것으로 느껴졌다. 이전에는 이 같은 경험을 해 보지 못했다! 첫 학기의 기말 과제를 계획해야 될 시간이 되었을 때, 그는 지도교수에게 약간 비밀스럽게 계획에 대해 말하지 않았는데, 지도교수는 Tad의 최근 작업들이 대단히 탁월했기 때문에 이 학생이 무엇을 가져올지 시간을 두고 기다려 보기로 마음을 먹었다. 경악스럽게도 Tad가 기말과제로 발표한 것은 복잡하고 시각적으로 놀라운 설치 작품이었는데, 그것은 여학생 기숙사에서 하나씩 훔쳐 온 여성 속옷으로 하룻밤 새에 만들어 낸 것이었다. 그 설치 작품에 덧붙인 설명은 마치 미친 사람이 쓴 것처럼 전혀 이해할 수 없는 내용이었다. 지도교수도 학교당국도 속옷의 주인인 여학생들도 전혀 즐겁지 않았다. 다음날 학장이 그를 면담했을 때, 이 사태가 마약에 중독되어 생긴 것이 아니고 Tad가 정신적으로 아프다는 것이 명확해졌다.

학교당국은 즉시 조증 치료를 의뢰했고, Tad는 IPSRT 치료진에 여러 가지 도전 과제들을 안겨 주었다. 물론 처음에 그는 자신에게 어떠한 문제가 있다거나 치료를 받을 필요가 있다는 것 자체를 부정했다. 치료진이 가까스로 치료를 시작할 수 있었을 즈음에 이미 조증은 약물로 통제하기 어려운 상태였고, 그는 실제 나이가 열여덟 살이었음에도 불구하고 사회적으로는 마치 열네 살인 듯이 행동했다. 이 대도시에서 그는 치료진 외에는 어떠한 지지체계 없이 혼자였다. 과잉자극과 마약에 접근이 쉬운 기숙사로 그를 돌려보내는 것은 가능한 선택지가 아니었다. 치료진은 Tad와 함께 주거 및 학업 계획을 세웠는데, 이것은 일단 부분적으로 그리고 나중에는 완전히 학교로 돌아갈 수 있도록 하기 위한 것이었다. 그는 치료진이 약물 복용을 돕고 편의점 파트타임 아르바이트를 하면서 생활할 수 있는 시설에 들어갈 예정이었다.

그 후로 두 번의 심각한 조증 삽화, 심리치료 회기들이 지나고 치료진의 확고한 지지와 격려 덕분에 Tad는 마침내 지속적인 약물치료의 필요성을 받아들이게 되었다. 불행하게도 증상에 효과가 있는 약물은 Tad의 손을 떨리게 하는 부작용이 있어, 그는 화가의 꿈을 포기할 수밖에 없었다. 그러나 마티스와 같이, 그는 지도교수의 도움을 받아 다른 매체로 작업하는 법을 배웠다. 비록 6년이 걸렸지만 Tad는 학교를 졸업했고 그 6년 동안 몇 배로 성숙해졌다. 심리치료는 그가 한 때 가졌던 꿈들—걸작을 만드는 것, 외국으로 여행을 하거나 유학을 떠나는 것, 자신에게 주어진 재능을 최대한으로 사용하는 것—을 애도하는 것과 증상을 통제하고 계속적으로 관리하는 것에 초점을 두었다. 이것에는 매우 규칙적인 일정을 지키는 것, 충분히 자는 것, 과도한 자극을 피하는 것 그리고 규칙적 일과라는 것에 반하는 미술계의 분위기에서도 적절한 수면을 확실히 취하는 것이 포함되었다. 졸업 준비를 하던 시기에 Tad는 양극성 장애가 자신에게 부과하는 여러 한계들을 수용하기에 이르렀다. 과잉자극과 마약의 유혹이 있는 도시에 머무르기보다 자신이 성장한 고향으로 돌아가기로 결정했다. 앨라배마에서는 다시 아프게 되더라도, 어머니와 누나의 도움에 의지할 수 있다는 것을 그는 알고 있었다. 여전히 재능 있고 열정적인 예술가였지만, 그는 어머니가 사서로 일하는 학교에서 초등학교 미술 선생님의 자리를 수락했다. 그곳에서 어머니는 그의 기분 변화를 가까이서 관찰해 줄 것이었다. 그는 학생들을 매우 아꼈고, 학생들도 그와 그의 열정을 사랑했다. 그의 주치의가 그에게 약물을 처방했고, Tad와 그 의사는 모두 치료진과 정기적으로 연락을 취했으며, 이것은 그가 안정되고 만족스러운 삶을 사는 길로 이끌었다.

Tad의 이야기는 나이 어린 양극성 장애 환자가 장애 경과의 초기에 숙련되고 헌신적인 치료진을 만나는 행운을 가졌을 때 어떻게 달라질 수 있는가의 좋은 예시이다. 처음부터 치료진들은 그가 건장한 체격(약 190cm, 90kg)과 재능을 지니고 있음에도 불구하고, 병에 대항할 어떠한 기술이나 지지체계도 갖지 못하고 이 대도시에 홀로 남겨진 겁에 질린 작은 소년이라는 점을 알아보았다. 그들은 처음에 그가 자신의 병을 부정하고 치료에 순응하지 않는 것을 지극히 정상적인 것으로 해석하였고, 그에게도 그렇게 말해 주었다. 그가 거칠게 대했음에도 치료진은 조증 입원 기간과 그 후의 심각한 우울증과 자살 위험 시기 동안 곁에 머물렀다. 전화로 또는 어머니의 방문 기간에 치료진은 가족들에게 Tad에게 무슨 일이 일어나고 있는지, 양극성 장애가 그의 장단기 계획에 어떤 영향을 미칠지 그리고 그가 꿈꿔 온 커리어를 불가능하게 만드는 약이 생존을 위해 왜 필요한지를 교육했다. 그 과정에서 매 단계마다 치료진은 그가 잃고 있는 것에 대하여 함께 슬퍼하고, 성취해 가는 것들을 축하했다. 비록 지난 10년 동안 서로 면 대 면으로 만난 적은 없지만, 자신이 선택한 삶에 대한 인정과 이뤄 낸 것에 대한 치료진의 관심은 그에게 자부심의 원천이었다.

비록 Jill과 Tad가 양극성 장애와의 싸움에서 매우 다른 단계에 치료를 시작하게 되었지만, IPSRT는 둘 다에게 적절한 치료법인 것으로 증명되었다. Jill의 사례에서 IPSRT는 증상과 스트레스, 감당 불가한 책임들의 늪에서 그녀가 빠져나올 수 있도록 도와주었다. 비록 그녀가 22세에 꿈꾸었던 삶은 아니었지만 그래도 그녀는 치료를 통하여 적절한 자부심과 자녀들과의 안정적인 삶을 되찾았다. Tad의 사례에서 IPSRT는 양극성 장애와 동반된 삶의 한계들을 수용하지 못했더라면 빠질 수도 있었을 위험으로부터 그를 구했다. 그 또한 자신이 처음에 기대했던 것은 아니었을지라도 존엄성과 만족을 갖춘 삶을 찾았다.

IPSRT는 제I형 양극성 장애 청소년과 성인을 염두에 두고 개발되었다. IPSRT는 적어도 두 번 이상의 조증 삽화와 그리고/또는 우울증의 경험이 있는 18세 이상의 제I형 양극성 장애 환자들을 대상으로 한 무작위 임상시험(randomized clinical trial)에서 효과가 검증되었다. 또한 우리는 예비연구에서의 일화적인 증거들과 IPSRT 치료자들을 훈련시킨 경험으로부터 IPSRT가 더 어린 환자들이나 첫 기분삽화를 겪는 환자들 그리고 제II형 양극성 장애 환자들에게도 적절한 치료법이 될 수 있다는 시사점을 얻을 수 있었다.

어떤 환자들에게 IPSRT가 필요할 수 있는지에 관해서는 『정신장애의 진단 및 통계편람』의 IV판(DSM-IV; American Psychiatric Association, 2000, pp. 350-355)에 수록된 조증 삽화, 주요우울증 삽화 그리고 제I형 양극성 장애에 관한 내용이나 Goodwin과 Jamison의 『Manic Depressive Illness』(1990)에 제공되는 양극성 장애에 대한 광범위한 설명을 참조하기 바란다. 간단히 이야기하자면 제I형 양극성 장애의 핵심적인 특징은 조증 삽화를 평생 동안 한 번 이상 경험하는 것이다. 우울 삽화도 대개는 함께 나타나게 되지만, 공식적인 DSM-IV 진단을 위한 요구조건은 아니다. 대조적으로 제II형 양극성 장애의 진단은 경조증 삽화와 우울 삽화가 모두 있어야 한다. 공식적인 진단적 고려사항은 별도로 하더라도, IPSRT는 (잠깐 있다 사라지는 일시적 기분 변동과 비교하여) 분명하게 두드러지는 감정 기복의 시기와 (경)조증이나 우울증과 연관된 인지적 · 신경생리적 변화들을 동반하는 어떤 환자에게라도 적용할 수 있다. (경)조증과 관련된 그러한 변화들로는 고양된 자존감과 (때로는 조증에서 망상적 수준에 이르는) 과대사고, 수면 욕구의 감소, 증가된 에너지와 성적 관심 및 활동, 빨라진 말과 생각 그리고 결과에 대한 고려 없이 쾌락적 활동에 과도하게 몰두하는 것이 있을 수 있다. 우울증과 관련해서는 평소 즐겁던 활동들에 대한 흥미가 감소하는 것, 에너지가 줄어드는 것, 수면과 식욕 그리고 체중의 변화(증가 또는 감소), 생각하고 집중하거나 기억하거나 결정을 내리는 것이 어려움, 자존감이 저하되는 것, 죽음이나 자살에 대한 생각이 드는 것 등의 변화가 있다.

비록 역학 자료에 따르면 제I형 양극성 장애가 남녀에서 비슷한 비율로 나타난다고 하지만(연구에 포함된 대부분의 산업화된 사회에서는 평생 유병률이 약 1%임), 우리의 경험상 양극성 장애 때문에 자발적으로 치료를 찾는 사람들의 약 2/3는 여성이다. 이 성비는 제II형 양극성 장애에서는 더 높다. 전통적인 조울병이라고 할 수 있는 제I형 양극성 장애 그리고 보다 완화된 형태인 제II형 양극성 장애, 달리 세분되지 않는 양극성 장애(bipolar disorder not otherwise specified)와 순환감정 장애는 사춘기 후기 또는 20대 초반에 처음 시작되는 경향이 있으나, 이 환자들이 적절한 진단을 받기까지는 수년 또는 수십 년이 걸린다. 특히 조증이 정신증을 동반하지 않거나 지나치게 파괴적이지 않거나 또는 어떤 방식으로든 기능적인 경우에는 병력을 신중하게 살피지 않는다면 양극성 장애의 측면을 간과할 수도 있다. 우리가 피츠버그 대학교에 보유하고 있는 약 3,000명의 양극성 장애 환자 명부에서 보면 환자들이 첫 기분삽화를 겪은 시점부터 정확한 진단을 받기까지 약 10년이 소요되는 것으로 나타났다(Kupfer, Frank, Grochocinski, Cluss, et al., 2002).

아마도 이 책의 도입부인 이번 장에서 더 중요한 것은 IPSRT가 우울증 또는 (경)조증 상태의 어떤 시기에 시작될 수 있는가 하는 것일 것이다. 이후에 더 분명하게 설명하겠지만, IPSRT는 상당한 노력, 특히 환자 입장에서의 변화 노력이 필요한 치료이다. 따라서 IPSRT는 주요 정신증적 증상들이 약화되거나 또는 없는 상태에 있는 환자들을 위한 것이다. 비록 IPSRT가 입원 시 또는 외래에서도 시작될 수 있지만, 우리의 치료 경험은 대개 병원에서 퇴원했거나 아예 입원하지 않은 환자들을 대상으로 한 것이다. 글로 써야 하는 과제가 필요하기 때문에 어느 정도 글을 읽고 쓸 줄 아는 능력이 IPSRT에 참여하기 위해 필요하다. 이러한 과제의 대부분은 사회적 리듬 차트(SRM; Monk, Flaherty, Frank, Hoskinson, & Kupfer, 1990; Monk, Kupfer, Frank, & Ritenour, 1991), 즉 일종의 자기 모니터링 양식의 작성인데, 이것은 원래 17문항이었고 일련의 일상 활동들을 하는 시간과 그 활동을 함께한 사람을 기록하기 위한 것이다. 최근 우리는 더 간단하고 짧은 5문항 버전을 개발했는데(Monk, Frank, Potts, & Kupfer, 2002), 이것은 문자해독능력이 매우 제한된 사람들에게도 가능할 수 있겠다. 두 가지 버전의 SRM이 부록에 제시되어 있다(단축형: 부록 1, 17문항: 부록 3).

이번 장의 처음에 소개된 두 사례들이 보통 이상의 지능과 재능을 가지고 고등교육을 받은 환자들의 것이지만, 우리는 그보다 낮은 지능 수준과 교육적 배경을 가진 환자들에게도 IPSRT를 적용한 경험이 있다. 양극성 장애 환자들 중에 재능이 있는 사람들이 포함되어 있는 것은 사실이지만, 양극성 장애를 겪는 평범한 일반인들도 있으며 IPSRT는 이들이 양극성 장애에 대처하는 데 도움이 될 수 있다.

전에 언급하였듯이 IPSRT는 '성인' 양극성 장애 환자들에게 사용하고자 개발되었다. 우리가 IPSRT로 치료한 가장 어린 환자의 치료 시작 시 나이가 18세였다. 그러나 IPSRT는 상대적으로 조숙한 후기 청소년기 환자들에게도 적용될 수 있으며, 특히 가족이 든든한 코치로 함께 치료에 참여할 수 있다면 더욱 그러하다. 연령대의 상한선으로 가자면, 우리가 IPSRT로 치료한 가장 나이가 많은 환자들은 60대였다. 한편, 70~80대 이후까지 전통적인 양극성 장애를 겪는 소수의 환자들에게 IPSRT가 어떤 기능을 할 수 있는가 하는 점에 대해서는 이제 막 이해하고자 노력하는 중이다.

IPSRT는 주로 백인과 아프리카계 미국인들을 염두에 두고 개발되었다. 우리는 아시아, 동인도 그리고 중동 출신의 일부 환자들에게도 양호한 성과를 거두었지만, 아직 히스패닉 환자들에게는 사용해 본 경험이 없다. 하지만 대인관계 치료나 IPSRT의 대인 관계적 측면이 본질상 어떠한 문화적 배경에든 적용 가능한 것은 분명하다. 대인관계 치료(IPT)와 IPSRT에서는 대인 관계적 역할과 관계에 대한 자신의 가치라는 맥락에서 대인관계 문제영역에 접근한다. 마찬가지로 사회적 일과에 대한 개입법도 특정한 일과가 언제 이루어져야 한다는 것에 대한 별도의 판단 없이, 다만 양극성 장애가 있는 사람들에게는 일상의 규칙성이 중요하다는 점을 강조할 뿐이다. 만일 아침 기도가 끝나기 전까지는 아침을 먹지 않거나 또는 낮에 성대한 식사를 한다거나 또는 점심 식사 후 낮잠이 문화적으로 일과의 중요한 부분이라면, IPSRT는 이러한 문화적 측면들을 쉽게 수용할 수 있다. 따라서 적어도 이론적으로는 IPSRT는 다양한 인종과 문화권에 적용 가능하다.

앞으로 이어질 장에서는 양극성 장애와 양극성 기분삽화의 병인론, 이러한 이론들에 따라서 양극성 장애에 효과가 있는 것으로 밝혀진 다른 치료법들을 소개할 것이다. 우리는 IPSRT의 이론적 입장을 상세히 기술할 것인데, 이는 IPSRT의 기본 논리를 제공하는 것이다. 그런 다음 IPSRT를 구성하는 다양한 평가와 개입법들을 차례로 설명할 것이다. 또한 IPSRT에 부가하여 사용할 때 효과적인 다른 유용한 개입법들과 IPSRT에서 치료적 관계 그리고 치료가 잘 진행되지 않을 때 무엇을 해야 하는가에 대한 우리의 생각을 기술할 것이다. 마지막으로는 치료 종결 또는 회기를 점차 감소시키는 이슈에 대하여 이야기하겠다.

IPSRT의 기본 골자는 Klerman과 동료들이 개발한 단극성 우울증의 대인관계 치료(IPT; Klerman et al., 1984; Weissman, Markowitz, & Klerman, 2000)와 유사성이 있다. 만약 당신이 IPSRT를 사용할 것을 생각해 보고 있다면, IPT에 관한 두 권의 책 중 하나를 읽어보는 것도 좋을 것이다. 경험 많은 IPT 또는 IPSRT 임상가로부터 슈퍼비전을 받는 것도 도움이 될 수 있겠지만, 장소에 따라서는 그런 경험을 갖춘 사람을 찾기가 쉽지 않을 것이다. 그러한 슈퍼비전을 받기 어려운 경우, 우리는 실용적이고 현재 중심적인 치료에 대한 관심을 공유하는 동료를 찾아, 그 동료와 함께 이 책을 읽어 가면서 IPSRT를 임상에 적용해 보고 녹음한 치료 회기를 검토하면서 비공식적인 동료 간 슈퍼비전을 해 볼 것을 권한다.

2장

양극성 장애에서 경험적으로 입증된 이론과 병인론

양극성 장애는 다양한 심리적 요소뿐만 아니라 환경적 변화에 반응적인 요소들을 가지고 있는 생물학적 기반이 있는 장애이다. 정신장애 중에서 양극성 장애는 생리적인 그리고 (가족력의 존재에서 드러나듯이) 유전적으로 추정되는 요인들이 강력한 역할을 하는 것으로 생각되었다. 그럼에도 불구하고 개별 기분삽화들의 시기는 환경적 및 다른 심리사회적 요인들과 강하게 관련되어 있는 것으로 보이며, 잠재적으로 파괴적이고 때로는 치명적이기까지 한 양극성 장애의 경과를 완화하는 데 심리사회적 치료가 중요한 역할을 한다는 점이 시사되어 왔다.

유전적 요인

양극성 장애 환자들의 친족에서 제I형 양극성 장애의 위험도는 일란성 쌍둥이의 경우 60~70%까지 높아지고 손주나 사촌의 경우에는 약 2~5%에 이르는 범위를 보인다(Bertelsen, Harvald, & Hauge, 1977; Gershon et al., 1982). 일반 인구에서의 유병률이 1~2% 사이라는 점을 고려하면, 이와 같은 수치는 이 장애에 강력한 유전적 기초가 있다는 점을 입증한다. 이 장애의 유전 기제에 대한 연구들은 양극성 장애가 아마도 몇 가지 독특한 유전적 취약성 특질들로 이루어진 '복합 유전 장애'일 것이라는 결론으로 수렴되었다. 이러한 취약성 특질들은 세대 간 전달되어 생애의 어느 시점에 완전한 증후군이 발생할 배경을 제공하는 것으로 보인다. 그러나 조기 발병하는 양극성 장애는 더 큰 유전적 기여가 있는 것으로 생각되고 있다. 즉, 유전적 취약성 요인들을 많이 가진 사람들이나 친족으로부터 가족력이 축적되어 있는 사람들은 특히 이른 연령에 장애를 나타낸다는 것이다. 이와 같은 유전적 취약성의 생물학적 발현은 신경전달물질 이상 또는 일주기 조절곤란으로 나타나며, 이 두 가지는 생물학적 표현 양상이 어떻게 장애의 발병과 기분삽화의 시작 시기에 영향을 주는지에 대한 예시가 된다.

신경전달이론

양극성 장애는 아마도 '화학적 불균형'이라는 용어와 연관된 첫 번째 정신과적 상태였을 것이다. 양극성 장애가 있는 사람들의 뇌에서 화학적으로 무언가 심각하게 이상한 일이 벌어지고 있다는 생각은 거의 한 세기에 걸쳐 지배적이었으며, 화학적 요소들이 장애의 증상에 극적인 영향을 가질 수 있다는 발견 이래로 진지한 과학적 연구의 주제가 되어 왔다.

서로 공통점이 없는 이질적인 약물들의 집합이 양극성 장애에 효과가 있고 이러한 약물의 효과가 조증 삽화 또는 우울 삽화의 치료에 유용하다는 점은 이 장애의 생화학적 기반에 복잡성이 있다는 점을 암시한다. 조증 삽화의 경우 리튬, 발프로산(항경련제), 비정형 항정신병 약물이 일차 약물로 권고되고, 양극성 우울 삽화에는 선택적 세로토닌 재흡수 억제제(SSRI)인 부프로피온과 벤라팍신과 같은 항우울제를 리튬이나 다른 기분조절제와 병합하여 사용한 후 리튬과 라모트리진(항경련제)을 일차 약물로 처방되는 것이 권고된다(American Psychiatric Association, 2002). 급성 삽화 사이의 기분 안정을 위해서는 리튬, 항경련제, 항정신병 약물이 모두 자주 사용된다.

서로 다른 종류의 약물들의 효과를 탐색하면서, 이와 같은 다양한 치료 약물의 효과성을 설명할 수 있는 공통적인 기저 메커니즘에 연구들이 집중되어 왔다. 초기 연구들은 모노아민 시스템을 조사하였다(Halbreich & Montgomery, 2000 참조). 그 다음으로 GABA, 아세틸콜린과 같은 다른 신경전달물질이나 신호 전달 네트워크

(고리 모양 아테노신 1인산/단백질인산화효소A, 포스파티닐이노시톨/단백질인산화효소C, G단백질), 칼슘 신호 네트워크들이 탐색되었다(Manji & Lenox, 1999). 의심할 여지없이 여러 시스템 간의 복잡한 상호작용이 양극성 장애의 복잡한 임상적 양상과 약물에 대한 차별적인 반응들을 설명한다.

우울과 조증 시기 모두에서 낮은 세로토닌 기능의 특질적인 이상은 세로토닌 시스템의 조절곤란 또한 개입하고 있음을 시사한다(Goodwin & Jamison, 1990). 변경된 세로토닌 기능의 파생 결과들은 다양한 세로토닌 수용기의 하위유형, 중추신경계에서 이들의 분포, 카테콜라민(도파민, 노르에피네프린)과 같은 다른 신경전달물질 체계에 의한 조절에 의하여 다시 복잡하게 영향을 받는다(Goodwin & Jamison, 1990; Manji & Lenox, 1999). 우울과 (경)조증에서 카테콜라민의 타당한 역할에 대한 가설도 제시된 바 있다(Goodwin & Jamison, 1990). 증가된 노르에피네프린은 행복감이나 과대성 같은 경조증 증상과 상관이 있고, 증가된 도파민은 조증 그리고 정신증적 증상들과 상관이 있다(Goodwin & Jamison, 1990).

솔기핵과 흑질에 있는 노르아드레날린 뉴런들은 도파민 분비를 억제하기 때문에 감소된 노르에피네프린과 연관되는 우울증 그 자체가 이후의 과도한 도파민 분비와 조증 전환을 촉진하는 것으로 제안되었다(Goodwin & Jamison, 1990). 도파민 전구체인 L-dopa, 암페타민 그리고 도파민 촉진제의 기능이 양극성 장애 환자들에게서 (경)조증 증상을 유발하는 효과가 있다는 사실에 의해서도 조증의 발병에 도파민이 관여되어 있다는 생각이 신뢰를 얻게 되었다(Yatham et al., 2002). 또한 D_2 수용기 길항제는 조증 치료에 효과가 있다.

양극성 장애 치료에 항경련제 사용이 증가하면서 GABA의 역할은 관심을 끌게 되었다. 이러한 약물들은 뇌에서 GABA 전달을 증진시킨다(Hardman, Limbird, & Goodman Gilman, 2001). 또한 통제군과 비교했을 때 양극성 장애 환자들은 해마에서 GABA 합성 효소, 글루탐산 카르복시 제거 효소 65와 67 메신저 RNA의 감소를 보였다(Heckers et al., 2002).

아직까지 어떤 연구자도 양극성 장애의 첫 발병, 각 기분삽화의 발생 그리고 다양한 약물들의 효과에 대하여 전부 설명하는 종합적인 생화학적 모델을 완성하여 제시한 적은 없다. 전에 언급된 신호 경로들은 식욕, 수면/각성과 같은 생장 기능뿐만 아니라 복합적인 심리적, 인지적 과정을 조절하는 신경가소 활동들에 분명 연관되어 있다. 결과적으로 임상신경과학 분야에서는 주요우울장애의 병리생리학에 있어 신경가소성과 세포 회복력에서의 장해가 기저에 존재하며, 항우울제와 리튬이 신경가소성과 세포 생존을 조절하는 신호 경로에 작용한다는 최근의 증거들이 상당한 흥분을 자아냈다. 현재 분명하게 이야기할 수 있는 것은 양극성 장애에 생화학적 기초가 분명히 있다는 것과 우리가 그 실체를 이해하는 것에 점차 가까이 다가가고 있다는 것이다.

제I형 양극성 장애의 생화학적 기초가 무엇이든 간에, 1960년대 리튬이 소개된 이래로 양극성 장애에는 교란된 생화학적 균형이 있기 때문에 양극성 장애의 관리에 약물치료가 필수적이라는 가정이 존재해 왔다. 불행히도 양극성 장애 환자들 중 극히 일부만이 증상을 조절해 줄 수 있는 약을 복용하는 것을 편안하게 받아들인다. 특히 발병 초기에는 이 병이 환자의 인생에 완전한 대혼란을 일으키기 전에 무언가가 영구적으로 잘못되었다는 것에 대한 부정과 약이 빼앗아 갈지도 모를 기분 좋은 시기에 대한 열망이 있다. 이 때문에 양극성 장애 환자 집단에서는 치료 순응 이슈가 매우 중대한 문제가 되며, 어떠한 종류의 치료이든 성공하기 위해서는 이 문제를 결국 다루어야만 한다.

일주기 조절이상 관련 이론

일반적으로 기분장애, 특히 양극성 장애에서 생리적 기초를 이해하려는 또 다른 접근법은 전체적인 신체적 체계 수준에서 작동하며, 생체 '시계'라고 할 수 있는 일주기 체계에 집중한다. 일주기 체계 조절이상에 관한 양극성 장애 이론은 IPSRT의 사회적 리듬 측면에서 매우 중요한 치료 원리이기 때문에, 치료에 대한 강한 근거를 제공하고 환자나 가족들이 규칙적 일과를 선택해야 할 필요성에 대하여 제기할 수 있는 질문들에 답변할 수 있도록 이 이론에 대해 잘 알아두는 것이 중요하다. 앞서 이야기한 신경전달물질의 이상들이 일주기 체계 조절이상과 관련이 있다는 점은 의심의 여지가 없으나, 무엇이 원인이고 무엇이 결과인지에 대해서는 아직 분명하지 않다.

양극성 장애에 대한 고전적인 책에서 Goodwin과 Jamison(1990)은 양극성 장애를 이해하기 위한 통합적 이론은 '불안정 모델'에 기초를 둘 수 있을 것이라고 주장한 바 있다. 그들은 '(불안정이야말로) 양극성 장애에서 근본적인 이상'이라고 하였다(p. 594).

예를 들어, Jill의 사례에서 첫아이의 출산과 관련된 중대한 생리적 · 심리사회적 변화들이 조합되어 그전까지는 양극성 장애로 진단될 만할 외적인 증상을 겪지 않고 비교적 정돈된 삶을 살고 있던 사람에게 첫 번째 기분삽화를 촉발한 것을 볼 수 있다. Tad의 사례에서는 기분삽화의 촉발인자가 일주기 체계의 큰 혼란과 지적 · 인간관계적 과잉자극의 조합이었던 것으로 보인다.

우리 연구팀에 의해 제안된 모델을 지지하는 핵심 요소는 우울증과 조증에서 관찰되는 수면장애에 관한 경험적 자료로부터 도출된다. 우리 연구팀은 이와 같은 수면상의 변화를 양극성 장애와 관련된 일주기 조절이상의 보다 넓은 맥락에서 연구하고자 노력해 왔다. 우리의 연구는 심리사회적 스트레스(그리고 스트레스를 주지 않더라도 일상의 패턴에 변경을 가져오는 사건들)와 생물학적 리듬의 관계를 강조했다(Ehlers, Frank, & Kupfer, 1988; Ehlers et al., 1993). 여기서 '스트레스를 주지 않는'이라는 말은 통상적인 의미에서 심리적 스트레스를 주지 않는다는 것이다. 그러나 심리적인 관점에서는 긍정적인 일상의 변화들도 수면, 식욕, 에너지와 각성 리듬의 조화를 유지하려는 신체 체계에 상당한 스트레스를 가져올 수 있다.

일주기 리듬 연구자들은 일주기 시계를 설정하는 외적인 환경적 요인들을 차이트게버(zeitgeber), 즉 '시간제공자(timegiver)'라고 부른다(Aschoff, 1981). 가장 일차적이고 강력한 차이트게버는 태양이 뜨고 지는 물리적인 차이트게버이다. 그러나 특히 도시화된 산업 사회에서는 일하고 식사를 하는 시간부터 텔레비전 프로그램과 같은 사회적 요인들이 일주기 체계에 중요한 영향을 미친다. 우리가 가정하기에 장애의 취약성을 가진 사람들에게서는 그러한 사회적 시간 단서들에서의 변화가 일주기 리듬의 이상으로 이어지고 이것이 종국적으로는 기분삽화를 촉발할 수 있다.

생물학적 이론은 기분장애가 뇌 내의 신경펩타이드, 신경전달물질의 농도 그리고/또는 신경생리적 · 신경내분비적 이상에 의해 발생하는 뇌의 질병이라고 주장한다(Holsboer, 1995, 2000; Janowsky & Overstreet, 1995; Lewy, 1995; Maes & Meltzer, 1995; Modell, Ising, Holsboer, & Lauer, 2002; Nofzinger & Keshavan, 1995; Plotsky, Owens, & Nemeroff, 1995; Post et al., 1984; Riemann, Voderholzer, &

Berger, 2002; Risch et al., 1984; Schatzberg & Schildkraut, 1995; Siever, Guttmacher, & Murphy, 1984; Thase, Frank, & Kupfer, 1985; Wilner, 1995). 그리고 최근에는 이러한 초점이 앞에서 이야기했던 세포 간 신호 경로에 대한 것으로 옮겨갔다(예: Manji, Drevets, & Charney, 2001).

비록 기분장애에 다양한 생물학적 리듬 이상이 존재한다는 것이 알려져 있으나, 어떤 기저 조절이상 요인이 관여하는가에 대해서는 아직 합의된 바가 없다. 일례로 우울증에서 체온과 코르티솔 리듬이 위상 전진된다 하더라도(우울하지 않은 사람들에 비해서 우울한 사람들은 24시간 주기에서 체온과 코르티솔 리듬이 앞당겨져 있음), 우울증에 있어 일주기 리듬 상의 주된 특징은 코르티솔, 갑상선 자극 호르몬, 멜라토닌과 체온 리듬의 감소 및 주기 변화이다(Sack, Rosenthal, Parry, & Wehr, 1987). 이러한 생물학적 리듬 이상이 어떻게 발생하는가에 대한 가설 중 하나는 수면과 다른 생리적 기능(예: 신경내분비 리듬) 간의 주기 관계를 동기화하는 일종의 '시계'가 잘 작동하지 않는다는 것이다(Wehr & Goodwin, 1983). 기분장애 환자에게서 이러한 시계가 어떻게 해서 작동하지 않게 되는가는 아직 잘 알려져 있지 않으나, 빛이나 낮의 길이의 효과에 관한 연구들에 따르면 빛이 아마도 리듬을 동기화하는 능력을 통하여 계절성 우울증의 병인과 치료에 일정한 역할을 담당한다는 점을 주장한다(James, Weh, Sack, Parry, & Rosenthal, 1985; Lewy, Sack, & Singer, 1985). 흥미롭게도 비계절성 우울증에 대한 연구들은 빛이 조율 능력을 가진다는 점을 보고하지 않았다(Mendelson et al., 1986). 뿐만 아니라 빛과 같은 물리적 차이트게버와 사회적 차이트게버 간의 상호작용은 충분히 탐구되지 않았기 때문에, 생물학적 리듬 조절에서 이들의 상대적 역할을 평가하기는 어렵다.

심리적 및 심리사회적 이론

지금까지 양극성 장애에 관하여 전적으로 심리사회적 이론을 제시한 사람은 없었지만, 양극성 장애 기분삽화와 경과에 심리사회적 요인들이 갖는 효과와 관련한 이론들은 3장에서 소개될 심리치료들에 포함되어 있다. 이러한 이론들 중 대부분은 각 개입법의 치료 매뉴얼 외에는 자세히 설명하고 있지 않다.

이 책에 소개된 다양한 형태의 심리교육들은 자신의 장애와 치료 시 사용되는 약물, 장애의 증상과 약물 부작용을 어떻게 관리할 수 있는가에 대하여 더 많은 지식을 가질수록 치료 순응도를 높일 수 있고, 이것이 더 양호한 경과로 이어진다는 생각에서 생겨났다. 이러한 심리교육적 개입들은 환자와 가족들이 곧 생길 기분삽화의 조기 신호들을 감지하도록 교육될 수 있으며, 그러한 신호들이 관찰될 때 어떻게 행동할 것인가에 대한 명확한 계획을 가지면서 이를 통해 재발을 방지할 수 있다는 생각에 기초해 있다.

양극성 장애에 대한 다양한 인지치료 매뉴얼들은 단극성 우울증의 원인이 되는 동일한 역기능적 사고 양식들이 양극성 우울증에도 관련될 것이라고 가정한다. 그 중 일부 매뉴얼들은 우울 삽화와 관련된 비합리적으로 부정적인 사고를 환자들이 인식하고 교정하도록 교육될 수 있는 것처럼, 이들이 (경)조증과 연관된 비합리적으로 긍정적인 사고들을 포착하여 교정하도록 가르칠 수 있을 것으로 가정한다. 그러나 이것은 아직 경험적으로 검증되지 않은 가정이다. 인지치료 중 일부는 또한 양극성 장애 환자들이 자신의 병과 치료 약물에 대해 갖고 있는 (언제나 늘 비합리적인 것은 아닌) 부정적인 생각들에 접근한다. 이론적으로는 만약 환자들이 이러한 생각들을 좀 더 긍정적인 방향으로 수정할 수 있다면, 장애를 가지고도 더 나은 삶을 살고 약물치료에 더 잘 순응할 수 있을 것으로 기대된다.

Ellicott, Hammen, Gitlin, Brown과 Jamison(1990)은 이미 단극성 우울증의 발병과 연관된 것으로 알려진 부정 생활사건의 한 종류인 생활 스트레스(Brown & Harris, 1979; Paykel & Tanner, 1976)가 양극성 장애의 경과와도 관련될 것이라는 이론을 제시했다. 1990년대에 진행된 연구들에서 Ellicott와 동료들은 그러한 생활사건과 양극성 장애의 재발 사이의 시간적 상관관계를 입증하였다.

Brown과 동료들은 적대적인 가족 환경이 다른 정신증적 장애, 정신분열증의 경과에 미치는 부정적인 효과를 1960~1970년대에 보여 준 바 있다(Brown, Birley, & Wing, 1972). 이는 정신분열증 환자의 가족들에서 '표현된 정서(expressed emotion)', 즉 환자의 부모나 다른 가족 구성원들의 적대성, 비난 또는 정서적 과잉개입이 있는 것을 측정하는 정교한 체계를 개발하는 것으로 이어졌다(Vaughn & Leff, 1976). 또한 그러한 환경을 변경시키고 재발을 방지하기 위한 가족치료의 개발도 뒤따라 이루어졌다(Falloon et al., 1985; Hogarty et al., 1986).

Miklowitz, Goldstein, Neuchterlein, Snyder와 Mintz(1988)는 표현된 정서와 재발 간의 관계가 조증을 가진 젊은 환자들에게도 동일하게 적용될 수 있을 것이라고 가정하였다. 조증 삽화 동안 입원했다가 가정으로 돌아간 젊은 성인 환자들에 대한 종단연구에서 그러한 부정적인 가정환경과 양극성 장애 경과 간의 관련성이 입증되었다. 구체적으로는 부모들이 환자에게 매우 표현적인 태도로 또는 면 대 면으로 부정성을 표현하였을 때 환자들은 입원 후 9개월 내에 재발할 가능성이 높았다(94%). 가족들의 태도나 상호작용이 우호적인 경우 환자들의 재발율은 낮아졌다(17%). 친척들이 부정적인 상호작용 행동을 보인 환자들은 그렇지 않은 환자들에 비하여 추적 관찰 시 사회적 기능이 더 낮았다. 유사한 결과들이 미국과 유럽에서 이루어진 후속 연구들에서도 입증되었다(Honig, Hofman, Rozendaal, & Dingemanns, 1997; Miklowitz et al., 2000; O'Connell, Mayo, Flatow, Cuthbertson, & O'Brien, 1991; Priebe, Wildgrube, & Muller-Oerlinghausen, 1989).

통합적인 이론적 모델: 사회적 차이트게버 이론

1980년대 후반 우리는 기분장애의 발병에 대한 이론화에 있어 '대립 진영' 논리에 점차 불만을 가지게 되었다. 이 장애가 분명 (다른생물학적 이상뿐만 아니라) 높은 수준의 생활 스트레스 **그리고** 일주기 리듬의 병리적 이탈(entrainment)을 보이는 사람들에게서 발생하므로, 우리는 기분장애의 생물학적 기반에 대한 지식과 이 장애에서 스트레스 생활사건 및 사회적 지지의 결핍의 역할을 가리키는 증거들을 통합하기 위해 노력했다. 우리는 비록 특정한 사회적 촉발요인 또는 사회적 차이트게버가 직접 관찰되지는 않지만, 생활사건 발생과 사회적 리듬 안정성 변화 간의 관계로부터 추론될 수 있는 변인일 것이라고 제안하였다. 이 모델의 주요 가설들이 [그림 2-1]에서 연속적인 순서에 의하여 제시되고 있으나, 대처 기술, 사회적 지지, 성별, 기질과 같은 요인들을 모델 내의 보조적 변인으로 고려하는 것이 중요하다. 모델의 일차적 경로에는 사회적 리듬의 불안정성이 특정한 생물학적 리듬, 특히 수면의 불안정성으로 이어지는 경로가 있다. 불안정성의 크기는 특정 관계, 과업 또는 요구사항이 생물학적 리듬에 영향을 주는, 즉 차이트게버로서 작용하는 힘의 함수이다. 불안정성의 크기와 그 후 발생하는 신체적 증상들은 개인의 심리사회적 그리고 심리생물학적 영역에서 작용하는 보호 요인 및 취약성 요인에 의해 조절된다. 여기에는 개인의 대처 기술, 사회적 지지, 기질뿐만 아니라 개인의 생물학적 시계의 유연성도 포함된다. 그러한 유연성은 개인이 야간 근무, 여행으로 인한 시간대 변경, 또는 서머타임 실시 등에 얼마만큼 잘 적응하느냐에 의하여 드러날 수 있다. 만약 어떤 사람이 시차를 전혀 느껴 보지 못했다거나, 근무 스케줄을 바꾸거나, 심지어 교대 근무를 하는 것에 별다른 어려움이 없으며, 서머타임 적용 여부가 자신의 기분이나 에너지에 영향을 준다는 것을 느끼지 못한다면, 이 사람은 매우 '유연한' 또는 적응력이 있는 생물학적 시계를 가진 것이다. 반대로 어떤 사람이 근무 스케줄을 몇 시간씩 조정한다거나 시간대를 넘어 여행하는 것을 매우 불편해한다면, 이러한 사람들은 '고장 나기 쉬운' 또는 유연하지 못한 생물학적 시계를 가지고 있는 것이다.

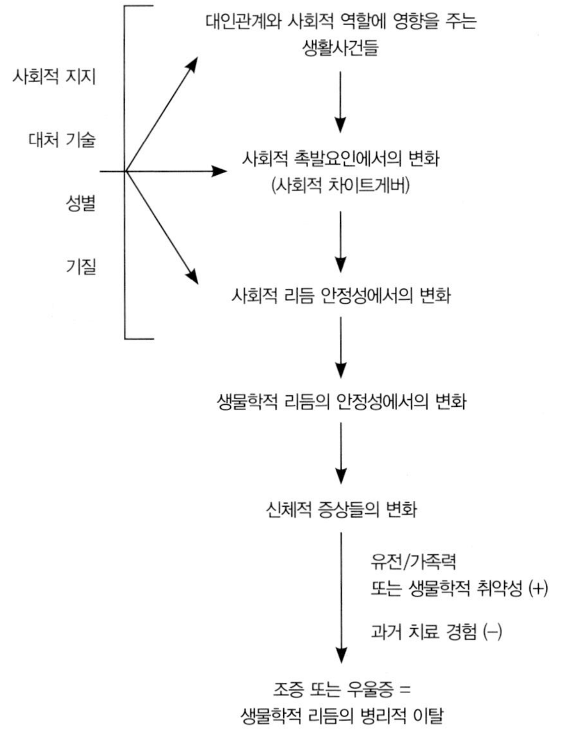

[그림 2-1] 사회적 차이트게버 이론의 도식

고장 나기 쉬운 생물학적 시계를 가진 사람들에게 조증 또는 우울증 상태는 일상적인 일과 또는 사회적 리듬의 규칙성에 변화가 생기는 것에 반응하여 나타날 수 있는 최종적인 심리생물학적 반응이 된다. 취약성이 없는 사람들에게 생물학적 리듬 교란은 제한적이며, 보통 시차를 경험할 때처럼 경미한 신체적 증상만을 경험하거나 또는 전혀 영향이 없기도 하다. 그러나 기분장애에 취약한 사람들에게 이러한 신체적 증상으로 이어지는 생물학적 불안정성은 쉽게 역전되지 않는다. 우리의 생각에 이러한 사람들은 계속되는 비동기화 상태 또는 주요우울증이나 조증에서 관찰되는 것과 같은 생물학적 리듬의 '병리적' 이탈 상태에 갇힌 것이다.

우리의 모델에서 생물학적/유전적 취약성 요인들은 생물학적 리듬 불안정성이 기분삽화에서 특징적인 생물학적 리듬의 변경[짧아진 REM 수면 잠복기(Kupfer, 1978), 비정상적 코르티솔 수준과 리듬(Cassidy, Ritchie, & Carroll, 1998; Cervantes, Gelber, Kin, Nair, & Schwartz, 2001; Rush et al., 1996; Rybakowski & Twardowska, 1999), 성장 호르몬 분비와 관련되는 변경된 수면(Mendelwicz et al., 1985)]으로 이어질 것인가를 결정하는 데 가장 강력한 영향을 발휘한다. 이는 조증이나 주요우울증의 임상적 기준을 구성하는 신체적 · 인지적 · 정서적 증상들의 발생과 관련된 교란 과정이다. 수면 이상과 같이 기분삽화와 연관된 생물학적 변화들이 사실은 우울의 임상적 증상 보고 또는 관찰에 **앞서** 나타난다는 것을 시사하는 증거들이 있다(Ehlers, Wall, Wyss, & Chaplin, 1988). 우리의 가설에 따르면, 기분장애 가족력이 있거나 과거력이 있어 기분장애의 위험성을 가진 사람들은 [그림 2-1]과 같이 조증 또는 우울증 상태가 최종점인 이론적인 경로를 따라 이동할 가능성이 크다. 이러한 가설을 발표한 이후로 우리 연구팀은 사회적 일과에 교란을 가져오는 생활사건들이 양극성 장애 환자들의 조증 증상 발생에 가장 두드러진 예측인자라는 점을 보여 주는 연구들을 수행한 바 있다(Malkoff-Schwartz et al., 1998).

일단 생물학적 리듬 교란이 일어나면, 타이밍이 작용하기 시작한다. 장애의 초기 단계에서 어떤 사람이 '회복'한다면, 생물학적 리듬이 정상 수준으로 돌아갈 수 있다. 그러나 재발 또는 새로운 삽화의 발생은 보호 요인과 취약성 요인 그리고 리듬을 해치는 사회적 요인들의 균형에 달려 있다. 이것이 바로 우리가 양극성 장애를 겪었던 사람들에 있어 사회적 리듬 안정성이 보호 요인이 될 수 있다고 강조하는 이유이다. 리튬, 발프로에이트 또는 저용량의 비정형 항정신병 약물과 같은 기분안정 약물들을 꾸준히 복용하는 것은 또 다른 중요한 보호 요인이지만, 그것만으로는 취약성을 가진 사람들을 새로운 삽화 발생으로부터 충분히 보호할 수 없다.

우리의 모델에 따르면, 우울증이나 조증에 선행하는 신체적 증상의 증가 상태는 사회적 리듬 교란에 대한 **정상적인** 사회적 · 심리생물학적 반응이며, 대개는 자기 조절이 되고 취약성이 없는 사람들에게는 되돌릴 수 있는 것이다. 사실, 일주기 교란과 연관된 신체적 증상을 경험하는 대부분의 사람들은 주요 기분삽화로 발전되지 않는다. 밤샘공부를 하는 일반 대학생은 다음날 컨디션이 조금 나쁘더라도, 그 다음날에는 대개 괜찮아질 것이다.

우리의 이론은 어떻게 신체적인 그리고 심리적인 치료적 개입들이 기분 증상을 호전시키는 데 도움을 줄 수 있는가에 대한 틀을 제공한다. 항우울제는 적어도 하나의 생물학적 리듬(수면)에 직접적인 효과를 갖고 있으며, 다른 요인들(예: 신경내분비와 체온 리듬)에도 영향을 미치고 있을 가능성이 있다(Avery, Wildschiodtz, & Rafaelsen, 1982; Barden, Reul, & Holsboer, 1995; Goetze & Toelle, 1987; Golden et al., 2002; Leatherman et al., 1993; Soldatos & Bergiannaki, 2000). 항우울제에 의한 생물학적 변화가 기분, 집중력, 흥미의 변화로 이어져 일주기 리듬 교정(reentrainment)의 단계를 준비하는 것일 수 있다. 기분조절제의 일주기 효과에 대해서는 아직 알려진 것이 상대적으로 적지만, 몇몇 초기 연구 결과들은 리튬이 수면 생리에 영향을 미친다는 점을 시사한다(Kupfer, Reynolds, Weiss, & Foster, 1974).

비슷한 견지에서, 주요우울증의 치료에 항우울제 치료만큼이나 효과적인 것으로 알려진 두 가지 심리치료들인 Klerman 등(1984)의 대인관계 치료(IPT)와 Beck 등(1979)의 인지치료는 우리의 가설과 관련된 적어도 한 개의 영역을 직접적으로 다루고 있다. 이들의 복합적이고 정교한 단기치료들은 우울증의 서로 다른 측면에 집중하고 있다. IPT는 환자의 삶에서 대인관계의 질과 양을 늘리고, 사회적 역할 변경에 있어 어려운 변화들을 다루는 데 집중하는 반면, 인지치료는 비현실적으로 부정적인 인지를 바꾸고자 한다. 그러나 IPT는 그 과정에서 일상의 사회적 상호작용을 조절하는 기능을 한다. 인지치료도 대개 규칙적인 활동 일과를 세우는 것으로 시작하여 이러한 일과가 확립되고 나면 환자의 부정적인 인지 과정에 대한 집중적인 작업들이 시작된다. 그렇다면 이러한 효과적인 심리치료들은 사회적 차이트게버를 재정립하는 기능을 하는 것이 된다.

사회적 차이트게버 그리고 일주기 리듬의 이탈

사회적 요인들이 일주기 리듬을 동기화한다는 개념은 새로운 것이 아니다(Wever, 1984). 1970년대 후반까지 인간의 일주기 리듬에 관한 연구들의 다수는 사회적 단서들에 집중되어 있는데, 이는 빛-어둠 사이클이 도시 생활에서 인간의 일주기 리듬을 맞추는 데 단지 작은 역할만을 할 것이라는 가정에 비롯된 것이다(Wever, 1988). 1980년대 이후로 물리적 차이트게버의 역할에 대한 더 많은 관심이 생겨났으나, 사회적 차이트게버들이 인간의 일주기 리듬을 동기화하는 데 매우 강력한 요인이라는 점은 아직도 분명하다. 예를 들어, 어떤 사람이 결혼하게 되면 그 사람의 리듬은 배우자의 리듬에 동기화된다. 부부의 식사 시간, 수면 시간, 활동하고 쉬는 시간은 두 사람의 자연스러운 개인적 리듬 간의 절충을 반영한다. 만약 사별이나 이혼에 의해 한 명이 사라지게 되면, 정서적 고통뿐만 아니라 중요한 사회적 차이트게버의 상실이기도 하다(Hofer, 1984). 이러한 사회적 '조절자(regulator)'의 상실은 생물학적 리듬에 상당한 영향을 주는 것으로 생각된다. 자녀의 탄생은 부모가 새롭고 도전적인 사회적 역할을 맡게 되는 것뿐만 아니라 자신들의 리듬을 자녀의 리듬에 맞추도록 요구하는 것이다. 실직도 자존감의 중요한 원천을 상실하는 것뿐만 아니라 강력한 차이트게버의 상실과도 관련된다.

만약 기분장애에서 핵심적인 생리적 문제가 시간적인 것이라면, 앞서와 같은 사건들은 사건의 심리적 의미를 통해서뿐만 아니라 생물학적(특히 수면) 리듬에서의 변화를 촉발함으로써 기분삽화를 유발할 수 있다. 1980년대에 Cartwright(1983)는 이혼 과정이라는 심각한 생활사건의 생물학적 영향을 보여 주었다. 이혼 소송을 겪는 여성 집단의 반수 이상이 REM 수면 잠재기가 짧아지는 것으로 나타났는데, 이것은 기분장애 환자들의 수면 특징이기도 하고 우울증의 임상적 증거이기도 하다.

차이트게버, 차이트스티러 그리고 정서장애

상실로 여겨지지 않는 생활사건의 일주기 교란 효과에 대하여 설명하기 위하여,

우리는 차이트게버 이론을 정교화하여 환경적 변화와 일주기 리듬 그리고 정서장애 간의 개념적 연결성을 제공하기 위한 차이트스퇴러(zeitstörer), 즉 시간 교란자라는 개념을 제안하였다. 다음 단락들은 몇몇 관련 사회적 요인들이 어떻게 차이트스퇴러로 작동할 수 있으며 취약성이 있는 사람들에게서 어떻게 정서장애에 기여할 수 있는지를 보여 준다.

시간대가 바뀌는 비행기 여행을 하는 것은 특히 초기 리듬 교란에 강력한 원천이 될 수 있다. 여행에 의해 일주기 단계가 변경되는 것은 비행 방향에 따라 조증 또는 우울 삽화를 촉발할 수 있는 것으로 알려져 있다(Jauhar & Weller, 1982). 동쪽으로의 (특히 밤잠을 못 자는) 비행은 조증을, 반면에 서쪽으로의 비행은 우울 삽화를 촉발할 가능성이 있다.

따라서 시간대가 바뀌는 비행은 차이트스퇴러의 좋은 예시이다. 어떤 사람이 이런 여행을 하게 되면, 새로운 물리적·사회적 시간 단서(차이트게버)에 노출되게 된다. 처음에 이것은 그 사람의 규칙성을 어지럽히게 된다. 취약성이 없는 개인에게는 이러한 시간 단서들이 생물학적 리듬을 다시 맞추어 새로운 시간대에 자신을 조율해 나가는 데 도움이 된다. 예를 들어, Klein과 Wegmann(1974)은 대서양을 건너 여행하는 사람들 중 한 집단에게 도착하자마자 그곳의 호텔에만 머무르도록 했더니 그 사람들은 자유롭게 나가서 활동한 사람들에 비하여 더 많은 시차 증상을 경험하였다.

교대근무, 특히 순환 교대근무는 차이트스퇴러가 지속적 효과를 미칠 수 있는 상황의 대표적인 예시이며, 낮에는 일하지 않고 밤에만 일하는 야간 근무자들도 그렇다. 교대근무는 일하는 시간에 따라 사람들이 자신의 생물학적 리듬을 교대로 조율하고 벗어나는 것을 계속하도록 요구한다. 교대근무가 수면 이상, 불쾌감 등의 시차 관련 증상과(Rutenfranz, Colquhoun, Knauth, & Ghata, 1977) 소화기계 장애 외에 이혼율의 증가와도 관련되어 있는 것은 놀랍지 않다(Knutsson, Akerstedt, Jonsson, & Orth-Gomer, 1986; Tepas & Monk, 1987). 교대근무는 일주기 리듬 교란에 의하여 유발되는 생리적인 문제들과 연관된 다른 질병[예: 심혈관 질환의 위험성 증가(Knutsson et al., 1986), 집중 곤란과 과민성(Rutenfranz et al., 1977), 카페인과 알코올 과용(Gordon, Cleary, Parlan, & Czeisler, 1986)]과 관련이 있다. 일주기 리듬, 수면, 사회적/가정적 상황이라는 세 요인이 결합하여 교대근무에 대한 개인의 대처

능력을 결정한다(Monk, 1988; Regestein, & Monk, 1991).

우리의 경험상 기분장애가 있는 사람들은 교대근무에 더욱 어려움을 겪는다. 어떤 경우에는 기분삽화의 발생이 교대근무의 시작과 직접적으로 연관된다. 다른 경우에는 효과적인 치료에도 불구하고 우울 삽화가 해결되는 것을 방해하기도 한다. 이러한 문제들로 근무 스케줄이 환자의 건강 및 회복과 양립 불가하면 근무 스케줄의 변경을 고려할 필요가 있다.

순환 교대근무와 마찬가지로, 새로 태어난 아기도 상당한 수면 교란 요소가 되어 잠자리에 드는 시간, 깨는 시간, 일광, 식사 시간을 불규칙하게 한다. 따라서 신생아의 존재는 하루의 일과를 계획할 수 없게 만드는 강력한 차이트스퇴러가 될 수 있다. 우리가 알기에 차분하고 오래 자는 아기와 예민하고 짤막한 잠을 자는 아기가 취약성이 있는 어머니의 산후 우울 삽화 발생에 어떤 영향을 미치는지를 살펴본 연구는 없지만, 후자가 더 우울에 취약하다고 해도 놀라울 것이 없을 것이다. 새로이 부모가 되는 역할 전환은 많은 심리적 · 대인 관계적 도전과제들을 만들어 내며 생체 시계에 주요한 도전이 될 수 있다.

적대적인 결혼관계 또한 정신적 문제뿐 아니라 차이트스퇴러로서 작용할 수 있다. 부부 중 한 사람 또는 두 사람 모두가 주기적으로 겪는 정서적 고통은 정서적 각성이 고조되는 시기를 반복적으로 만들어 내며, 그러한 시기 동안 잠드는 것이 어렵거나 식욕을 잃을 수 있다. 보다 특별하고 직접적인 효과는 잠드는 시간이 불규칙해지게 하는 노골적인 적의의 결과로서 생길 수 있다. 마찬가지로, 만약 그 부부가 보통은 다양한 여가활동을 함께 해 왔다면, 같이 할 파트너가 없다는 점은 여가활동을 하지 않게 만들거나 그 활동을 하는 시간을 변경하게 할 수 있다. 어떤 사람들은 그런 생활방식 변화들의 교란 효과에 큰 영향을 받지 않는 것으로 보인다. 그러나 다른 사람들은, 특히 기분장애나 수면 문제의 과거력이 있는 사람들은 이러한 종류의 사회적 리듬 교란을 견뎌 내는 것에 어려움을 겪을 소지가 있다.

사회적 리듬 이론에서 우리는 기분삽화에서 일주기 리듬 변화에 관해 알려져 있던 것과 생활 스트레스, 특히 대인 관계적, 사회적 역할 스트레스, 사회적 지지 등과 기분삽화 발생의 관계에 대해 알려져 있던 것을 하나의 응집력 있는 이론으로 통합하고자 하였다. 이는 사회적 차이트게버라는 개념에 근거하고 있는데, 개인적인 관계, 사회적인 요구, 스케줄이 정해져 있는 과업들이 생물학적 리듬을 조율하는 역할을 한다는 것이다. 우리의 이론에 내포되어 있는 생각은, 환자가 일주기 체계에 대한 도전을 피하거나 더 잘 관리하도록 돕고, 보다 안정적이고 지지적인 사회적 관계를 갖도록 협상하고, 자기 자신에게도 부분적으로는 책임이 있는 스트레스 생활사건을 방지하도록 돕는 치료가 재발성 기분장애의 경과를 완화시킬 수 있다는 것이다. 그리고 이것이 IPSRT가 하는 일이다.

요약

양극성 장애는 다양한 심리적 · 환경적 요인들이 경과와 치료 반응에 영향을 미치는 생물학적 장애이다. 여러 이론가들은 한 영역에만 집중해 왔다. 그러나 우리는 이 병에 대한 서로 상충되는 견해들을 통합하는 이론적 관점을 강조하였고, 이러한 관점이 IPSRT의 이론적 기초를 형성한다.

3장

양극성 장애에서 경험적으로 입증된 치료

당신의 환자에게 대인관계 및 사회적 리듬 치료(IPSRT)에 확신을 갖고 참여하겠다는 약속을 받기 전에 치료자와 환자가 함께 (만약 당신이 의사가 아니라면 의학적 자문을 얻어) 약물치료 방법이 적절한지 그리고 이 환자에게 IPSRT가 적절한지를 평가하는 것이 중요하다. 그렇게 하기 위하여 현재 활용 가능한 양극성 장애의 약물치료와 심리치료에 대하여 익숙하게 알고 있어야 한다. 또한 양극성 장애 환자군의 약물치료 순응이 매우 핵심적인 문제라는 것에 대해서도 충분히 인식하고 있어야 한다. 치료 순응은 모든 의학 분야에 있어서 도전과제이지만, 양극성 장애 환자들은 ① 자신에게 장애가 있다는 것을 부정하거나(어떤 젊은 사람이 자신에게 남은 인생 동안 지속될 정신장애가 있다는 것을 믿고 싶겠는가?), ② 경조증에서 나타나는 유쾌한 행복감을 빼앗아 가고 대신 약간 멍하고 느려진 느낌이 들게 하는 약을 복용하라는 이야기를 듣게 되는 두 가지 추가적 문제들을 가지고 있다.

경험적으로 지지된 신체적 치료 방법들

20세기 중반 리튬의 발견과 허용 이후로, 약물치료는 양극성 장애 치료에서 주류를 형성해 왔다. 초기에는 양극성 장애 치료에서 리튬이 대단히 효과적인 것으로 보여서 다른 가능한 치료법에 대한 연구들이 사실상 정지되었다. 초기 임상시험들에서 리튬은 항조증 효과가 있을 뿐만 아니라, 항우울 효과와 장기적인 기분조절 효과도 있는 것으로 생각되었다. 리튬은 양극성 장애에 '완벽한' 약으로 인식되었다. 초기 리튬 옹호론자들에 의하여 보고된 치료 성과는 괄목할 만한 것이었다. 그러나 1980년대에 접어들며 리튬의 그리 이상적이지 못한 치료 성과들이 보고되기 시작하였다. 지역사회에서 치료받은 사람들에 대한 자연적 연구들(Harrow et al., 1990; Maj, Pirozzi, & Kemali, 1989; Markar & Mander, 1989; Tohen, Waternaux, & Tsuang, 1990)과 통제된 임상시험들(Gelenberg et al., 1989; Potter & Prien, 1989)은 리튬으로 치료된 환자들이 2년 내에 재발하지 않을 가능성이 50% 미만에 그친다는 점을 보고하였다.

양극성 장애에서도 뇌전증에서와 유사한 점화(kindling) 과정이 시사된다는 것을 주장한 Cutler와 Post(1982)의 기초 연구에 힘입어, 연구자들은 양극성 장애에 항경련제 사용이 가능할지 여부를 탐색하기 시작하였다. 비록 상당한 연구들이 점화 이론에 의문을 제기하기는 하였지만(Hlastala & Frank, 2000; Hlastala et al., 2000), 제약회사들의 적극적인 마케팅에 힘입어 미국의 많은 지역에서 양극성 장애의 치료에 항경련제의 사용이 리튬을 대체하게 되었다. 양극성 장애에서 가장 흔히 사용되는 항경련제는 발프로산이나 발프로에이트(상표명 Depakote 또는 Depakene)이다. Depakote는 미국 식약청(FDA)에 의해 조증 치료에 허가를 받았다. 그러나 양극성 장애에는 FDA 허가를 받지 않은 다수의 다른 항경련제들도 미국과 해외에서 임상가들에 의하여 사용된다. 이러한 항경련제로는 카바마제핀(상표명 Tegretol), 토피라메이트(상표명 Topamax) 그리고 라모트리진(상표명 Lamictal)이 있다. 토피라메이트는 증상에 대한 효과가 두드러지지는 않지만 리튬이나 비정형 항정신병 약물의 사용으로 인한 체중 증가를 줄이는 이점이 있을 수 있기 때문에 보조 치료제로 사용될 수 있다. 라모트리진은 두 번의 임상시험에서 양극성 장애 환자에게 항우울 효과가 있음이 입증되었고(Calabrese et al., 1999), 또 다른 기분삽화, 특히 우울 삽화 재발을 막는 데 보호 효과를 가지는 것으로 여겨진다(Bowden et al., 2003; Calabrese et al., 2003).

이제 양극성 장애의 약물치료에서 다루어야 할 일련의 구분된 문제들이 있다는 점이 분명하게 인식되고 있다. 즉, 급성기 조증의 치료, 급성기 우울증의 치료, (주로 조증의 맥락에서, 때로는 완전한 기분삽화 사이, 우울증의 맥락에서도) 급성기 정신증의 치료, 추가적인 기분삽화를 막기 위한 장기적인 유지치료 등이다.

급성기 조증의 치료

통상적으로 급성기 조증(acute mania)에는 리튬 또는 발프로산과 같은 '기분조절제'를 고용량으로 사용하는 약물치료를 한다. 만약 기분조절제만을 사용하는 것이 조증 증상의 빠른 관해(remission)를 가져오지 못하거나, 환자가 정신증 증상을 나타낸다면 항정신병 약물이 보통 추가된다. 급성기 조증 치료의 분명한 목표 중 하나는 수면유도이다. 따라서 몇 시간의 연속적인 수면을 취할 수 있을 때까지는 항정신병 약물 그리고/또는 벤조디아제핀과 같은 다른 수면유도 약물이 증량된다. 비록 할로페리돌(상표명 Haldol), 퍼펜나진(상표명 Trilafon) 또는 Mellaril과 같은 정형 항정신병 약물이 정신증 증상 감소와 수면유도에 효과적이지만, 이러한 정형 항정신병 약물들은 부작용이 상당하며 장기적으로 사용하면 추체외로 부작용과 지연성 운동이상(tardive dyskinesia)의 위험성이 있다. 따라서 새로운 비정형 항정신병 약물들, 특히 리스페리돈(상표명 Risperdal)과 올란자핀(상표명 Zyprexa)이 양극성 장애 치료에 더 자주 사용되고 있다. Zyprexa는 2000년 FDA에서 조증 치료에 적응증 허가를 받았다. Tohen 등(2002, 2003)은 2개의 잘 계획된 통제 시험에서 Zyprexa의 보호 효과를 보여 주었다.

급성기 양극성 우울증의 치료

일부(아마도 약 30~40%의) 제I형 양극성 장애 환자들이 급성기 양극성 우울증 시기에 리튬 또는 발프로산만을 사용한 약물치료에 반응하지만, 대다수는 그렇지 못하다. 실제로 우울 삽화로 치료를 받으러 오는 많은 양극성 장애 환자들이 이미 '기분조절제'를 복용 중이며, 이 경우 기분조절제는 우울 삽화 예방에 효과적이지 못하다.

제I형 양극성 장애 환자들에게서는 항우울제가 조증을 유발할 위험 때문에 다른 기분조절제나 항정신병 약물과 병합해서만 처방된다. 그러나 제II형 양극성 장애 환자에게는 항우울제가 빈번하게 단독 처방된다. 양극성 우울증의 치료에 MAO 억제제(monoamine oxidase inhibitor)가 효과적일 수 있지만, 이 약물들은 현재는 거의 처방되지 않는데 임상가와 환자들 모두 이 약물에 대한 편견을 가지고 있기 때문이다. 여기에는 트라닐시프로민(상표명 Parnate), 페넬진(상표명 Nardil)과 같은 약물이 포함된다(Himmelhoch, Thase, Mallinger, & Houck, 1991; Thase, Mallinger, McKnight, & Himmelhoch, 1992). MAO 억제제를 사용할 때의 문제는 특정 음식 섭취나 다른 약물과의 상호작용에 따른 고혈압의 위험성이다. 치즈, 일부 패스트푸드 등의 음식이 그러한 부작용을 일으킬 수 있기 때문에 상당수의 양극성 장애 환자들, 특히 젊은 양극성 장애 환자들은 MAO 억제제를 복용하길 거부한다. 의사들도 환자들이 식이 제한을 지속하기 어렵거나 또는 무심코 부주의하게 MAO 억제제의 부작용을 일으킬 음식이나 다른 약을 섭취하게 될까 봐 잘 처방하지 않는다.

더 오래된 삼환계 항우울제들로는 아미트립틸린(상표명 Elavil), 이미프라민(상표명 Tofranil), 노르트립틸린(상표명 Pamelor) 등이 있는데, 이는 양극성 장애 환자 일부에게서 항우울 효과를 보인다. 그러나 이 약물들을 사용할 시 제I형 양극성 장애 환자들에게서 (아마도 기분조절제를 함께 사용하기 때문에) 증상 관해까지의 시간이 오래 걸리고 대개 증상이 완전히 해결되지 않는다는 문제가 있다.

새로운 항우울제인 세로토닌 재흡수 억제제(SSRI)는 현재 양극성 우울증의 치료에 자주 사용되며 부작용이 덜하다는 점에 있어서 높이 평가된다. 그러나 치료 성과는 역시 그리 이상적이지 못하다. 제I형 양극성 장애에서 관해까지의 소요 시간이 길고 증상 관해의 정도도 흔히 완전하지 못하다.

오랫동안 양극성 장애에서 우울 삽화 치료의 어려움이 연구 문헌들에서 명시적으로 논의되지 않았다. 초점이 조증 치료와 (대개 조증의) 예방에 주어졌으며, 이는 조증이 임상가와 환자 그리고 가족들이 가장 두려워하는 것이었기 때문이다. 그러나 이러한 접근법은 많은 양극성 장애 환자들이 장기화되고 사람을 황폐하게 만드는 (그러나 극적이지는 않은) 우울증을 겪는 상태로 남아 있게끔 하는 결과를 가져왔다. 이제 우리는 이러한 경미한 정도의 우울증이 사실 더욱 극적이고 인상적인 조증보다 더 많은 기능장애와 연관된다는 점을 인식하게 되었으며(Judd et al., 2002), 이는 그동안의 약물치료 시대에서 충분히 고려되지 못한 측면이다.

최근 Hlastala 등(1997)과 Kupfer 등(2000)은 양극성 우울 삽화가 안정적으로 관해되기까지 매우 오랜 시간이 걸린다는 점을 지적했다. 양극성 우울증 치료의 어려움은 항우울제가 기분조절제와 대개 늘 병합되기 때문인 것으로 보이며, 이는 사실 약을 복용하는 사람이 얼마나 '우울하지 않은'(즉, 경조증적인) 상태가 될 수 있을 것인가에 한계점을 설정하기 위한 조치이다.

기분 안정화

앞에서 언급했듯이 양극성 장애의 이상적인 약물치료는 우울한 환자를 우울로부터, 조증 환자를 조증으로부터 회복시키고 우울 또는 조증 증상이 재발하지 않도록 예방하는 것이다. 전통적인 제I형 양극성 장애 환자들 중 일부에게서는 리튬이 그러한 효과를 모두 가지고 있는 것으로 보인다. 리튬의 초기 임상시험들(Fieve, 1975; Gershon & Yuwiler, 1960; Schou, Juel-Nielsen, Stromgren, & Voldby, 1954)은 새로운 삽화 재발 방지에 장기적인 보호 효과가 있다는 점을 시사하였으나, 리튬 유지치료의 효과에 대한 현재의 임상적 경험은 이전만큼 긍정적이지는 않다. 왜 이러한 현상이 일어나는지에 대해서는 여러 가설들이 존재한다. 혹자는 이와 같은 차이가 대형 연구병원에서 신중하게 선택된 환자들을 대상으로 전문 치료진에 의해 시행된 한 초기 임상시험과 그보다는 다양한 환자군과 치료진들이 참여한 '현실' 경험과의 차이라고 생각한다. 또 다른 사람은 이것이 양극성 장애에 대한 개념이 확장되어, 종전에 임상시험에 참여했던 전통적인 환자들과는 다른 환자군을 포함하게 되었기 때문으로 본다. 세 번째 가설은 양극성 장애 환자군 자체가 마약의 광범위한 이용 가능성이나 알코올의 조기 사용 시작 등으로 인하여 매우 복잡해졌다는 것이다.

최근 다른 선택지를 찾고 있던 임상가들은 유지치료를 위한 보호 약물로 발프로산과 비정형 항정신병 약물을 사용하기 시작했다. 임상 실제에서 리튬에 반응하지 않는 양극성 장애 환자들은 기분을 안정되게 유지하기 위하여 대개 리튬, 발프로산, 항우울제 그리고/또는 항정신병 약물을 포함하는 다양한 종류의 약물들을 복용한다. 양극성 장애 환자 명부를 조사한 한 연구에서(Kupfer et al., 2002), 우리는 보통 환자들이 4~5개의 약물들을 복용하며 유지치료를 받는 것을 확인할 수 있었다.

기분조절제는 무엇인가?

양극성 장애 약물치료에서 혼동스러운 것 중 한 가지는 이상적인 약이 되기 위해 세 가지 특성을 갖추어야 한다는 것이다. 즉, 이상적인 약물은 급성기 조증에는 항조증 효과를, 급성기 우울증에는 항우울 효과를, 장기적으로는 기분안정 또는 보호 효과를 가져야 한다. 처음 리튬이 시판되었을 때는 이와 같은 세 가지 특성을 모두 가지는 것으로 보였으며, 이후로 다른 약물들도 이와 같은 기준에서 평가된다. 우선, 오늘날 대다수의 양극성 장애 환자들에서 리튬은 앞서 세 가지 특성을 충족시키지 못한다는 것이 분명하다. 일부 환자들에게서는 그럴 수도 있으나, 리튬에 대한 원래의 생각들은 무엇이 기분조절제인가에 대한 개념을 혼동시킨다. 양극성 장애의 적응증을 가진 약물로 FDA 승인을 받기 위해서는 일단 항조증 효과를 입증해야 한다는 사실에 의해 그러한 혼동은 더욱 증폭된다. 그러나 이상적인 항조증 또는 항우울 약물들이 반드시 장기적인 기분조절제인 것은 아니다. 이 문제에 대한 보다 합리적인 접근은 각 약물이 가지는 세 가지 특성이 각기 개별적으로 평가되는 것일 것이다. 여전히 양극성 장애의 어떤 시기에 어떤 약물이 사용되어야 하는가는 쉽게 대답할 수 없는 문제이며 상당한 개인차 또한 존재한다. 만약 임상가가 특정 약물의 **평균적인** 효과에 대한 자료가 **개인** 환자 수준에서 반드시 적용될 것이라는 확신을 가질 수 없는 환자군이 있다면, 양극성 장애 환자들도 그에 속할 것이다.

마지막으로 현재 사용되는 기분조절제들 중 대다수가 환자들을 정상 기분보다 낮은 수준에서 안정화시키는 것은 아닌가 하는 문제가 있다. 우리가 받은 인상은 조증을 막기 위하여 많은 환자들이 만성적인 경미한 우울 상태로 '안정화'된다는 것이다. 이것이 필요한 경우도 있을 것이며, 조증의 심각도가 너무나 크고 지속 기간이 매우 길거나 조증 삽화 동안의 피해가 매우 심각하다면 이는 정당화될 수 있을 것이다. 그러나 우리의 생각에는 환자와 임상가(들) 사이에 양호한 작업 동맹이 있고 비교적 가깝게 연락을 유지할 수 있다면, 치료 목표는 진정으로 정상적인 그리고 충분히 기능하는 상태에서의 안정화가 되어야 한다.

양극성 장애의 치료에서 항정신병 약물의 사용

항정신병 약물이 주로 사용되는 것은 조증의 급성 치료에서였으나, 일부 양극성 장애 환자들은 보호 효과를 위하여 저용량의 항정신병 약물을 필요로 하는 경우도 있다. 이는 경과 중에 우울증보다는 조증을 더 많이 경험하거나 항정신병 약물을 완전히 중단할 경우 빠르게 (경)조증 증상이 발생하는 환자들이다. 이전에 언급하였듯이, 현재로서는 적어도 비정형 항정신병 약물 중 올란자핀이 단독치료에서 장기적인 보호 효과가 있다는 증거가 있다(Tohen et al., 2002, 2003).

- 양극성 장애를 치료하기 위해 몇 가지의 약물이 필요한가?

단극성 우울증의 치료에서는 단독치료가 분명히 이상적인 것으로 고려되지만, 상당수의 양극성 장애 환자들은 기분 안정과 기능 회복을 위하여 여러 약물의 혼합치료를 필요로 한다. 이것은 양극성 장애의 복합성과 치명성의 증거이다. 양극성 장애의 약물치료와 최근 제안된 치료 알고리즘에 대한 더 자세한 정보를 위해서는 미국 정신의학회 가이드라인(American Psychiatric Association Guideline for the Treatment of Bipolar Disorder)과 텍사스 컨센서스(Texas Consensus Conference Panel on Medication Treatment of Bipolar Disorder 2000) 보고서를 참고하기 바란다(American Psychiatric Association, 2002; Goodwin, 2003; Suppes et al., 2002).

- 양극성 장애 환자가 약 복용을 완전히 거부하면 어떤 입장을 취해야 하는가?

3장의 도입부에 이야기했듯이 양극성 장애 환자의 치료에 있어 약물 복용 거부는 매우 흔한 문제이며, 특히 경과 초기에 있는 환자에게서 그렇다. 부정은 강력한 대처 기제이며 그 병의 핵심 증상이 자신의 우월성이나 독특성에 대한 믿음을 동반하는 병인 경우에 더욱 그렇다.

현실에서 임상가들은 제I형 양극성 장애 환자가 약을 복용하기를 완전히 거부하는 것에 어떤 입장을 취할지에 대해 각기 결정을 내려야 한다. 우리의 접근은, 특히 나이가 어린 환자들의 경우, 환자와 연결성을 유지하려고 노력하는 것이며, 이는 나중에 약물치료를 치료 계획에 추가할 가능성을 열어 두기 위함이다. 증상 변화를 주시하고 증상을 가라앉힐 수 있는 행동적 · 심리적 개입법들을 제공할 수 있는 박식한 임상가와 어느 정도의 연결을 유지하는 것만으로도 아예 연결이 없는 것보다는 낫다는 논리에서이다. 가능한 기회마다 우리는 심리치료만으로는 제I형 양극성 장애의 치료에 충분하지 않다는 점을 명확히 설명하고, 환자가 약을 복용할 때 치료를 더 편안하게 할 수 있으며, 환자가 향후 약물을 복용할 가능성을 계속 고려해 보기를 바란다는 점을 전달한다. 결국 우리의 환자들 중 대다수는 약에 대한 이러한 생각을 받아들이는데, 기분이 경미한 (경)조증에서 우울증으로 변화할 때에 보통 그렇다. 그러나 병이 너무도 심각하고 자신이나 타인에게 해를 가할 위험성이 큰 경우에는 치료의 일부로 약물치료를 시작하지 않는다면 그 환자에 대한 임상적인 책임을 지기를 거부해야만 한다.

제II형 양극성 장애나 달리 세분되지 않는 양극성 장애 환자들에게는 심리치료만으로도 급성기 치료와 유지치료에 합리적인 접근이 될 수 있다. 이 환자 집단에서 IPSRT 단독치료에 관한 경험적 연구를 진행한 적은 없지만, 우리는 개별 사례를 치료하여 좋은 성과를 얻은 경험이 있다. 또한 제II형 양극성 장애 진단을 충족하는 환자에게 IPT만을 실시하여 양호한 성과를 얻은 적도 있다.

경험적으로 지지된 심리사회적 개입 및 심리치료

- 양극성 장애의 약물치료에 왜 심리사회적 치료를 추가해야 하는가?

약물치료를 잘 받은 환자들에게서조차 치료 성과가 그리 이상적이지 못하다는 1980년대 후반의 인식과 함께(Coryell et al., 1993; Gitlin, Swendsen, Heller, & Hammen, 1995; Goodwin & Jamison, 1990) 양극성 장애에서 약물치료에 보조적 요법으로 심리사회적 치료를 부가하는 것이 어떠한 기여를 할 수 있는지에 대한 관심이 다시 부흥하게 되었다.

환자들의 심리사회적 문제들에 접근하고 환자들이 병을 관리하는 능력을 증진시키는 심리치료들이 약물에 의한 증상 개선과 지속적인 회복 간의 간극을 메우는 데 중요한 역할을 할 수 있다는 것을 1990년대 동안 인식하게 되었다(Potter &

Prien, 1989). 그 이후로 미국과 유럽의 임상가들은 양극성 장애에서 약물치료와 함께 활용될 수 있는 다양한 개인, 가족 그리고 집단 치료들을 개발하였다.

이러한 치료들의 기원은 다양하다. 일부 치료들, 특히 심리교육적 접근들은 심리치료에 대한 특별한 배경지식이 없는 정신약리학자들이 적절한 약물치료를 제공하고자 할 때 양극성 장애의 경우 악명 높은 저조한 치료 순응도에 의하여 좌절되는 경우가 빈번하다는 단순한 인식으로부터 시작되었다. 따라서 이들은 약물치료 순응도를 높이기 위한 목적으로 탈이론적인 개입법들을 개발하였다. 다른 치료들은 분명한 이론적 모델을 가지고 시작되었는데, 양극성 장애가 아닌 다른 정신장애를 위해 개발되었던 이론적 모델이 기초가 된 경우가 대부분이었다. 정신분열증 환자 가족에서 '표현된 정서'(즉, 적대성, 비난, 과잉개입)의 부정적 영향을 간파하였던 정신분열증 연구자들은 자신들의 모델을 다른 정신증적 장애인 양극성 장애에 적용하고자 하였다. 주로 단극성 기분장애 환자들과 작업한 경험이 있던 심리치료 연구자들은 자신의 모델을 적용하여 인지적 또는 대인 관계적 치료 원칙에 입각한 개인치료들을 탄생시켰다. 이러한 치료법들이 진화하면서 연구자들은 자신들이 (원래 치료 프로토콜에서 개념화되었던 것과 비교하여) **실제로** 이러한 치료에서 하고 있는 것이 무엇인가에 대해 논의하기 시작했다. 그러면서 치료마다 정도는 다르지만 확실히 공통적인 주제와 치료 전략들, 양극성 장애의 양호한 임상적 관리의 기초가 되는 전략들이 있다는 점이 분명해졌다.

2000년대에 가까워지면서 약물치료만 하는 것과 비교하여 약물치료와 양극성 장애에 특정적인 심리교육적 접근 또는 심리치료를 병행한 환자들의 치료 성과가 더 좋다는 것을 보여 주는 연구가 급증하였다(Craighead, Miklowitz, Vajk, & Frank, 1998; Kusumakar et al., 1997; Swartz & Frank, 2001). 현재의 치료 지침은 양극성 우울증의 급성기 치료와 유지치료 동안 약물치료와 심리치료를 병행할 것을 권고한다(American Psychiatric Association, 2002; Bauer et al., 1999; Frances, Kahn, Carpenter, Docherty, & Donovan, 1998; Yatham et al., 1997). 따라서 현재는 심리치료가 양극성 장애 환자에게 중요한 치료 구성요소로 여겨지고 있다.

일반적으로 치료 지침과 합의문은 양극성 우울증의 일차 치료로 기분조절제 약물치료를 하면서 나중에 심리치료 또는 항우울제를 추가하는 것을 권고한다. 흥미롭게도 이러한 자료들에서 심리치료는 항우울제에 비하여 주된 병합 전략으로 조금 더 선호되는데, 이는 아마도 항우울제가 조증을 유발할 수 있는 반면, 심리치료는 그러한 위험성이 없기 때문으로 생각된다. 비정신증적 우울 삽화의 치료에 있어 1998년도 미국 전문가 컨센서스 가이드라인(U.S.-based Expert Consensus Guidelines; Frances et al., 1998)은 ① 특정한 심리치료, ② 항우울제, ③ 전기충격치료(ECT) 등(p. 21)의 개입을 추가하기 전에 기분조절제를 시작하여 최적화할 것을 권한다. 이 전문가 집단은 당시에 양극성 우울증에서 심리치료에 대한 연구들이 충분히 이루어지지는 않았으나, 우울 삽화가 심리사회적 스트레스에 의하여 촉발되거나 악화될 때 특히 이득이 있을 것으로 보았다(p. 16). 이후로 여러 집단에서 양극성 우울증에 심리치료가 긍정적 영향이 있다는 결과들을 발표하였고 이는 다음 단락에서 자세히 기술하고 있다. 양극성 장애의 치료에 관한 미국 재향군인회(VA) 지침(Bauer et al., 1999)은 Frances 등과 유사한 권고를 하였다. 단, VA 우울증 치료 지침은 기분조절제를 시작하고 최적화하는 동시에 '진행 중인 심리치료 그리고/또는 심리사회적 재활을 위한 평가'를 시작하도록 하였고(Bauer et al., 1999, p. 15), 항우울제 사용은 신중하게 할 것을 권고하였다. 양극성 우울증 치료에 대한 캐나다 연구팀의 지침(Yatham et al., 1997, p. 88)은 이차적인 기분조절제, 항우울제나 심리치료를 추가하기에 앞서 현재 사용하는 기분조절제를 최적화할 것을 제안하였으나, 이는 현실에 반영되고 있지 않은 것 같다. 766명의 캐나다 정신과 의사들에게 설문조사를 한 결과, 응답자의 84%가 양극성 우울증에 대한 일차 치료로 신체적 치료와 심리치료를 병행한다고 하였다(Sharma, Mazmanian, Persad, & Kueneman, 1997).

• 어떤 종류의 심리치료가 양극성 장애에 활용 가능한가?

오늘날 양극성 장애의 치료에 있어 다양한 심리사회적 접근들에 대한 문헌이 있다. 이들은 개인, 가족 및 집단 심리교육, 집단치료, 부부치료, 가족치료, 개인 대인관계 심리치료, 개인 인지행동치료이다. 그러나 이러한 치료 중 다수는 효과의 경험적 증거의 측면에서는 아직 미진한 부분이 있다. IPSRT에 대하여 소개하고 참여 동의를 얻는 데 있어 당신의 의무는 IPSRT의 대안을 제시하는 것이다. 도움이 되는 것으로 알려진 다른 치료법들을 알고 환자에게 일반적인 용어로 설명해 주는 것은 중요하다. 미국심리학회(American Psychological Association: APA)에 따르면, 비록 주의 깊게 설계된 치료 전후 비교 연구(mirror-image study)에서의 증거도 고려할 필요가 있기는 하지만, 어떤 치료를 '경험적으로 지지된' 것이라고 분류하기 위해서는 적절한 검증력을 가진 통제된 연구가 2개 이상 존재해야 한다고 한다(Crits-Cristoph, Frank, Chambless, Brody, & Karp, 1995). 지금 시점에서 양극성 장애의 어떠한 치료도 APA 기준을 충족시키지 않으며, 아마도 Miklowitz와 Goldstein에 의해 개발된 FFT(family-focused treatment) 정도가 기준에 근접하는 예외적인 경우이다. FFT는 LA, 콜로라도의 덴버에서 실시된 별개의 연구들에서 재발과 재입원을 방지하고, 진행 중인 우울 증상을 감소시키는 효과를 보여 주었다(Miklowitz et al., 2000; Rea et al., 2003).

더 문제가 되는 것은 어느 정도의 효과성 증거를 보여 준 치료법 중에서 치료 매뉴얼을 출판하거나 치료자 훈련 절차를 확립한 치료법들이 매우 드물다는 것이다. 더욱이 효과적인 치료법 훈련을 받은 몇 안 되는 치료자들은 거의 전적으로 대학병원에서만 찾아볼 수 있다. 다시 말하면, IPSRT의 대안들이 분명히 존재하긴 하지만 환자가 이러한 치료를 제공하도록 훈련받은 유능한 임상가를 찾기가 매우 어렵다.

이전에 언급하였듯이 양극성 장애에 대해 경험적으로 지지된 심리치료들은 다음의 2개 영역으로부터 배태되었다. 즉, ① 정신분열증 등 다른 정신증적 장애의 경험적으로 지지된 치료, ② 단극성 우울증의 경험적으로 지지된 치료이다. 정신증적 장애 환자와 작업한 경험이 있는 임상 연구자는 주로 심리교육적인 가족과 커플 치료에 집중하는 경향이 있는데, 이러한 치료들은 정신분열증 환자의 재발과 재입원을 방지하는 데 성공적이었던 것들이다. 단극성 기분장애 환자와의 경험이 있는 임상 연구자는 개인치료에 집중하는 경향이 있다.

다음에서는 통제된 연구 또는 잘 설계된 치료 전후 비교 연구에서 적어도 어느 정도의 효과성 증거가 있는 치료법들을 차례로 살펴보겠다. 여기서는 치료법들을 기법에 따라 나누었지만, 이전에도 언급하였듯이 치료법 간에 상당한 중첩이 있어서 이러한 분류가 다소 임의적일 수 있다. 〈표 3-1〉에서는 여기서 논의된 치료법들을 지지하는 증거를 요약하였다.

〈표 3-1〉 양극성 장애의 심리사회적 치료

주 연구자(연도)	심리치료의 종류	피험자 수 (대조군 수)	평균 치료 기간	주요 치료 성과	비고
Basco & Rush (2005)	개인(인지행동적)	0 (0)	20회기	보고되지 않음	매뉴얼화된 치료이나, 아직 검증되지 않음
Cerbone et al. (1992)	집단(정신역동적, 심리교육)	43 (0)	1년	입원을 감소시킴	회고적 차트 리뷰
Clarkin et al. (1990)	가족(심리교육)	12 (9)	8.6회기	전반적인 기능의 향상	입원환자에 대한 개입
Clarkin et al. (1998)	부부(심리교육)	18 (15)	11개월	전반적인 기능과 약물 순응도의 증진	
Cochran (1984)	개인(인지행동적)	14 (14)	6주	리튬에 대한 비순응율을 낮춤	
Colom et al. (2003)	집단(심리교육)	60 (60)	2년	재발한 환자 수, 환자 당 재발 횟수의 감소, 새로운 기분삽화 없이 지내는 기간이 길어짐	
Davenport et al. (1977)	부부 집단	12 (53)	1년	입원 감소와 증진된 사회적 기능	
Glick et al. (1991)	개인 그리고 가족 (심리교육)	24 (0)	–	심리교육 시 급성기 삽화가 더 잘 해결됨	회고적, 다국적 연구
Graves (1993)	집단(지지적)	14 (0)	2.9년	입원 감소	
Jacobs (1982)	개인(인지적)	0 (0)	2~4년	보고되지 않음	'불쾌감(dysphoria)'에 대한 치료
Kripke & Robinson (1985)	집단(지지적)	17 (0)	10년	입원 감소와 사회경제적 기능 증진	
Lam et al. (1999, 2003)	개인(인지행동적)	51 (52)	20회기	재발 감소, 혈중 치료약물 농도 증가, 사회적 기능 증진	
Miklowitz et al. (2000, 2003)	가족(심리교육)	31 (70)	9개월	재발 없이 지내는 기간의 비율이 높아짐, 우울 증상의 감소	가장 큰 규모의 시험

주 연구자(연도)	심리치료의 종류	피험자 수 (대조군 수)	평균 치료 기간	주요 치료 성과	비고
Palmer et al. (1995)	집단(인지행동적)	4 (0)	17회기	삶의 질 증진	
Peet & Harvey (1991)	개인(심리교육)	30 (30)	2회기	리튬에 대한 지식의 증가	
Perry et al. (1999)	개인(심리교육)	34 (35)	7~12회기	조증 재발까지의 기간이 길어지고 조증 재발 횟수가 감소되었으나, 우울 재발까지의 시간에는 효과가 없었음	유지치료 연구, 피험자들을 18개월간 추적 관찰함
Rea et al. (2003)	가족(심리교육)	28 (25)	9개월간 21회기	재발이나 재입원 위험도를 낮춤	Miklowitz의 연구에서 사용되었던 것과 같은 개입법임
Scott et al. (2001)	개인(심리교육)	21 (21)	6개월간 25회기	증상과 기능의 개선, 재발율의 감소	
Simon et al. (2003, 2005)	집단(심리교육, 인지행동적, 대인 관계적)	0 (0)	5회기(1단계)에 추가하여 2단계에서는 기간 제약이 없음	지식, 기능 수준, 증상 심각도, 삶의 질, 질병 부담의 측면에서의 개선	
Van Gent et al. (1998)	집단(심리교육)	20 (14)	10회기	75%의 환자들(통제 집단에서는 29%)이 '호전됨' 자기보고	
Van Gent & Zwart (1991, 1994)	집단(심리교육)	14 (12)	5회기	약물치료에 대한 환자의 순응도에서 변화가 없었음	환자 배우자들의 집단
Volkmar et al. (1981)	집단(대인 관계적, '상호작용적')	20 (0)	47회기	리튬 복용의 향상과 입원 감소	
Wulsin et al. (1988)	집단(정신역동적)	22 (0)	44회기	보고되지 않음	
Zaretsky et al. (1999)	개인(인지행동적)	11 (11)	20회기	우울 증상의 감소	매칭된 환자 대조군(단극성 우울증 집단) 설계

심리교육(집단 그리고 개인)

스페인 바르셀로나의 Colom, Vieta 등은 1회기당 90분, 총 20회기로 구성된 정상 기분인 환자들을 위한 집단 심리교육개입을 개발하였다. 이 치료에서는 네 가지 이슈를 다루는데, ① 장애에 대한 인식, ② 치료 순응, ③ 전구기 증상과 재발의 조기 발견, ④ 일상생활의 규칙성 등이다. 마지막 두 회기에서는 문제해결과 스트레스 조절을 다룬다. 이 구조화된 교육적 개입을 받은 환자들은 새로운 삽화 없이 지내는 기간이 더 길었으나, 이들 중에서도 치료 이후 2년간 재발할 확률은 약 60%였다(Colom et al., 2003).

영국 맨체스터 대학의 연구자들은 7~12회기의 짧은 개인 인지행동적 심리교육 개입이 조증 재발을 방지하는 데 유용함을 보여 주었다. 이 개입은 정상 기분 상태의 환자들이 재발의 조기 신호를 알아차리도록 설계되었다. 전형적인 환자는 비교적 경험이 없는 임상가와 단 9시간의 개인 회기를 가졌다. 치료에서는 환자들이 (조증과 우울증의) 특정한 전구기 패턴을 인식하도록 돕는 데 집중하였고 만약 전구기 증상이 나타난다면 실행할 활동 계획을 세우도록 하였다. 치료자는 구체적인 계획을 수첩에 기록하고, 환자들이 늘 가지고 다니도록 하였다. 이러한 치료를 받은 환자들은 조증 재발까지의 기간이 유의하게 더 길어졌으나, 우울 재발까지의 기간에서는 차이가 없었다. 18개월간 총 조증 재발 삽화의 수에 유의한 감소가 있었으나, 우울 재발 삽화의 총 개수는 차이가 나지 않았다. 따라서 개인화된 재발 방지 전략은 1년 반 동안 조증 재발의 빈도를 감소시키는 효과가 있었던 것으로 여겨진다.

집단치료

Bauer와 McBride(1996)는 미국 보훈청에서 양극성 장애 치료를 받는 환자들을 위하여 심리교육적, 인지행동적 그리고 대인 관계적 전략을 사용하여 증상을 줄이고 사회적 · 직업적 한계를 극복하도록 돕는 인생목표 프로그램(Life Goals Program)을 개발하였다. 1단계는 5회의 고도로 구조화된 심리교육 회기들로 장애, 치료, 재발의 조기 경고 신호들에 대한 정보를 제공한다. 2단계는 개방형의 더 유연한 집단치료로 환자들이 양극성 장애 때문에 방해받은 적어도 1개의 사회적 · 직업적 또는 여가활동 목표를 찾도록 한다. 매뉴얼에 수록된 목표의 예시는 증상을 경험하지 않으면서 안전한 임신을 하는 것, 우울할 때 결근하지 않는 것, 취직을 하는 것 등이다. 워크시트를 사용하여 집단원과 치료자는 목표를 달성하기 위한 점진적인 행동 전략을 세운다. 대규모 건강관리 기관에서 이루어진 프로그램의 효과 연구에서는 이와 같은 양극성 장애의 체계적인 프로그램이 12개월 동안 조증의 위험을 유의하게 낮추는 것으로 나타났으나, 더 긴 추적 관찰 기간이 필요하다(Simon, Ludman, Unutzer, & Bauer, 2002; Simon et al., 2005).

인지행동치료

양극성 장애의 개인치료에서 가장 많은 개발과 연구가 이루어진 개인치료가 바로 단극성 우울증에서 가장 많은 관심을 받아 온 인지치료라는 것은 놀라운 일이 아닐 것이다. 북미와 영국 등지의 여러 그룹에서 Beck의 인지치료(Beck et al., 1979)를 다양하게 각색한 양극성 장애 환자에 대한 치료를 개발하였다. 이러한 인지치료들에서 공통적인 요소는 약물 순응에 대한 인지적 접근, (활동 수준을 높이고, 숙달이나 즐거움 경험을 증진하는) 행동 개입법을 포함하여 우울 증상에 대한 인지행동적 접근, Beck의 인지치료에 특징적인 부정적 사고의 교정이다. 이러한 치료들 중 일부에서는 (경)조증과 연관된 인지적 왜곡들을 '교정'하려는 노력들도 이루어지는데, 이것이 실제로 가능한지에 대해서는 분명치 않다. Basco와 Rush(2005)는 양극성 장애의 인지치료에 대한 상세한 치료 매뉴얼을 출판하였지만, 지금까지 저자가 알기로는 경험적 검증이 이루어지지 않았다.

몇몇 다른 그룹들도 양극성 장애의 인지행동치료에 대한 미출간 매뉴얼들을 개발하였으나(Lam, Jones, Hayward, & Bright, 1999; Lam et al., 2002; Newman, Leahy, Beck, Reilly-Harrington, & Gyulai, 2001; Otto, Reilly-Harrington, & Sachs, 2003; Scott, Garland, & Moorhead, 2001), 이 책이 출간된 시점에서 오직 2개 매뉴얼에 대해서만 치료 성과의 연구 결과들이 출판되었다. Lam 등(1999, 2002)은 20회기의 급성기 치료의 성과를 발표하였는데, 이 치료 매뉴얼은 심리교육, 치료 순응과 증상 모니터링뿐만 아니라, 전구기 증상의 포착과 관리 그리고 낙인(stigma), 수치심, 상실과 같은 장기적인 이슈에 대한 논의를 강조하였다. 양극성 우울에 대한 치료는 부정적인 자동적 사고에 도전하는 것, 인지적 재구성, 점진적인 과제 부여, 문제해결과 같은 전통적인 인지행동 기법들에 따른다. Lam 등의 치료는 기분삽화의 기간과 입원을 감소시켰을 뿐 아니라, 재발율 감소, 약물 순응 증가, 심리사회적 적응 증진과도 연관되었다.

Scott 등(2001)의 인지행동적 모델에는 네 가지 주요 요소가 있는데, ① 인지행동적 모델에 대한 사회화와 개인에 대한 사례개념화와 치료목표 설정, ② 증상 관리와 역기능적 사고에 대한 인지행동적 접근, ③ 치료 순응에 관련된 인지 및 행동적 장애물을 다루는 것과 부적응적 신념의 수정, ④ 재발 방지 기법과 신념 수정 등이다. 이들의 모델에 따르면, 인지행동치료에 대한 사회화에는 환자 자신의 장애에 대한 이해를 탐색하기, 이전 삽화들에 대하여 논의하기, 전구기 신호에 대한 주의 깊은 검토, 삽화의 시작과 관련된 스트레스 자극을 임상가와 환자 모두 어느 정도 이해하기, 환자의 대인 관계적 기능에 대한 탐색 등이 포함된다. 증상 관리의 인지행동적 접근에는 자기 모니터링과 자기 조절, 일상에서 규칙적인 일과를 확립하거나 스트레스에 대처하는 방법, 시간 관리와 사회적 지지를 활용하는 법을 가르치는 것이 포함되고, 그다음 역기능적 사고들에 접근한다. Scott 등의 접근의 특징은 치료 순응의 장애물들에 접근하는 범위인데, 약물, 양극성 장애와 자립(self-reliance)에 대한 자동적 사고에 도전함으로써 이와 같은 치료의 장애물들을 탐색한다. 마지막으로 이 치료법은 재발 방지 기법들을 사용하는데, 재발의 조기 신호를 알아차리고, 그러한 초기 신호들이 분명해지도록 증상에 대한 자기 모니터링을 하며, 위험 상황에 대한 목록을 만들고, 인지행동치료가 종결된 후 어떻게 대처할지에 대한 분명한 계획을 세우는 것들이 포함된다. 이 치료는 6개월에 걸쳐 25회기로 구성된다. 첫 번째 연구에서는 6개월 추적 관찰 시점에서 치료를 받은 환자들이 대기 통제 집단에 비하여 증상과 기능에서 더 큰 향상을 보여 주었다. 인지행동치료 종료 18개월 후의 재발율은 60%가량 감소되었다. Scott 등은 이와 같은 결과가 고무적이기는 하지만, 양극성 장애 환자들에게 인지행동치료를 사용하는 것이 단극성 우울증 환자들보다 더 복잡하고 더 높은 수준의 치료자 전문성을 요한다고 하였다. Scott 등은 자신의 인지행동치료를 더 큰 다기관 시험 연구에서 실시하였으나, 이 연구 결과는 이 책의 집필 시점에 아직 발표되지 않았다.

부부 및 가족 치료

여러 그룹이 제I형 양극성 장애 환자들을 위한 부부 및 가족 치료를 연구하였다. Clarkin, Glick 등은 입원환자를 위한 가족치료(inpatient family intervention: IFI)를 개발하고 양극성 장애 환자들이 포함된 입원환자들을 대상으로 검증하였다(Clarkin et al., 1990; Clarkin, Haas, & Glick, 1988; Glick, Clarkin, Haas, Spencer, & Chen, 1991; Haas et al., 1988; Spencer et al., 1988). IFI는 환자와 가족들이 ① 정신장애의 현실과 만성적인 특성 그리고 퇴원 후에도 의학적 및 심리사회적 치료들이 모두 필요하다는 점을 받아들이고, ② 정신과적 삽화의 발생과 관련되었을 수 있을 가족 안팎의 스트레스를 살피고, ③ 가족 패턴을 변경하고 향후 다른 삽화와 스트레스에 대처하도록 한다. 연구자들은 대규모의 통제 임상시험(*N*=186)에서 다양한 진단으로 입원환자를 대상으로 IFI를 입원치료만 받은 통제 조건과 비교하였는데, IFI의 치료 효과는 (양극성 장애를 포함하여) 기분장애가 있는 여성 환자에게 가장 강력하였으며 퇴원 시기와 6개월, 18개월 추적 관찰 시기에 모두 효과가 있었다. 치료 효과는 증상 자체보다는 태도 관련 측정치들에서 나타나는 경향이 있었다.

Clarkin, Carpenter, Hull, Wilner와 Glick(1998)은 양극성 장애 외래환자와 배우자들을 위한 심리교육적 부부치료를 만들었다. 이 치료법은 세 가지에 초점을 두고 있는데, ① 부부간 의사소통과 태도를 증진하는 것, ② 양극성 장애에 대하여 배우자를 교육시키는 것, ③ 약물치료에 대한 순응도를 높이는 것 등이다. 이 부부치료를 받은 환자들은 약물치료만을 받은 환자들에 비하여 유의하게 높은 전반적 기능 수준과 약물치료 순응도를 보였다. 증상 수준에서는 집단 간 차이가 없었으나, 이들의 연구는 결혼한 양극성 장애 환자들을 위한 부부치료의 잠재적인 가치를 시사하는 것이었다.

가장 심도 있게 연구된 가족치료는 Miklowitz와 Goldstein(1997)에 의해 개발된 9개월 가족 심리교육적 치료이다. 가족중심치료(family-focused treatment: FFT)는 9개월간 21회기에 걸쳐 실시되고, 3개 모듈로 구성된다. 그 3개 모듈은 ① 양극성 장애에 대한 정보와 양극성 장애 증상에 대처하는 방법을 제공하는 심리교육적 개입, ② 의사소통 증진 훈련, ③ 문제해결 기술 훈련 등이다. 첫 번째 예비연구 결과(Miklowitz & Goldstein, 1990)와 이후 2개의 무선화된 임상시험(Miklowitz et al.,

2000; Rea et al., 2003)은 모두 유의한 효과를 보고하였다. FFT는 치료 후 1년간 기분삽화의 재발 없이 지내는 기간이 더 길 가능성과 연관되었다. 또한 FFT는 진행 중인 우울 증상을 감소시키는 것으로 나타났으나, (경)조증 증상 감소에 있어서는 그렇지 못했다.

대인관계 및 사회적 리듬 치료

대인관계 및 사회적 리듬 치료(IPSRT)의 효과는 2개의 통제된 연구에서 조사되었다. 피츠버그 대학교에서 실시된 첫 번째 연구에서는 제I형 양극성 장애 환자들의 급성기 치료 또는 유지치료로서 약물치료에 IPSRT를 병행한 집단을 집중적 임상 관리(intensive clinical management: ICM) 패러다임과 약물치료를 병행한 집단과 비교하였다. 동일한 임상가가 IPSRT 또는 ICM을 실시하였다. ICM 조건은 10개의 요소로 구성되었는데, ① 양극성 장애에 대한 교육, ② 양극성 장애를 치료하기 위한 약물에 대한 교육, ③ 증상에 관한 상세한 질문, ④ 가능한 약물 부작용이나 신체적 증상에 관한 상세한 질문, ⑤ 부작용과 신체적 증상에 대한 의학적 및 행동적 관리, ⑥ 기본적인 수면위생 교육, ⑦ 임박한 기분삽화의 조기 경고 신호들의 확인과 관리 전략, ⑧ 삽화 재발이 예상될 때 사용할 수 있는 응급 치료약물의 사용, ⑨ 비특정적 지지, ⑩ 24시간 이용 가능한 응급전화 서비스 등이다.

첫 번째 연구에서 175명의 급성기 제I형 양극성 장애 환자들은 급성기 그리고 유지기 IPSRT, 급성기 그리고 유지기 ICM, 급성기에 IPSRT를 하고 유지기에 ICM, 급성기에 ICM를 하고 유지기에 IPSRT 등 네 가지의 치료 전략 중 한 가지에 무선 할당되었다. 유지기는 2년간 지속되었다. 주지하였듯이 모든 연구 참여자들은 프로토콜에 따른 약물치료를 받았다. 우리는 IPSRT가 급성기에 상태가 안정화되는 데 걸리는 시간을 단축시키는지, 유지기에 새로운 삽화 발생까지의 시간을 증가시키는지에 관심이 있었다. 안정화는 연속 4주간 해밀턴 우울평정 척도(HRSD)와 Bech-Rafaelsen 조증 평정 척도 점수가 7점 이하, 즉 실제적으로 증상이 없는 상태인 것으로 정의되었다. 재발은 새로운 주요우울증 삽화, 조증 삽화 또는 혼재성 삽화 기준을 충족시키는 것으로 정의하였다. 우리는 또한 각 치료 전략이 2년의 유지기 동안 삽화 간 기간의 기분 증상과 불안정성의 양에서 차이가 나는지에 관심이 있었다. 우리의 가설은 IPSRT가 ICM에 비해 안정화까지 더 짧은 시간, 새로운 삽화 없이 더 긴 기간, 더 큰 정서적 안정성과 연관될 것이라는 것이었다.

우리가 발견한 것은 기대와는 조금 달랐다. 환자들이 안정화, 무증상 상태에 이르는 속도에 있어 IPSRT와 ICM은 차이가 나지 않았다. 그러나 **급성기**에 IPSRT를 받은 환자들이 2년의 **유지기** 동안 새로운 삽화 없이 지내는 기간이 유의하게 더 긴 것으로 나타났다. 그리고 이것은 이들이 유지기에 계속하여 IPSRT를 받았든 그렇지 않았든 상관없이 그러했다. 더욱이 급성기에 IPSRT를 받은 환자들 중에서 급성기에 일과 규칙성을 증가시키는 능력이 이후 2년간 재발 가능성이 줄어드는 것과 유의하게 상관이 있었다. 모든 연구 참여자에서 유지치료 경과 중 기분 증상의 평균이 낮았으며, 네 가지 치료 조건에서 차이가 나지 않았다. IPSRT는 신체적 건강이 양호하고 불안장애가 없는 환자들에게 특히 효과적이었다. 의학적 상태가 중하고 불안장애 병력이 있는 환자들에게는 신체적으로 집중한 ICM이 더 나은 치료 대안이었다. 결론적으로 급성기에 시작되어 환자가 안정화될 때까지 유지되는 IPSRT는 새로운 삽화에 예방적 효과를 갖는 것으로 나타났다. 연구에서 우리가 치료한 대다수의 환자들은 완전한 안정화 시점 이후로 치료를 지속하는 것에서 추가적인 이득을 보지 못하였으나, 우리의 연구 참여자들이 그 시점에는 사실상 증상이 없는 상태였으며 보통 약물치료에 잘 순응하고 있었다는 점을 유념해야 할 것이다. 이러한 이슈들로 어려움이 있는 환자들이나 아직 안정적인 일과나 대인관계를 이루고자 노력 중인 환자들은 IPSRT의 지속으로 얻는 이점이 있었을 것이다.

우리의 연구 결과는 IPSRT를 시작하기에 가장 좋은 시기가 (우울 삽화에서) 급성기이거나 (조증 또는 혼재성 삽화에서) 증상이 막 나아지기 시작하는 시점이라는 것을 시사한다. 이러한 시기들은 IPSRT에서 요구하는 생활양식 변화를 시도하도록 환자들이 가장 동기화되는 때이다. IPSRT를 환자가 이미 오랫동안 안정화된 상태에 있었을 때 시작하는 것이 어떤 식으로든 해가 있다는 증거를 찾지 못했지만, 안정화된 환자들에게 IPSRT를 실시하는 것은 새로운 삽화에 대한 부가적인 예방 효과를 주지 못하는 것으로 보인다. 그러나 증상이 안정화된 환자의 치료에서 대인관계적 이슈의 해결이나 역할 전환의 협상 등을 이루려고 할 때는 일리가 있을 수 있다.

IPSRT는 미국 국립정신건강연구소(National Institute of Mental Health: NIMH)가

후원하는 대규모의 다기관 STEP-BD(Systematic Treatment Enhancement Program for Bipolar Disorder)에서도 연구되고 있다. 이 연구에서는 IPSRT가 인지치료, FFT 그리고 통제 조건(Collaborative Care Plus)과 비교되고 있다. 이 최종적인 결과들은 2006년까지는 출판되지 않을 것 같다. 그러나 몇 가지 초기 분석 결과들은 IPSRT가 다른 심리사회적 치료에 비하여 더 나은 치료 순응도와 상관된다는 점을 시사한다.

환자에게 IPSRT의 치료원리를 제시할 때, 양극성 장애 환자들에게 유용한 것으로 다양한 연구들에서 입증된 심리교육적 요소에 대한 증거뿐만 아니라 IPSRT 자체와 이 치료가 기반하고 있는 이론들에 대한 경험적 지지 결과들을 설명할 수 있을 것이다. 또한 이 치료의 대인 관계적 요소들은 단극성 우울증의 급성기 치료 및 유지치료에서도 효과적이었다는 점을 언급할 수도 있을 것이다.

맺음말

양극성 장애 환자들과 함께 작업하는 임상가로서, 당신은 IPSRT를 시작할 시점에 여러 가지 중요한 책임을 맡고 있다. 그 책임에는 ① 환자가 복용하는 치료약물이 현재 상태와 병력에 적절한지를 가능한 범위 내에서 확인하기, ② 환자가 현재 복용 중인 약물에 대하여 잘 알고 있는지 확인하기, ③ 환자와 가까운 가족 구성원 그리고/또는 환자에게 중요한 주변 사람들이 환자에게 필요한 지지를 제공할 수 있도록 양극성 장애에 대한 충분한 정보를 가지고 있는지 확인하기, ④ 환자가 원하는 것과 환자에게 활용 가능한 치료법들에 대한 경험적 증거들에 근거하여, 지금 이 시점에 환자에게 IPSRT가 적절한 치료법이라는 확신을 갖기 등이 포함된다. 환자 그리고 환자 가족 및 주변인들과 모든 가능한 치료 선택지에 관하여 충분한 논의를 하는 것은 이와 같은 치료자의 책임들을 이행하고 앞으로 진행될 치료에서 환자의 헌신을 얻어 내는 데 크게 도움이 될 수 있다.

4장

IPSRT의 개관

본질적으로 대인관계 및 사회적 리듬 치료(IPSRT)는 만성적으로 재발하는 양극성 장애에 대한 예방적 치료이다. 치료 목표는 새로운 기분삽화를 방지하고 적어도 삽화 간의 정상 기간을 늘리는 것이다. 우리의 모델에 따르면 리튬 등의 기분조절제로 유지치료를 받고 있는 양극성 장애 환자에게서 새로운 기분삽화가 재발하는 세 가지 경로가 있는데, ① 약물 비순응, 특히 ② 대인관계 및 사회적 역할 전환과 관련된 스트레스 생활사건, ③ 사회적 리듬의 붕괴 등이다. IPSRT는 이와 같은 잠재적인 재발 경로에 접근한다. 양극성 장애를 가지고 있는 것에 대한 감정을 탐색하고, 환자가 '건강한 자신을 잃는 것'으로 부르는 발병에 대하여 애도하고 이 병이 그들의 삶을 어떻게 바꾸었는지를 다루면서, IPSRT는 부정을 감소시키고 양극성 장애가 평생 지속되며 분명 재발할 수 있다는 점에 대한 수용을 증진시킨다. 이는 약물 순응에 매우 강력한 긍정적 효과를 갖는다. 대인 관계적 문제들과 사회적 역할 전환을 다루면서, IPSRT는 환자의 삶에서 대인 관계적 스트레스의 빈도와 심각도 그리고 그러한 스트레스가 환자의 기분과 일과의 규칙성에 미치는 영향을 줄이고자 한다. 마지막으로 IPSRT는 규칙성을 증진시키고 유지하는 일과 관련하여 주의를 기울일 수 있도록, 환자의 일상생활 내 일과의 규칙성(각 사건의 시점과 그 사건들이 유발하는 심리적 자극)과 관련된 이슈들을 직접적으로 다룬다.

양극성 장애 환자군에서 대인관계 스트레스의 감소가 중요할 것으로 보는 이유는 여러 가지이다. 첫째, 스트레스 생활사건은 수면과 식욕의 감소로 이어지는 자율신경계 각성 증가를 통하여 일주기 통합성에 직접적인 영향을 끼친다. 둘째, 많은 스트레스 사건 그리고 때로는 그리 많은 스트레스를 주지 않는 사건까지도 일과에 현저한 변화를 가져올 수 있다. 자녀가 초등학교를 졸업하여 중학교에 입학하게 되고 그래서 1시간 더 일찍 등교버스를 타러 나가야 하는 작은 변화까지도 양극성 장애를 가진 사람의 일주기 체계에는 도전이 될 수 있다. 셋째, 스트레스가 매우 심한 사건들(실직, 이혼 등)은 사회적 일과를 바꿀 뿐 아니라 기분에 직접적이고 부정적인 영향을 미치며, 환자가 새로운 우울 삽화에 취약해지게끔 할 수 있다.

IPSRT의 기본 요소

IPSRT의 기본 요소는 앞서 개발되었던 치료인 대인관계 치료(IPT)와 같이 기분 증상의 관리와 대인 관계적 문제의 해결이라는 양대 구성요소를 가지고 있다. 급성기 치료로 진행될 때, IPSRT의 목표는 기분 증상의 호전 및 최근의 기분삽화 발생과 밀접하게 연결된 대인관계 문제들의 해결이 된다. 보호적인 유지치료로서의 목표는 환자의 대인 관계적 및 사회적 기능을 향상시키기 위해 (그리고 새로운 위기 상황을 예방하기 위해) 정상 기분 상태를 유지시키는 것이다.

기분 증상의 관리

제I형 양극성 장애 환자에게 있어서 기분 증상의 관리는 적절한 약물치료와 사회적 리듬을 조절하는 노력을 통하여 성취될 수 있다. 제II형 양극성 장애는 기분 증상의 심각도에 따라 IPSRT가 단독으로 또는 약물치료와 함께 제공될 수 있다. 그리고 어떤 경우이든 사회적 리듬 안정화는 기분 증상 관리의 핵심적인 요소이다.

대인 관계적 문제의 해결

환자의 대인관계 문제를 해결하고 양호한 대인 관계적 및 사회적 기능을 유지하기 위해서는 Klerman 등(Klerman et al., 1984; Weissman et al., 2000)이 구체화한 대인관계 문제영역 중 가장 문제가 되는 영역을 선택하여 접근한다. IPT에서는 4개의 중요한 대인관계 문제영역을 미해결된 애도, 사회적 역할 전환, (배우자, 부모 또는 자녀 등과의) 대인 관계적 역할 갈등 그리고 더욱 일반화된 대인 관계적 결핍(만성적인 고립 또는 불만족)으로 정의한다. IPSRT에서 우리는 '건강한 자기를 상실한 것에 대한 애도'라는 다섯 번째 문제영역을 추가하였는데, 이는 많은 제I형 양극성 장애 환자들이 경험하는 것으로 양극성 장애로 진단받기 이전의 자신과 분리된 느낌을 일컫는 것이다. 이와 같은 문제영역에 접근함에 있어 우리는 대개 IPT에서 단극성 우울증 환자에게 사용되는 것과 같은 전략과 기법들을 사용한다. 이 내용은 9장에 더 자세히 기술되어 있다.

치료 초기

가능하다면(즉, 환자가 위급 상황에 있지 않다는 가정하에) 치료의 첫 단계는 집중적인 과거력 청취로 시작해야 하며, 이는 기분삽화와 사회적 일과의 붕괴 및 대인관계 문제들의 연관성을 강조함으로써 치료 원리를 도입하기 위한 것이다. 이것은 환자를 처음 만나게 되는 것이 급성기이든 관해기이든 마찬가지이다. 또한 치료의 첫 번째 단계에서는 환자(그리고 필요하다면 가족)를 대상으로 기분장애에 대한 **교육**을 실시하는데, 환자가 양극성 장애에 대하여 이미 알고 있거나 아직 알지 못하는 것이 무엇인지를 고려해야 한다. 그리고 6장에 더 자세히 설명되는 '대인관계 질문지'라는 과정에 따라 **대인관계의 질을 평가**한다. 더불어 6장과 7장에 자세히 소개되는 모니터링 도구인 '사회적 리듬 차트'를 환자에게 작성하도록 함으로써 **사회적 일과의 규칙성을 평가**한다. 마지막으로 환자와 함께 IPSRT 문제영역(미해결된 애도, 역할 전환, 대인 관계적 역할 갈등, 대인 관계적 결핍 또는 건강한 자기를 상실한 것에 대한 애도) 중에서 치료의 첫 번째 초점이 될 대인관계 문제영역을 선택한다. 치료의 첫 단계는 환자의 병력의 길이와 복잡성, 대인관계의 복합성 그리고 필요한 심리교육의 양에 따라서 보통 3~5회기가 소요된다.

만약 환자가 급성 조증 삽화 또는 위급 상황에서 처음 치료를 받으러 온다면 (또는 당신에게 할당되거나 데려와진다면), 이와 같은 정돈된 접근법은 가능하지 않을 것이다. 만일 환자와의 첫 만남이 (아마도 병원에서) 조증적 정신증을 경험하고 있는 상태에서 이루어진다면, 당신이 할 수 있는 최선은 환자와 인간적 관계를 수립하고 약물이 효과를 발휘하기를 기다리는 것일 것이다. 그럼에도 불구하고 그 기간 동안 정기적인 (가능하다면 아마도 매일) 만남을 갖는 것은 중요한데, 이는 당신이 환자에게 대해 갖는 우려와 관심을 분명히 전달하기 위한 것이다. 심각한 정신증을 겪고 있는 환자일지라도 관심과 공감을 지각할 수 있으며 임상가의 그러한 행동에 상당히 민감할 수 있다.

만약 병력 조사를 진행할 수 없을 정도로 환자의 조증이 심각하지만 정신증적이지는 않다면, 조금 더 상태가 안정되면 치료에서 어떤 일들이 전개될 것인지에 대한 일반적인 개관과 함께 치료 철학을 먼저 설명할 수도 있다. 환자가 적절한 약물치료를 받고 치료 계획을 따르고 있는지를 확실히 확인하도록 노력해야 한다. 만약 치료 순응에 문제가 있다면, 치료 순응을 증진시키기 위한 IPSRT 개입 모듈을 선택적으로 적용해 볼 수 있다. 만약 과잉자극이 조증에 기여하고 있거나 삽화의 완전한 회복을 방해하는 것으로 생각된다면, 이 점에 대해서 환자와 함께 의논하도록 시도해 볼 수 있다. 그러나 이 시점에서 개입하는 모든 시도들은 병식 결여와 환자 스스로에게 주관적으로는 매우 유쾌하고, 생산적이며 신나게 느껴지는 상태에 머무르고자 하는 소망으로 인해 좌절되기가 쉽다. 만약 그렇다면, 조증의 잠재적으로 부정적인 결과들에 대하여 지적하는 것으로 제한적인 시도를 해 볼 수도 있다. 만약 환자에게 병식이 없고 과민하고 논쟁적이라면, 조증이 해소될 때까지 관계를 유지하는 것에만 당신의 모든 임상적 기술을 활용해야 할 수도 있다.

만약 첫 번째 만남이 급성적인 대인 관계적 또는 직업적 위기 상황에서 이루어진다면, 우리의 접근은 거의 전적으로 그 위기 상황 자체에 집중하는 것이 된다. 다음은 우리가 접근하는 방식을 단계별로 기술해 놓은 것이다.

- 환자에게 그 위기 상황이 어떤 것인지를 설명하도록 하라.
- 환자가 이야기하도록 하라.
- 개입을 제한하라. 환자가 말하거나 울도록 하는 것만으로도 진정시키는 데 충분할 수 있다.
- 경청하고 관심을 보여라. 이것이 관계를 형성하는 데 충분할 수 있다. 환자가

직접 이야기를 꺼내지 않는 한, 위기 상황에 직접적으로 관련되지 않은 이슈들에 대하여 이야기하도록 노력하지는 마라. 이는 환자를 자극하거나, 치료자가 자신의 삶에서 벌어지는 일들에 대해 이해하지 못하거나 신경 쓰지 않는다는 인상을 줄 위험을 피하게 해 준다.

- 환자를 외래에서 치료하는 것이 안전할지를 평가하라.
- 그 위기 상황에 기여했을 수도 있을 요인들에 대하여 논의하라.
- 지금 시점에서 그 위기 상황과 관련하여 어떤 일들이 일어나고 있는지를 환자에게 설명하도록 부탁하라.
- 그 위기 상황에 지속적으로 기여하는 요인들에 대하여 의논하라. 무엇이 현 상황을 지속시키는가? 이 질문은 환자의 대인 관계적 이슈들과 리듬 붕괴 수준에 대한 기초적인 아이디어를 가질 수 있게 해 줄 것이다.
- 환자에게 앞으로 어떤 일이 벌어질 것이라고 생각하는지를 이야기하게 하라.
- 어떤 요인들이 이 위기 상황을 더 악화시킬 수 있을지에 대하여 논의하라.
- 상황이 더 악화되는 경우 취할 수 있는 위급 상황 계획을 환자에게 제공하라.
- 당신이 제공하려 하는 치료의 목표를 설명하고 어떤 식으로 치료 회기들이 구성될지에 대한 아이디어를 환자에게 제공하라.
- 다음 회기를 3~5일 후에 잡도록 하라.

치료 중기

치료 초기가 끝나면, 이제 중기로 이행하게 된다. 치료 중기에서는 환자의 사회적 리듬을 조절하고 선택된 대인관계 문제영역에 개입하는 것에 집중한다. 이 책에서는 이러한 치료 목표들을 별도의 장으로 설명하고 있다. 8장은 사회적 리듬 조절을, 9장은 대인관계 문제영역에 개입하는 전략과 기법들을 소개한다.

일반적으로 IPSRT에서는 초기와 중기 동안에 매주 치료 회기를 갖지만, 만약 환자가 증상이 심하거나(이런 경우에는 회기를 더 자주 갖는 것이 필요할 수 있음) 완전히 증상이 관해된 상태 또는 현재의 기능 수준을 유지하고 향후 재발을 방지하는 것이 목적이라면 다른 스케줄이 적절할 수 있다. 후자의 경우라면 양호한 치료 동맹이 확립된 후에 중기 동안 2주 또는 매달 치료 회기를 가질 수도 있다.

치료 유지기

IPSRT의 치료 유지기는 환자가 이전에 치료에서 배운 기법들을 실제 활용할 능력에 자신감을 부여하기 위한 시기이다. 여기에는 휴가, 이직, 예상하지 못한 변화들 같은 도전적인 시기에도 **규칙적인 사회적 리듬을 유지**하는 것과 **대인관계를 유지하고 더욱 증진**하는 것이 포함된다. 이러한 목표를 달성하기 위한 구체적인 기법들은 8장과 9장에 설명되어 있다. 치료가 중기에서 유지기로 진행되면서, 방문 빈도는 보통 매주에서 매달 2회로 그리고 결국은 매달 1회로 점차 감소된다.

치료 후기

IPSRT의 마지막 단계에서는 **치료의 종결** 또는 **방문 빈도를 더욱 줄이는 것**을 목표로 작업해 나간다. 종결이 적절한 목표이거나 경제적 사정 또는 이사로 인하여 필요한 경우, 이는 보통 3~5회에 걸쳐 매달 방문하는 식으로 이루어진다. 또는 치료 후기는 간헐적인 검진 또는 부스터 회기와 유사하게 아주 가끔 방문함으로써 회기 빈도를 더욱 줄이는 식으로 진행될 수도 있다. 양극성 장애가 평생 지속되는 특성을 가지고 있다는 점을 고려하면, 지속적인 만남은 가능하다면 선호되는 선택지일 것이다. 우리의 경험상 급성기와 유지기 IPSRT에서 매우 잘해 온 환자들일지라도 3~4개월마다 치료자와 만나 최근의 상황을 점검하는 것이 좋다. 이는 환자가 다시 아프게 될 경우 특히 유용하다. 지속적인 만남은 치료적 관계가 보존되고 치료자가 환자의 현재 대인관계 상태에 대하여 잘 알고 있기 때문에, 치료를 다시 시작하는 것이 더 용이하다.

강조점이 교육과 급성기 기분삽화의 해결에 있는 경우에는 급성기에만 16~20회기의 IPSRT를 실시하는 것이 필요하거나 또는 선호될 수 있다. 만약 단기치료로 실시된다면 치료 초기를 압축적으로 진행하고 중요한 대인관계 문제영역에만 집중하여 작업해야 한다. 단극성 우울증에 대한 단기 IPT를 사용한 경험에 따르면(Swartz et al., 2004 참조), 이러한 경우에는 대인관계 영역에서 1개의 달성 가능한 목표를 달성하는 데 집중하는 것이 좋다. 예를 들어, 만약 환자가 수개월 이상의 치료가 필요한 장기화된 부부관계 문제를 가지고 있다면, 치료자는 부부 갈등의 해결 대신 환자가 더 만족스러운 사회생활 또는 자원봉사자 역할을 가질 수 있도록 '전환'하는 것에 초점을 맞추기로 선택할 수 있다. 때로는 환자의 대인관계 영역에 집중하기보다는 사회적 리듬을 안정화시키는 데 거의 모든 치료 시간이 사용되어야 하는 단기 IPSRT도 있을 수 있다. IPSRT가 단기치료로서 사용될 때일지라도 후기로 갈수록 방문 빈도를 점차 줄여 가도록 권고되는데, 치료가 완전히 종결되기 전 3~4회 정도는 2주마다 한 번씩 회기를 갖는 것이 바람직하다.

치료 모듈 접근법을 사용하기

어떤 측면에서 IPSRT는 일종의 치료 모듈(평가 모듈, 심리교육 모듈, 사회적 리듬 안정화 모듈 그리고 대인관계 문제영역 모듈)로 생각될 수 있으며, 전체 치료과정에 걸쳐 필요에 따라 각 모듈이 사용되고 재사용될 수 있다. 치료자로서 당신이 어떤 모듈을 언제 사용할지는 환자가 치료를 어떤 정서 상태에서 시작하는지 그리고 치료과정 동안 환자의 삶에서 어떠한 일들이 발생하는지에 달려 있다. 이와 같은 모듈들은 지지적인 임상 관리(10장의 '약물 모니터링'과 '부작용 모니터링과 조절' 참조)의 맥락 안에 있는데, 지지적인 임상 관리 또한 임상가들이 참조할 수 있는 일종의 다른 모듈로 생각될 수 있다.

처음에 우리는 IPSRT를 급성기 환자들을 대상으로 한 무선화된 통제 연구를 위한 개입으로서 개발하였고, 환자들은 일단 급성기 증상이 관해되면 2년 동안의 유지치료를 받게 될 예정이었다. 그러나 연구계획 때문에 연구에 참여한 환자 중 1/4은 급성기 삽화가 완전히 관해될 때까지 IPSRT를 시작하지 못하였다. 연구 과정 동안 우리는 IPSRT가 환자가 급성기일 때에나 또는 관해 상태에서 모두 시작될 수 있다는 것을 발견했다. 앞으로의 장들에서는 이와 같은 경험에서 도출된 IPSRT 치료 모듈의 역사를 기술하겠지만, IPSRT에 대한 여러 다른 접근법들이 가능하며 개별 환자가 경험하는 특수한 문제에 따라서 이 책에 소개된 다양한 모듈들이 다른 순서로 사용될 수도 있다. 일례로 우리는 장애에 대한 심리교육을 과거력 조사 과정에 통합하곤 했지만, 치료 중에 심리교육 모듈로 돌아가서 다시 다루었던 경우도 있었다. 만약 환자가 처음 치료를 시작하게 되었을 때와 반대 방향의 새로운 기분삽화를 경험하게 되었다면, 그런 때에도 추가적인 심리교육이 필요하곤 했다. 마찬가지로 만약 환자가 새로운 관계를 시작하게 되었거나 예전에 있던 인간관계를 다시 맺게 되었을 때에도 적절한 시기에 합동 심리교육 회기를 가지는 방안을 환자에게 제안할 수도 있다.

우리는 보통 치료 초기에 사회적 리듬 안정화에 상당한 강조점을 두었다. 일단 환자가 비교적 규칙적인 일과를 확립하게 되면, 그 일과가 잘 유지되고 있는지 사회적 리듬 차트를 정기적으로 간단히 검토하지만 치료에서 이 모듈에 그리 많은 시간을 사용하지는 않았다. 우리는 '사회적 리듬에 대한 대화'를 대인 관계적 개입 중에 엮어 넣으려 분명 노력하였으나, 환자의 삶에서 확립된 일과를 방해하는 사건이 발생해서 안정성을 유지하기 위한 직접적인 개입이 필요해 보이는 상황이 아니라면 사회적 리듬을 변경하기 위한 적극적인 개입을 하지는 않았다.

IPSRT는 장애를 자신의 삶에서 사실로 받아들인, 치료 동기를 가진 환자들에게는 비교적 실행하기 쉽다. 양극성 장애 또는 평생 지속되는 경과에 대해 부정하는 환자들은 임상가에게 더 도전적인 사례가 된다. 그러한 환자들에게는 건강한 자기를 상실한 것에 대한 애도를 작업하여, 양극성 장애의 치료 순응도와 치료 성과에 장애물이 되는 부정을 목표로 삼는 것이 대개 좋은 아이디어가 된다.

비록 우리는 치료를 시작하면서 집중할 대인관계 문제영역을 하나 선택하곤 하지만, 치료가 진행되어 가면서 특히 환자의 상황이 변화될 때에는 다른 대인관계 문제영역에 초점이 맞춰질 수 있다. 더욱이 9장에서 더 자세히 다루듯이 때로 환자의 기분삽화 발생과 긴밀히 연결되어 있는 대인관계 문제영역(예: 부부관계에서의 역할 갈등)은 치료의 첫 번째 초점으로 삼기에는 위협적이어서 치료가 조기 종결될 위험이 있다. 그러한 경우에는 치료의 시작점으로서 적절한 것으로 환자에게 받아들여지는 다른 대안적인 초점을 찾도록 노력하고, 더 문제가 되나 위협적인 문제영역은 환자의 상태가 나아지고 치료 동맹이 강해질 때에 돌아가서 다루도록 한다. 또 다른 경우에는 치료 중에 새로운 대인 관계적 또는 사회적 역할 문제들이 생겨나는데(예: 환자의 직업에서의 변화), 특히 유지치료 시기에 그러하다. 이럴 때 우리는 치료의 역할 전환 모듈을 사용하면서, 유지치료의 방문 빈도를 줄여 가는 전체적인 과정 중에서도 역할 전환 시기 동안에는 좀 더 자주 치료 회기를 잡도록 한다.

IPSRT는 치료 중인 환자의 임상적 상태와 대인 관계적 상황에 가장 적합하도록, 치료의 모듈을 선택하여 사용하는 데 있어 상당한 유연성을 허용하도록 만들어졌다. 치료의 다양한 부분들을 모듈로서 생각하는 것은 환자에게 맞추어 치료를 개인적으로 적용하는 데 도움이 된다. 중요한 점은 환자가 치료 동안의 특정 시점에 치료의 각 핵심 요소에 충분하게 노출되는 것이다.

5장

양극성 장애 및 공병에 대한 평가

대인관계 및 사회적 리듬 치료(IPSRT)가 특정 환자에게 맞는 치료법인지를 판단하기 전에 그 환자가 양극성 장애를 가지고 있는지를 우선 판단해야 할 것이다. 이는 체계적이고 구조화된 진단 평가를 통하여 가장 잘 해결할 수 있다. 이후에 IPSRT를 진행한다는 가정하에 평가가 이루어질 때, 우리는 진단 과정 내에 상당한 정도의 심리교육을 함께 엮어 넣는다. (이것을 어떻게 하는가에 대해서는 이 장의 나중에서 설명된다.)

증상들이 극적이기 때문에 양극성 장애의 진단이 간단한 일처럼 보일 수 있겠지만 실상은 그렇지 않다. 여러 요인이 정확한 진단을 내리는 과정을 어렵게 만들 수 있다. 우선, 대부분의 사례에서 양극성 장애의 진단은 횡단적이지 않으며 본질적으로 종단적일 수밖에 없다. DSM-IV(American Psychiatric Association, 1994)에 따르면 1회 이상의 조증 삽화가 있으면 제I형 양극성 장애로 진단될 수 있는 것이 사실이지만, 양극성 장애의 첫 발병이 사춘기 또는 성인 초기의 우울증으로 시작되기도 한다. 때로 이러한 우울 삽화가 심각해서 임상적 관심을 요할 수도 있지만, 대개 그 자신이나 주변 사람들에는 사춘기의 변덕스러움이나 '힘든 학기' 정도로 치부되어 지나가곤 한다. 상황을 더 복잡하게 만드는 것은 첫 조증 삽화가 심각하고 정신증적일 때에는 정신분열증의 첫 삽화와 구분하기 쉽지 않다는 것이다. 그러한 삽화들은 대개 (너무 짧아서 임상가가 전체적인 증상적 특징을 파악하기 어려울 정도로) 단기적이고 병전 기능 수준으로의 회복이 완벽하게 이루어지기 때문에, 종단적인 임상 경과의 일부로 파악되기보다 어떤 이상한 일탈처럼 여겨지곤 한다. 실제로 양극성 장애 환자 명부에서 우리는 환자들이 처음 증상을 보인 시점부터 정확한 진단을 받기까지 약 10년이 걸렸다는 것을 발견하였다(Kupfer et al., 2002). Depression and Bipolar Support Alliance(전 National Depressive and Manic-Depressive Association) 회원을 대상으로 한 설문도 유사한 결과를 보여 주었다. 그렇지만 환자가 과도하게 정신증적이거나 (병식 부족이나 부정 때문에) 협조를 하지 않거나 못하는 경우가 아니라면, 기분 증상과 삽화의 과거력에 대하여 충분히 살펴볼 시간을 가질 수 있는 임상가는 제I형 양극성 장애의 진단을 정확히 내릴 수 있다.

(우울 삽화들이 **경조증** 삽화와 반복되는) 제II형 양극성 장애의 진단까지 확장시키자면, 진단은 매우 도전적인 일이 될 수 있다. 정의상 경조증은 조증보다 훨씬 더 미묘한 상태이고 여러 가지 요인이 경조증을 파악해 내는 것을 방해할 수 있다. 첫째, 제II형 양극성 장애를 경험하는 많은 사람들은 우울 삽화를 '정상적인 자신'과 구분된 모습으로 지각할 수 있으나, 경조증 삽화의 경우에는 정상적인 기질과 상당히 합치하는 것으로 경험한다. 둘째, 경조증은 대부분의 경우 매우 바람직한 상태로 느껴지는데, 왜냐하면 높은 수준의 에너지, 관심, 열정 그리고 생산성을 경험하기 때문이다. 임상가의 입장에서 이것을 장애의 일부라고 설명하는 것이 환자 입장에서 경멸 또는 불신을 불러일으킬 수 있는데, 이는 환자가 자신의 경험을 기꺼이 털어놓지 못하게끔 한다. 셋째, 진단의 핵심적 기준이 행동 변화가 타인에게 관찰 가능해야 한다는 것이기 때문에 가족이나 가까운 주변인의 보고 없이는 무엇이 환자의 정상적인 기저선이고 무엇이 그로부터 벗어난 것인지를 판단하기 어렵다.

우울 삽화의 핵심적 특징은 슬프거나 공허한 기분이 신경생리적 기능(수면, 식욕, 체중), 인지적 기능(집중력, 기억력), 흥미와 에너지상의 변화와 함께 나타나는 것이다. 이러한 변화는 자존감의 뚜렷한 감소, 비관주의, 비현실적인 죄책감 그리고 죽음이나 자살에 대한 생각을 동반하기도 한다. 우울한 기분 또는 일상적인 활동에 대한 흥미 감소를 필수적으로 포함하여, 약 2주 동안 대부분의 날 동안 적어도 총 5개 이상의 진단 기준 증상이 함께 나타나는데, 실제 양극성 우울증을 겪는 사람들은 몇 달 동안 우울증을 경험한 후에야 임상적 도움을 구하기도 한다.

대조적으로 조증의 핵심적 특징은 3일 또는 그 이상의 고양되는, 과민해지는 또는 팽창되는 기분이 비현실적으로 높은 자존감, 신경생리적 변화(감소된 식욕과 수면 욕구), 증가된 에너지와 관심, 저조한 판단력 그리고 부정적인 사회적 결과를 가져올 위험이 있는 행동을 하는 경향(무모한 운전, 과소비, 성적 문란함 등)과 함께 나타나는 것이다. 이러한 증상들은 대개 (임상가에게는 분명히 드러나지 않을 수도 있는) 빨라지는 사고와 (타인에 의해 쉽게 관찰되는) 빠른 또는 와해된 언어를 동반한다. 진단되기 위해서는 이러한 증상들이 장해로 이어져야 하는데, 직업적, 사회적 그리고/또는 가족관계에서의 기능 저하, 법적 문제 또는 발각되면 그러한 문제를 일으킬 수 있는 행동(예: 체포되지 않은 무모한 운전)으로 드러난다. 가장 심각한 유형의 조증은 망상적 사고를 동반하는데, 주로 자신의 능력 그리고/또는 종교적 또는 영적 주제를 가진 망상이 흔하지만 편집증이나 피해망상도 나타날 수 있다.

조증과 경조증의 즉각적인 그리고 종단적인 진단을 더 어렵게 만드는 것은 비교적 충격적인 행동들을 정상적으로 보이게끔 만들려 하는 환자의 경향성이다. 종종 환자 행동의 명확한 양상은 주변인 등 관찰자들을 만남으로써 비로소 밝혀진다.

이전에 언급하였듯이 경조증은 판별해 내기 훨씬 더 어려운 임상적 상태이다. 경조증 삽화의 진단 기준은 조증의 핵심적 특징(팽창된 또는 과민한 기분, 증가된 에너지, 감소된 수면 욕구 등)이 지속되는 기간이 있으면서, 조증 진단에 필수적이었던 기능장해가 두드러지지 않는 것이다. (경)조증 상태를 파악하고 진단하는 것을 복잡하게 만드는 마지막 문제점은 정상적인 에너지와 열정부터, 타인에게 관찰 가능하지만 그리 역기능적이지 않은 경조증을 거쳐 분명히 기능장해가 있고 때로는 정신증적인 조증까지 미묘한 연속선이 존재한다는 것이다. 환자를 정기적으로 보는 숙련된 임상가조차도 조증의 초기 단계를 놓칠 수 있는데, 특히 증상들이 매우 점진적으로 나타나고 환자의 정상적인 열정과 관심사와 합치하는 것일 때에 그러하다. 그런 경우에는 빈번하게 환자를 접촉하더라도 기분 상승을 알아차리기 매우 어렵다.

또한 양극성 장애에서는 '혼재성 상태'라 불리는 소위 혼재성 삽화가 나타날 수 있다. 혼재성 삽화의 엄격한 DSM 진단은 각 기분삽화로 진단하기에 충분한 조증 **그리고** 우울증 삽화 증상들이 **동시에** 존재하는 것이다. 이러한 엄격한 기준을 만족시키는 혼재성 상태는 적어도 외래 장면에서는 드문 편이다. 그러나 많은 양극성 환자는 그보다 더 미묘한 혼재성 양상을 보이기도 한다. 일부 전문가는 모든 양극성 삽화가 본래 혼재성이라는 믿음을 고수한다. 즉, 가장 심각한 양극성 우울증 시기에도 가끔씩 조증 또는 경조증 양상이 잠깐 동안 나타나고, 가장 심각한 조증에서도 매우 슬프고 울적한 얼굴 표정이나 다른 우울의 증거들이 나타나곤 한다.

진단적 인상이 완전히 명확하지 않을 때 잠정적인 양극성 장애 진단을 내리는 데 있어 중요하게 고려할 사항이 바로 기분장애의 가족력이다. 모든 기분장애 중에서 양극성 장애는 가장 강한 유전적 요소를 가지고 있는 것으로 알려져 있다. 따라서 환자의 가족과 직계 친척 중에서 조울증(그리고 심각한 우울증, 정신증, '신경쇠약')을 경험한 사람이 있었는지를 아는 것이 유용할 수 있다. 아직 증상적 양상이 명확해지지 않은 나이 어린 환자가 분명한 제I형 양극성 장애의 가족력을 가지고 있다면, 양극성 장애 진단이 정확하게 맞을 확률은 매우 높아진다.

이전에 이야기하였듯이, 이전에 우울증이 없었던 사람에게서 분명한 조증 삽화가 나타나는 예외적인 경우가 아니라면, 양극성 장애의 진단은 종단적인 관점에서 이루어진다. 따라서 당신이 해야 할 일은 환자의 현재 주 호소뿐만 아니라 기분 삽화의 과거력에 초점을 맞추는 것이다. 우리의 경험상 환자들은 보통 20대 초반에 첫 조증 삽화로 임상적 치료를 받으러 오고 그동안 우울증을 경험한 적이 없다고 보고한다. 실제로 그들의 우울증이 당시에는 파악되지 않은 상태일 수 있다. 만약 당신이 환자에게 사춘기에 우울증이 어떤 양상으로 나타날 수 있는지를 교육하고(멜랑콜릭한 우울증의 전형적 증상보다 상당한 과민성, 과식과 과수면이 나타날 수 있음), 환자의 사춘기 시절을 매 학기별로 그리고 매년 여름으로 나누어 검토해 보면, 평소보다 학업적 및 사회적으로 기능이 저하되었던 우울증으로 추정되는 시기들을 찾아낼 수 있다.

진단 과정 그리고 환자와 가족에게 진단을 전달하는 일을 더 어렵게 만드는 또 다른 측면은 양극성 장애 또는 조울증이 다른 기분장애에 비하여 훨씬 더 사회적 낙인이 심한 병이라는 점이다. 이것은 환자가 듣고 싶어 하는 진단명이 아니며, 가족들로서도 수년간 적절한 치료나 나아질 가망 없이 증상을 겪지 않고서는 선뜻 받아들이고 싶어 하는 진단명이 아니다. 이러한 경우 양극성 장애가 의학적으로는 매우 잘 알려진 병이며 양극성 장애를 위한 치료법도 있다는 것을 알려 주는 것이 환자와 가족들을 안심시킬 수 있는 방법이다.

양극성 장애에 대하여 환자(그리고 가족) 교육하기

이전에 언급하였듯이, IPSRT 준비 과정에서 진단 평가가 이루어지면 우리는 장애에 대한 환자 및 가족 교육을 평가 과정에 통합한다. 양극성 장애로 치료를 받으러 오는 사람들의 병에 대한 지식의 양은 매우 다양하다. 일부는 수년간 양호한 치료를 받아 왔으며 과학적 근거가 있는 관련 자료를 모두 읽어 본 상태이다. 어떤 사람들은 수년간 치료를 받아 왔음에도 불구하고 치료진으로부터 약을 먹으라는 말 외에는 거의 아무것도 듣지 못하였고, 대중서나 잡지, 웹사이트 등을 통해 검증되지 않은 다양한 정보들을 접하였지만 양극성 장애에 대하여 제대로 알지 못하는 상태로 온다. 또는 어떤 사람들은 정식 치료를 받지 않은 채로 지지적인 가족 내에서 수년간 지내 오면서 병에 대해 아무것도 알지 못하고, 자신이 실제 가지고 있는 병에 대해 전혀 알고 싶지도 않은 상태로 온다. 그러나 이 만성적인 병을 관리하는 데 핵심적인 것은 이와 같은 다양한 환자들에게 양극성 장애에 대하여 교육할 방법을 찾는 것이다.

정보를 충분히 접해 온 환자에게는 양극성 장애에 대하여 환자가 가지고 있는 생각과 믿음들을 물어보고 만약 오해가 있다면 교정해 줄 필요가 있다. 때로 환자의 병력에 대하여 자세히 조사해 보면 이와 같은 것들이 사실은 오해가 아니라 자신의 병의 비전형적 측면들에 대한 정확한 관찰이었다는 점을 알 수 있다. 예를 들어, 역학 자료에 따르면 양극성 장애가 있는 여성은 평생에 걸쳐 조증보다는 우울증 삽화를 더 많이 경험한다고 하지만, 어떤 여성 환자들은 그 반대의 경험을 하기도 한다. 또한 혈중 리튬 농도가 0.6 mEq/liter 미만일 때 리튬만으로 새로운 기분 삽화를 방지하기 어렵다는 것이 통념상으로나 연구 결과에 의해 시사되고 있지만, 이러한 일반적으로 타당한 권고 사항에 예외가 되는 환자도 있다.

관련 자료를 많이 읽어 보았으나 어떠한 지침이나 적절한 선택에 도움을 받지 못한 환자는 양극성 장애에 대하여 여러 특이한 생각들을 가지고 있을 수 있다. 다시금 IPSRT 질병 관리 전략은 환자가 양극성 장애에 대하여 어떤 생각들을 가지고 있는지를 정확히 확인하는 것으로부터 시작한다. 환자가 모든 양극성 장애 환자들이 창의적인 천재 또는 사업 수완이 뛰어난 사람이라는 생각을 가지고, 왜 자신은 이렇게 실패한 것인지를 고민하고 있는가? 환자가 교회에서 들은 대로 믿음이 강해진다면 이런 심각한 병도 치료 없이 극복해 낼 수 있다고 믿고 있는가? 환자가 '진짜 양극성 장애'는 기분조절제만으로 늘 치료될 수 있기 때문에, 만약 상태를 안정되게 유지하기 위해 신경이완제를 복용하게 되면 이것이 분열정동장애 또는 다른 종류의 정신분열증이 있다는 의미라고 생각하는가? 환자의 생각과 믿음에 대하여 분명히 이해하게 되면, 당신은 환자의 심리교육에서 누가 각 부분(예: 과거력, 증상, 약물, 부작용 등)에 접근하는 것이 최선일지를 결정할 수 있게 된다. 만약 당신이 환자에게 약물치료와 심리치료를 모두 제공하고 있다면, 당신이 모든 주제를 맡을 수 있다. 만약 환자가 약물치료를 하는 의사를 별도로 만나고 있다면, 그 의사가 약물과 부작용에 대해 설명하기에는 최적의 인물일 것이다.

감별진단

양극성 장애에서 두 가지 감별진단 문제가 있는데, 이후에 설명할 구조화된 진단적 면접의 실시가 도움이 될 수 있다. 첫 번째 도전과제는 환자가 실제 양극성 장애를 가지고 있는지, 다른 장애를 가지고 있는지 또는 양극성 장애와 다른 장애를 모두 가지고 있는지를 판단하는 것이다.

흥분된 정신증적 환자를 응급 또는 입원 장면에서 만날 때 감별해야 할 진단명은 보통 조증, 정신분열증, 분열정동장애 또는 급성 정신증이다. 환자가 가족이나 친구를 동반하지 않았다면, 현재 삽화가 양극성 장애의 일부인지를 판단 내리는 데 필요한 과거력 정보를 얻기가 매우 어려울 것이다. 실제로 나중에 결국 양극성 장애로 밝혀진 많은 환자들이 첫 입원 시에 잘못 진단되곤 하는데, 이는 종단적인 정보 없이는 감별진단이 어렵거나 불가능하기 때문이다.

외래 장면에서 양극성 장애와 가장 혼동될 가능성이 높은 진단들은 경계선 성격장애와 더 어린 환자들의 경우 주의력결핍 과잉행동장애(attention-deficit/hyperactivity disorder: ADHD)이다. 경계선 성격장애는 기분 변동, 과민성, 충동성 그리고 사회적 관계의 불안정성 등 여러 측면에서 양극성 장애와 증상이 겹친다. ADHD는 아동기에 특히 과잉행동과 충동성의 측면에서 양극성 장애와 중복될 수 있다.

감별진단을 더 어렵게 하는 것은 경계선 성격장애와 ADHD 모두 양극성 장애와 공병할 수 있다는 것이다.

경계선 성격장애로부터 양극성 장애를 감별하는 것은 경험이 많은 임상가들에게도 어려운 과제가 될 수 있다. 〈표 5-1〉에 설명되어 있듯이, 두 장애의 준거 증상은 각기 다른 용어로 지칭되는 동일한 행동 또는 내적 상태이다. 양극성 장애가 급속 순환형(rapid-cycling form)인 경우 임상적 양상은 더욱더 구별하기 어려울 수 있다. 두 장애를 변별하는 핵심적 특징은 평소 기분과 분리된, 장기간에 걸친 저조한 기분 변화가 우울증의 생리적 변화들을 동반하여 나타나거나 분명히 고양된 기분이 조증의 판단력 손상과 함께 나타나는지(양극성 장애) 그리고 버림받는 것을 피하기 위한 필사적인 노력 또는 유사 자살적 행동이 나타나는지(경계선 성격장애)이다.

〈표 5-1〉 양극성 장애와 경계선 성격장애의 증상

증상	양극성 장애	양자 모두	경계선 성격장애
우울한 기분		×	
과민한 기분		×	
비정상적으로 그리고 지속적으로 기분이 고양되거나 팽창되는 뚜렷한 시기가 있음		×	
두드러진 기분의 반응성으로 인한 정서적 불안정성(예: 심하고 삽화적인 울적함, 과민성 또는 불안이 보통 몇 시간 동안 지속되고 며칠 동안까지 가지는 않음)			×
(거의) 모든 활동에 대한 흥미 또는 즐거움의 두드러진 감소	×		
과대한 자존감	×		
낮은 자존감		×	
정체성 혼란: 두드러진 그리고 지속적인 자기상의 불안정			×
다이어트를 하고 있지 않음에도 유의한 체중 감소 (예: 한 달 내에 체중의 5% 이상이 변화)	×		
유의한 체중 증가(예: 한 달 내에 체중의 5% 이상이 변화)	×		
식욕 감소	×		
식욕 증가	×		

증상	양극성 장애	양자 모두	경계선 성격장애
과대성	×		
만성적인 공허감			×
불면		×	
과수면	×		
수면 욕구의 감소(예: 3시간만 자도 피곤하지 않음)	×		
고통스러운 결과를 가져올 가능성이 높은 쾌락적 활동에 과도하게 몰두 (예: 억제되지 않은 과소비, 성적 문란함 또는 어리석은 사업 투자)		×	
2개 이상의 영역에서 잠재적으로 자기 손상적인 충동성 (예: 과소비, 성, 물질 남용, 무모한 운전, 폭식)		×	
심리운동성 초조(타인에 의해 관찰 가능하며, 단지 주관적인 초조한 느낌에 머무는 것이 아님)		×	
심리운동성 지체(타인에 의해 관찰 가능하며, 단지 주관적으로 느려지는 느낌에 그치는 것이 아님)	×		
평소보다 더 말이 많음	×		
계속 이야기해야만 한다는 압박감(언어 압박)	×		
부적절하고 강렬한 분노		×	
분노 통제의 어려움(예: 자주 울화통을 터트리거나 지속적으로 화가 나 있음, 반복적인 육체적 싸움)		×	
피로감		×	
에너지 상실		×	
사고 비약	×		
생각이 빠르게 진행되는 주관적인 경험	×		
일시적이고, 스트레스에 관련된 피해의식		×	
심각한 해리성 증상들			×
무가치한 느낌		×	
과도한 또는 부적절한 죄책감(때로 망상적이며 단순한 자책이나 아픈 것에 대한 죄책감이 아님)	×		
희망이 없는 느낌		×	

주의산만(중요하지 않거나 관련없는 외부 자극에 주의가 쉽게 이끌림)	×		
실제의 또는 가상적인 유기를 피하기 위한 광적인 노력			×
사고력 또는 집중력의 감소		×	
우유부단함		×	
목표 지향적 활동의 증가(사회적, 직업적, 학업적 또는 성적으로)	×		
극단적인 이상화와 평가절하를 오가는 것이 특징인 불안정하고 강렬한 대인관계 패턴		×	
죽음에 대한 반복적인 생각(죽을 것에 대한 공포가 아님)	×		
구체적 계획은 없는 반복적인 자살 생각		×	
자살 시도에 대한 구체적인 계획		×	
자살 시도		×	
반복적인 자살 위협, 제스처 또는 행동			×
자해 행동			×

〈표 5-2〉 ADHD로부터 양극성 장애를 감별하기 위한 조언

다음과 같은 증상이 보이면, ADHD 아동에게서 양극성 장애를 의심해 보라.

- ADHD 증상이 비교적 늦게 나타나기 시작함(예: 10세 또는 그 이후)
- ADHD 증상이 평소 건강했던 아동에게서 갑자기 나타남
- ADHD 증상이 정신자극제 치료약에 반응을 보이다가 이제 더 이상 치료반응이 없음
- ADHD 증상이 있다 없다 하면서 기분 변화와 함께 나타남
- ADHD 아동에게서 과장된 기분 고양, 우울, 수면 욕구의 감소, 부적절한 성적 행동이 나타나는 기간이 생김
- ADHD 아동이 심각한 기분 변동, 성질 폭발 또는 격노를 보임
- ADHD 아동이 환각 또는 망상을 보임
- ADHD 아동이 양극성 장애의 가족력을 가지고 있으면서, 특히 적절한 치료에 반응을 보이지 않음

ADHD와 양극성 장애를 모두 가지고 있을 수 있다는 점을 기억하라.

출처: Birmaher(2004). 저자의 허락을 얻어 각색함. (Copyright 2004 by Three Rivers Press)

아동과 청소년에게서 양극성 장애와 ADHD를 변별하는 것도 그만큼 어려운 과제이다. 다시금 증상의 중복 문제는 감별진단을 어렵게 한다. 〈표 5-2〉에 나와 있듯이, 조증의 준거 증상(기분 고양, 수면 욕구의 감소, 부적절한 성적 행동)과 양극성 장애의 가족력이 중요한 변별점이 될 수 있다. 비록 IPSRT가 성인과 나이가 있는 청소년들을 위하여 개발되었기 때문에 아동에게 IPSRT를 실시한다는 것이 불가능해 보이겠지만, ADHD 감별진단에 대하여 알고 있는 것은 과거력 조사에서 중요할 수 있고 때로는 환자가 자신의 자녀들에게 일어나는 일에 대하여 이해하는 데 도움이 될 수 있다.

분열정동장애와 양극성 장애 간의 감별진단은 기분삽화 사이의 정신증 유무에 따라 이루어진다. 달리 말하면 만약 어떤 환자가 조증이나 우울증 삽화가 완전히 관해되었을 때 계속하여 망상이나 환각을 가지고 있다면, 분열정동장애로 고려된다. 때로 이것이 매우 명확해서 감별진단이 쉬울 수 있지만, 때로는 삽화 간에 나타나는 환자의 의심 또는 피해의식이 현실적인 측면이 있어서 이것이 정말 망상적 사고인지를 결정 내리기가 어려울 수도 있다.

마지막으로 반복적인 단극성 우울 장애와의 감별진단에 대하여 생각해 보는 것이 중요하다. 우리의 경험상 많은 양극성 장애 환자들이 정확한 진단을 받기까지 10년에 이르는 수년간 단극성 우울증으로 치료를 받는다. 이는 특히 제II형 양극성 장애 환자들과 정신증적이지 않은 조증을 가진 제I형 양극성 장애 환자들에게 일어날 가능성이 높은 일이다.

여기에서 언급된 모든 감별진단들 중에서 IPSRT 치료자로서 매우 중요한 질문은 이 중에 어떤 감별진단이 IPSRT를 적용할지의 결정에 영향을 주는가, 그렇다면 예후가 어떨 것인가 하는 것이다. 우리는 양극성 장애와 경계선 성격장애를 동시에 가지고 있는 환자들에게 IPSRT를 활용하여 양호한 성과를 얻은 적이 있으나(Swartz, 2005; Swartz et al., 2000), 이러한 환자들의 경우 양극성 장애만 가지고 있는 환자들과 비교하여 완전히 기분이 안정되기까지 시간이 훨씬 더 오래 걸렸으며 대부분의 사례에서 거의 1년이 걸렸다. 경계선 성격장애만 가진 환자들을 대상으로 IPSRT를 실시해 본 경험은 없지만, Angus와 Gillies(1994)가 경계선 성격장애 환자들의 우울증을 치료하기 위하여 대인관계 치료(IPT)를 성공적으로 사용하였다는 보고를 한 적이 있다. 최근 Marikowitz 등(출간 예정)은 IPT를 경계선 성격장애 환자들에게 적용할 때 잠정적인 치료적 변화 메커니즘이 무엇인가에 관하여 발표하기도 하였다.

분열정동장애 환자와 관련하여, 우리는 IPSRT의 임상시험에서 조증이 있는 분열정동장애 환자들을 포함시켰으며 이들의 치료반응이 덜하다는 증거는 발견하지 못하였다. 이 감별진단은 일차적으로는 약물치료에 함의가 있기 때문에 중요하다. 이들은 장기적인 치료 계획에서 항정신병 약물을 필요로 할 가능성이 높다.

양극성 장애의 하위유형

감별진단에서 두 번째 도전과제는 양극성 장애의 다양한 하위유형(DSM-IV에 따르면 제I형 양극성 장애, 제II형 양극성 장애, 순환감정 장애, 달리 세분되지 않는 양극성 장애) 간의 감별이다. 다양한 유형(주요우울증 삽화, 경미한 우울 삽화, 만성 우울증 또는 기분부전)에 대한 일차 치료가 공통적으로 우울 관련 심리치료 또는 선택적 세로토닌 재흡수 억제제(SSRI)의 시작일 가능성이 높은 단극성 장애에서의 치료와는 달리, 양극성 장애의 하위유형이 무엇인가 하는 것은 상당한 치료적 함의를 가질 수 있다. 제I형 양극성 장애 환자에게 전적으로 적합한 약물치료가 제II형 양극성 장애나 달리 세분되지 않는 양극성 장애 환자에게는 부적합할 소지가 있으며 더 경미한 유형인 순환감정 장애의 경우에는 대개 부적합하다. 마찬가지로 제II형 또는 달리 세분되지 않는 양극성 장애에 적합한 치료들이 제I형 양극성 장애 증상을 조절하기에 적절치 않을 수 있다. 제I형과 제II형 양극성 장애 간의 구분은 조증 대 경조증의 존재 여부에 의거하여 이루어지나, 때로 그 기분삽화가 조증에 요구되는 **기능장해** 항목을 충족시키느냐에 달려 있다. 임상 실제에서 이것은 어려운 구분이 될 수 있다. 예를 들어, 하루에 12개의 스웨터를 구입한 남성이 12개 이상을 충분히 살 만한 형편이 된다면 기능장해 기준을 충족시키지 않을 수 있지만, 1개도 살 형편이 되지 않는 남성이 12개의 스웨터를 산다면 기준을 충족하는 것으로 볼 수 있다. 집 근처의 시골길에서 보통 과속 운전을 하지만 아직 걸린 적이 없는 젊은 여성은 그 기준을 충족하지 못하지만, 1주에 3개의 과속 운전 과태료 용지를 받은 젊은 여성은 그 기준에 부합한다.

다행히도 IPSRT를 시작할지의 결정에 있어서 우리는 IPSRT가 제I형과 제II형 양극성 장애 그리고 아마도 달리 세분되지 않는 양극성 장애 환자들에게 모두 적합한 개입법이라고 생각한다. 환자의 IPSRT 치료자로서 환자에게 약물을 직접 처방하거나 약물 처방의와 협의할 때 환자가 어떤 유형의 양극성 장애를 가지고 있는지를 알고 있어야 한다. 또한 약물 반응과 IPSRT 성과에 영향을 줄 수 있는 공병장애를 가지고 있는지에 대해서도 알고 있을 필요가 있다.

양극성 장애 진단을 내리는 방법

아마도 양극성 장애 진단을 내리는 가장 흔한 방법은 DSM에 따라 우울증과 조증 또는 경조증의 진단 기준에 맞는지를 검토하는 비구조화된 면접일 것이다. (진단 기준의 요약 목록과 대조하여) DSM에 제공되는 상세한 설명을 충분히 숙지하고 있는 임상가에게는 그러한 비구조화된 면접이 적절한 진단적 도구가 될 수 있겠지만, 비구조화된 면접을 사용할 때 잘 훈련된 임상가조차도 정확한 진단을 내리는 비율이 낮아진다는 연구 결과들을 참고하자면 타당화된 구조적 면접을 사용하는 것이 분명한 이득이 있다(Shear, Greeno et al., 2000; Suppes et al., 2001).

정식으로 타당화된 구조적 진단 면접에는 Structured Clinical Interview for DSM-IV-TR(SCID; First, Spizter, Gibbon, & Williams, 2000)과 그보다 더 짧은 Mini-International Neuropsychiatric Interview(MINI; Sheehan et al., 1998)가 있다. 이러한 방법은 진단적 인상이 불명확하고 다양한 의학적 · 정신과적 공병에 의하여 복잡한 사례의 경우에 특히 유용하게 사용된다.

장애 심각도를 측정하는 방법

양극성 장애 진단을 내리기 위해 사용되는 면접법과 더불어, 우울증과 (경)조증의 심각도를 평가하는 데 유용한 면접법과 자기보고식 척도도 다수 있다. 이러한 도구들은 정식 진단적 절차를 대체할 수 있는 것은 아니지만, 치료 경과를 모니터링하는 데 매우 유용하다. 우울증 심각도를 평가하는 면접 도구들로는 우울 증상 척도(Inventory of Depressive Symptoms: IDS; Rush et al., 1986) 그리고 Hamilton 우울 평정 척도(Hamilton Depression Rating Scale)의 17문항 버전(Hamilton, 1960)과 양극성 우울증에서 흔히 관찰되는 무력성 증상들을 포함하는 확장판(예: Thase, Frank, Mallinger, Hamer, & Kupfer, 1992)이 있다. IDS는 면접 그리고 자기보고식 형식을 모두 가지고 있는 장점이 있다. 조증 심각도를 측정하기 위하여 가장 자주 사용되는 면접 도구들은 Bech-Rafaelsen Mania Scale(Bech, Bolwig, Kramp, & Rafaelsen, 1979)과 Young 조증 평정 척도(Young Mania Rating Scale: YMRS; Young, Biggs, Ziegler, & Meyer, 1978)이다. Bech-Rafaelsen 척도는 Hamilton 척도의 일반적인 형식을 따르는 장점이 있어 Hamilton과 함께 실시되기에 효율적이지만, YMRS가 외래 장면에서 (경)조증 증상을 평가하는 데에는 더 적절할 수 있다.

우울증 심각도를 평가하는 자기보고식 척도들로는 원판 Beck 우울 척도(Beck Depression Inventory: BDI; Beck, Ward, Mendelson, Mock, & Erbaugh, 1961)와 개정판인 BDI-II(Beck, Steer, & Brown, 1996) 그리고 원판 IDS와 단축형 IDS(QIDS; Rush et al., 2003)가 있다. 우리가 알기로는 지금까지 (경)조증 증상 심각도를 평가하는 자기보고식 척도의 타당도와 신뢰도는 아직 보고된 바 없다. 환자들이 (경)조증 증상을 부인하는 경향이 강하다는 점과 조증에서 나타나는 병식의 결여 및 정신증적 속성을 고려하자면, 이것이 그리 놀랍지는 않은 일일 것이다.

평생에 걸쳐 우울증과 (경)조증 증상의 전반적인 그림을 그리려고 할 때 도움이 될 만한 도구로 증상 평가에서 스펙트럼 접근법을 사용한 자기보고식 도구가 있다. MOODS-SR(Cassano et al., 1999a, 2002; Fagiolini et al., 1999)은 환자에게 우울과 조증에서 나타나는 전형적, 비전형적 기분 증상들과 행동 경향성을 **평생 동안** 경험해 본 적이 있는지를 묻고, 부가적으로 리듬 붕괴에 얼마나 민감한지를 질문하는 문항을 가지고 있다. 다음에 소개될 Panic Spectrum Assessment(PAS-SR; Cassano et al., 1999b)를 포함하여 이와 같은 스펙트럼 평가 도구와 채점 정보들은 Spectrum Project의 웹 사이트(www.spectrum-project.org)에서 얻을 수 있다.

양극성 장애 환자에게서 흔한 I축 공병장애

양극성 장애는 불안장애, 섭식장애 등 다양한 I축 장애들과 공병하여 나타날 수 있다. 양극성 장애에서 가장 흔한 (그리고 아마도 양극성 장애와 유전적으로 연관되어 있는) I축 공병장애는 공황장애이다. 또한 많은 양극성 장애 환자들이 공황장애 진단기준을 완전히 충족하지는 않더라도 공황 및 공황과 유사한 증상들을 보고하곤 하는데, 우리는 이를 공황 스펙트럼 장애라고 지칭한다(Cassano et al., 1997). 실제 우리가 연구했던 제I형 양극성 장애 환자 집단에서 15% 미만이 **공황장애**에 해당되었지만 평생 한 번이라도 심각한 **공황 증상**을 경험한 비율은 거의 50%였다(Frank et al., 2002). 환자의 공황 공병이 어떠한지에 대하여 파악하는 것은 약물 순응에 중대한 영향을 미칠 수 있기 때문에 중요하다. 공황장애나 공황 증상을 갖고 있는 양극성 장애 환자들은 더 예민하고 신체적 상태의 조그마한 동요에도 두려움을 갖기 때문에 약물 부작용에 대해서도 민감하며 약물 적정량을 맞추어 증량해 나가는 데 있어 더욱 계산되고 조심스러운 방식이 필요하다. 치료자로서 환자에게 공황 스펙트럼 증상을 경험한 적이 있는지를 측정하기 위하여 개발한 자기보고식 도구를 제공하는 것이 유용할 수 있다(Cassano et al., 2002).

이와 동등하게 흔하게 나타나는 공병으로는 **알코올과 물질 남용** 또는 **의존**이 있다. 여러 이론들이 양극성 장애와 이러한 공병 간의 연관성을 설명하기 위하여 제안되었다. 여기에는 유전적 관련성, 환자의 자가투약(self-medication) 경향 그리고 코카인이나 암페타민의 사용을 통하여 조증과 유사한 상태를 모방하려는 시도 등이 포함된다. 급성기 조증 또는 우울 삽화 중에 약물이나 알코올을 사용하는 양극성 장애 환자들 중 일부는 양극성 장애에 대한 적절한 치료를 받으면 이러한 물질 사용을 자제할 수 있는 것으로 보인다. 한편, 물질 사용이 더 오래도록 지속되어 온 양극성 장애 환자들은 이 부분에 대한 별도의 치료를 필요로 하는 경우도 있다.

여러 이유에서 우리는 양극성 장애 환자들이 알코올이나 약물을 사용하는 것은 **어떤 것이든 간에** 나쁜 생각이라는 입장을 견지한다. 정신에 작용하는 모든 약물들은 기분에 반등(rebound) 효과를 가지고 있어서 일시적인 해결수단이 나중의 더 큰 문제를 불러오게 된다. 리튬 외의 약을 복용하는 환자들은 이미 자신의 간에 추가적인 부담을 얹고 있는 것이다. 그 이상의 부담은 필요하지 않다. 마지막으로 알코올과 대부분의 불법적인 약물들은 수면에 부정적인 영향을 주며, 기분장애에서 매우 중요한 깊은 수면을 빼앗아 간다.

양극성 장애 환자들 중 상당수는 때로 양극성 장애 경험의 결과로서 **외상후 스트레스 장애**(posttraumatic stress disorder: PTSD) 진단기준을 충족한다. 양극성 장애 환자 집단에서 흔한 비자발적인 입원은 일부 환자들에게 매우 외상적인 경험이 되어 PTSD의 다른 증상들을 유발한다. 또한 조증에서 나타나는 판단력 문제는 환자들로 하여금 위험 상황에 처하게 할 수 있는데, 그로 인하여 매우 외상적인 경험을 하게 되는 경우도 있다. 마지막으로 평생 지속될 정신장애를 가지고 있다는 것을 알게 되는 것만으로도 외상이 될 수 있다. 양극성 장애 환자들은 자신의 제I형 양극성 장애 진단을 알게 된 것과 관련하여 재경험과 다른 PTSD 유사 증상들을 경험한다는 보고를 한다.

또한 환자가 현재 또는 과거에 **섭식장애**를 경험하였는지를 아는 것도 중요하다. 리튬을 복용 중인 환자들에게 구토 또는 지나친 운동을 동반하는 다른 공병장애는 특수한 추가적 위험성을 가져온다. 기분장애에서 사용되는 다른 약물치료들과는 다르게, 리튬은 신장에 의해 배설되기 때문에 체액의 균형이 적정한 혈중 약물 농도를 유지하는 데 핵심적이다. (섭식장애 또는 위장관계 감염 때문에) 구토를 하는 환자들은 몇 시간 내에 리튬 독성을 발현하게 될 수 있다. 동일한 위험 상황이 과도한 운동이나 높은 기온에서 격렬한 야외 활동을 하여 체액이 부족해진 환자들에게도 나타날 수 있다. 체형과 체중에 대한 과도한 집착은 양극성 장애의 치료와 관련되어 있는 부정적인 기분 상태뿐만 아니라 약물 순응을 방해할 수 있는데, 환자가 치료 약물과 체중 증가 간에 관련이 있다고 믿거나 그것을 실제 체험하기 때문이다. 공황 증상처럼 섭식장애 증상들은 조금 더 경미한 준임상적인 형태로도 존재할 수 있으며(Mauri et al., 2000 참조), 양극성 장애 치료를 어렵게 할 수 있다. 그러한 거식-폭식 스펙트럼 증상(anorexic-bulimic spectrum symptomatology: ABS-SR)을 위한 자기보고식 척도도 www.spectrum-project.org 웹 사이트에서 찾아볼 수 있다.

이전에 언급되었듯이 아동의 양극성 장애는 때로 ADHD로 오인될 수 있지만, 아동 및 청소년 양극성 장애 환자들 중 40~80%는 ADHD를 함께 가지고 있으며 많은 성인 환자들도 공병하는 ADHD의 결과로서 나타나는 문제들을 겪는다. 따라서 당신의 청소년 또는 성인 환자도 ADHD를 가지고 있다고 이야기할 가능성이 충분히 있다. 이러한 주장의 타당성을 평가하는 것은 IPSRT를 실시하는 데 중요할 수 있으며, 특히 치료의 초점이 학업적 또는 직업적 역할 전환일 때에 그러하다. 비록 당신이 ADHD 전문가는 아닐지라도, 그 진단이 신빙성이 있고 아직도 환자에게 영향을 미치고 있다면, 환자가 적절한 ADHD 치료를 받고 있는지를 확인해야 한다. ADHD가 있는 아동 및 청소년 양극성 장애 환자의 치료가 성공적이기 위해서는, 두 장애 모두에 대한 최선의 치료적 접근이 필요하다. 성인의 ADHD 진단은 다소 논쟁적인 주제이지만, 점차 더 널리 받아들여지고 있는 추세이며 성인 ADHD 환자를 위한 특수한 치료적 개입을 제공하는 임상가들도 있다.

II축 공병장애

감별진단에 관한 이전의 내용에서 알 수 있듯이 양극성 장애의 II축 장애의 공병은 복잡한 문제이다. II축 진단에 해당되는 대부분의 양극성 장애 환자들은 B군 성격장애(경계선, 반사회성, 자기애성 또는 연극성 성격장애) 중 하나에 해당될 것이다. 이러한 II축 **진단기준**을 충족시킨다는 것이 진정한 공병인지 아니면 단지 양극성 장애와 이 II축 성격장애들 간의 상당한 증상 중첩을 반영하는 것인지는 지금으로서는 불분명하다. 예를 들어, 양극성 장애에서의 기분 불안정성이 경계선 성격장애의 기분 불안정성으로 오인되는 경우가 자주 있다. 그러나 일부 환자는 경계선적 자해와 같은, 두 장애 간에 겹치지 않는 증상까지도 포함하여 양극성 장애 **그리고** 경계선 성격장애의 증상을 모두 가지고 있다. 이러한 측면에서 당신의 환자가 어떠한지를 아는 것은 약물치료 계획과 관련하여 환자를 어떻게 도울지에 있어 매우 중요하다. 우리의 경험상 양극성 장애와 경계선 성격장애를 모두 가지고 있는 환자들은 전통적인 제I형 양극성 장애 약물치료에서 도움을 받지 못하고 더 증상이 심해지는 경우가 있다. 만약 환자가 두 진단을 모두 만족시킨다면, 환자의 약물치료에서 코치이자 지지자로서 당신의 역할은 환자가 더 나빠지지 않고 좋아질 수 있는 약물치료를 받을 수 있도록 돕는 것이다. 우리가 경험한 바로는 항경련제 라모트리진이 그러한 환자들에게 유익한 효과를 주며, 다른 전통적인 기분조절제와 항우울제들은 그렇지 못한 경향이 있다.

여러 번의 조증을 포함하여 긴 병력을 가지고 있는 양극성 장애 환자들은 회피성 성격장애나 사회공포증과 유사한 양상을 나타낼 수 있다. 대개 그러한 양상은 환자가 자신이 과거 조증 시기에 했던 행동에 대한 부끄러움, 새로운 조증 삽화를 유발할 만한 사회적 상황에 관여되지 않으려는 조심성으로 인하여 이차적으로 발생한다.

의학적 공병장애

이유들이 완전히 명확하지는 않지만—추측하건대 아마도 유전적 연관성, 양극성 장애 자체로 유발되는 심신의 소모 또는 치료의 장기적 효과로 인하여—양극성 장애 환자는 단극성 우울증 환자나 정신과적인 문제가 없는 일반인에 비하여 더 많은 신체적 문제를 경험하는 경향이 있다. 그중 특히 중요한 것은 갑상선 질환, 당뇨, 심혈관계 질환, 고혈압, 비만을 비롯해 습진, 건선 등 피부질환의 빈도가 양극성 장애 환자, 특히 제I형 양극성 장애 환자에게서 높게 나타난다는 것이다. 이 때문에 환자가 정기적으로 적절한 의학적 진료를 받는 것이 중요한 문제가 된다. 양극성 장애 환자의 지지자로서 당신의 책임 중 일부는 환자들이 그러한 진료를 받고 있는지, 의사가 처방한 권고사항을 잘 따르고 있는지를 확인하는 것이다. 또한 이는 환자들이 그러한 의학적 문제로 처방받는 약물과, 그 약물이 양극성 장애의 치료약물과 상호작용할 가능성에 대하여 잘 알고 있어야 함을 의미한다. 만약 당신이 의사가 아니더라도, (특히 제I형) 양극성 장애 환자를 적절하게 보살피는 일은 환자가 복용하는 모든 약물과 그 약물들이 환자의 신체적 그리고 심리적 삶의 질에 미칠 수 있는 영향들에 대하여 잘 알고 있어야 가능하다.

맺음말

양극성 장애 환자에 대한 초기 그리고 지속적인 평가는 복잡한 과정이다. 만약 당신이 그동안 주로 비정신증적인 기분장애 및 불안장애 외래 환자들과 작업해 왔다면, 양극성 장애 환자들을 맡는 데에는 추가적인 진단적 기술, 양극성 장애의 약물치료에 대한 지식 그리고 잠재적인 다양한 정신과적 및 의학적 공병장애에 대한 이해를 필요로 할 것이다. 진단과 관련해서는 경험을 대체할 만한 것이 없다. 당신이 양극성 장애 환자를 더 많이 보게 될수록, 당신의 진단적 기술과 직관은 더 정확해질 것이다. 대개 환자들 자체가 좋은 스승이 되어 주는데, 특히 수년간 양극성 장애를 겪어 온 환자들이 그러하다. 그들의 이야기에 귀를 기울이면 많은 것을 배울 수 있을 것이다. 특정한 약물, 약물 간 상호작용 그리고 신체적 문제에 대한 정보에 관해서는 인터넷상에서도 양질의 정보를 얻을 수 있다. 임상가들을 위한 이러한 정보는 www.medicinenet.com, www.medscape.com 그리고 my.webmd.com에서 구할 수 있다. 양극성 장애 그리고 당신의 환자와 나누고 싶어할 만한 새로운 정보들의 훌륭한 원천으로 McMan의 Depression and Bipolar Weekly가 www.mcmanweb.com에 있다.

6장

개인화된 사례개념화 : 과거력 조사와 대인관계 질문지

정신역동적 훈련을 받은 심리치료자가 사례개념화를 이야기하는 경우 그것은 어떤 환자가 어떻게 해서 특정한 방식으로 생각하고 느끼고 행동하게 되었는가를 이해하는 데 도움이 되는 **이론적인** 개념화를 의미한다. 대인관계 치료(IPT)와 대인관계 및 사회적 리듬 치료(IPSRT)에서의 사례개념화는 그것과는 다르다. IPSRT 사례개념화는 환자의 삶에서 무엇이 일어나고 있는지, 환자의 삶에서 불쾌하거나 증상 유발적인 부분들을 바꾸기 위하여 환자와 치료자가 무엇을 해야 할 것인지에 관한 **실용적인** 작업도이다. IPSRT 사례개념화의 핵심적인 도구는 과거력 조사, 대인관계 질문지 그리고 개입 전 단계의 사회적 리듬 차트 작성이다. 이번 장은 이 같은 도구들의 사용에 초점을 맞추고 있다.

가장 단순한 사례에서, 가장 초보적인 수준에서일지라도 IPSRT에서는 5개 대인관계 문제영역(미해결된 애도, 역할 전환, 역할 갈등, 대인 관계적 결핍, 건강한 자기를 상실한 것에 대한 애도) 중 환자 개인의 조증 또는 우울증과 연결된 특정 문제영역에 기초하여 개념화가 이루어진다. 또한 개인화된 사례개념화가 중요한데, 양극성 장애 환자들마다 자신의 상태에 대한 지식과 병식 수준이 매우 다를 뿐만 아니라 매우 다양한 과거력 및 현재의 문제들을 가지고 치료를 받으러 오기 때문이다. 사례개념화가 끝나면 양극성 장애의 전체 병력에 걸쳐 특정 환자에게 어떤 종류의 대인관계 문제들, 외적 요구사항들, 리듬 붕괴, 증상들이 관련성을 맺고 있는지를 전반적으로 설명할 수 있어야 한다. 더욱 중요하게는 환자에게서 어떤 대인 관계적 또는 사회적 역할 문제들이 어떤 식으로 사회적 리듬 붕괴에 기여하고 있는지 그리고 이것이 현재 어떤 증상들로 이어지는지를 구체적으로 이야기할 수 있어야 한다. 그런 다음 (환자의 동의를 얻어) 대인관계 문제들에 접근하고 사회적 리듬을 수정하기 위한 치료 계획이 어떤 것인지 그리고 증상에서 어떠한 결과를 기대할 수 있는지를 말할 수 있을 것이다. 환자의 과거력을 알게 되면, 재발을 막기 위하여 환자와 함께 대인관계 및 사회적 리듬 영역에서 무엇을 추구해야 할 필요가 있는지 아이디어를 떠올릴 수 있게 된다. 만약 IPSRT가 잘 진행되지 않는다면, 그것은 대개 사례개념화가 정확하지 않고 선택된 문제영역이 적절한 것이 아니기 때문일 가능성이 있다. 따라서 사례개념화는 IPSRT의 실시에 중요한 첫 번째 단계이다.

이전에 언급하였듯이 IPSRT는 4단계 치료이다. 어떤 의미에서 첫 단계 전체가 사례개념화 과정이다. 이후 단계들을 진행해 가면서 그리고 환자의 임상적 상태가 변화한다면, 사례개념화를 수정하거나 때로는 사례를 전적으로 재개념화해야 할 수도 있다.

처음에는 환자의 병력에 대한 과거력 조사에 집중하는데, 그러면서 양극성 장애에 대하여 환자를 교육하고, '대인관계 질문지'를 완성하고, 대인관계 개입에서 초점이 될 문제영역을 파악한다. 초기 사례개념화에 이르도록 해 주는 것이 바로 이와 같은 활동들이다. 급성기 또는 정상 기분의 유지기 중 어느 때에 시작되는가와 상관없이 IPSRT를 환자에게 소개하고 사례개념화를 하는 과정은 일반적으로 주당 1회씩 3~4회기가 걸린다. 복잡한 사례이거나 환자가 너무 우울하거나 의사소통이 어려울 때에는 4회기 이상이 필요한 경우도 있으며, 3회기 미만의 시간에는 이와 같은 초기 목표들을 달성하기는 어려울 것이다.

만일 이번이 환자가 받는 첫 양극성 장애 치료라면, 장애에 대하여 교육하고 분명 환자 스스로에게 매우 두려울 진단을 받아들일 수 있도록 돕는 데 상당한 시간을 들일 필요가 있다. 1장에 나왔던 Tad의 사례에서도 그러했다. IPSRT를 시작했을 때 그는 양극성 장애에 대해 들어 본 적도 없고 자신에게 무슨 일이 벌어지고 있는지 어떠한 맥락도 이해하지 못했다. 따라서 Tad를 위한 개인화된 사례개념화 중 일부는 그에게 기분장애에 대한 정보가 없다는 것과 치료 계획에 있어 가장 초보적인 수준부터 시작하여 방대한 교육이 필요할 거라는 것이었다.

어떤 환자는 수년간의 치료를 통해 양극성 장애에 대한 상당한 지식을 가지고

IPSRT를 시작한다. 그러한 경우 심리교육은 시간이 훨씬 덜 걸리거나 Tad의 경우보다 더 높은 수준에서부터 시작할 수 있다. 그럼에도 불구하고 각 환자의 병에 대한 주관적인 개념화를 이해하는 것은 중요하다. 수년 전 진단을 받은 환자는 양극성 장애에 대하여 많이 읽고 다른 사람들과 이야기를 나누어 보았을 수 있다. 이들은 보통 다량의 정확한 정보와 양극성 장애가 무엇이며 자신의 삶에 어떻게 영향을 주었는지에 대한 깊은 이해를 가지고 있다. 그러나 어떤 환자는 병과 치료에 대하여 여러 오해를 가지고 있기도 한다. 그렇다면 당신의 의무는 치료 초기에 이러한 오해들을 교정하는 작업을 시작하는 것이다. 또 어떤 사람들은 1장의 Jill처럼 이 주제 자체에 대하여 회피해 온 경우도 있다. 수년간 양극성 장애를 겪어 왔지만, Jill과 같은 환자들은 병에 대하여 상대적으로 아는 것이 없고 상당한 교육을 필요로 한다.

과거력 조사

가능한 경우 IPSRT는 양극성 장애에 대한 환자의 경험을 검토하는 것으로 시작한다. 여기에는 이전 삽화들의 증상과 사회적 리듬 붕괴, 대인 관계적 측면들이 포함되며, 가장 최근의 삽화에 특히 강조점을 둔다. 2장에 소개되었듯이 사회적 차이트게버 가설(Ehlers, Frank et al., 1988)로부터 도출된 IPSRT의 철학과 치료원리는 대인관계 스트레스와 사회적 리듬 붕괴 간의 밀접하고 상호 의존적인 관계성에 근거한다. 따라서 과거력 조사에서는 증상 발생에 **선행하는** 일과 및 대인관계 상호작용 상의 변화에 대한 증거를 찾고자 해야 한다. 환자의 허락을 얻어 이 과정에 가족이나 가까운 친구를 동참시킬 수도 있는데, 특히 환자가 조증으로의 점증 과정을 잘 기억하지 못하는 경우에 그렇다. 환자와 그 사람의 관계에 따라서 이는 합동 회기 또는 별도의 면담으로 진행될 수 있으며, 이는 당신과 환자 사이에 분명한 합의가 있고 환자와 가족 또는 친구 간에 비밀유지에 대한 신뢰가 있을 때에 가능하다.

환자가 위급 상황에 있거나 정보를 제공하기에는 상태가 너무 좋지 않아 치료 시작 시 과거력 조사가 이루어질 수 없다면, 이후에 가능한 한 빨리 과거력 조사를 시도하는 것이 바람직하다. 가능하다면 일단 환자의 병원 기록에서 몇 가지 정보를 모을 수 있으며, 그런 다음 환자에게 치료의 변화 근거를 제공하면서 이 정보들을 다시 환자에게 확인할 수 있다. 또는 가족들로부터 상당한 정보를 얻을 수도 있다. 만약 환자가 유일한 정보의 원천이라면, 가능한 한 빨리 과거력을 살펴야 할 필요가 있는데 왜냐하면 치료를 위한 사례를 이해하는 데 가장 최선의 정보가 바로 과거력이기 때문이다. 만일 과거력 조사를 한꺼번에 즉시 끝내는 것이 환자에게 너무 스트레스가 되거나 어려운 일이라면 더 작은 단위로 분할하여 진행할 수 있으며, 당신이 치료자로서 필요로 하는 정보들을 얻을 때까지 여러 회기에 걸쳐 회기 시작 또는 종료 전, 한 번에 약 15분씩으로 조사를 계획할 수도 있다.

치료 회기 또는 과거력과 대인관계 질문지에 초점을 맞춘 회기들은 당신과 환자가 리듬 붕괴가 기분삽화 발병과 얼마나 관련되어 있는지 그리고 현재 삽화의 시작이나 악화에 환자의 대인관계 중 어떠한 측면이 기여하고 있는지를 이해하는 데 매우 중요하다.

4장에 언급되었듯이 초기 증상들과 그 증상들에 선행했던 생활양식의 변화 간의 관계를 분리해 내는 것은 종종 어렵다. 예를 들어, 수면 감소는 조증 또는 경조증의 **핵심 증상**이자 동시에 **유발요인**이다(Wehr, Sack, & Rosenthal, 1987). 우울을 유발하는 데 수면 증가와 비활동성의 역할은 덜 분명하지만, 활동이 증가되면 기분 호전이 뒤따르곤 한다(Beck et al., 1979). 과수면이 우울 증상으로 이어진다는 직접적인 증거는 없지만, 다수의 연구는 **수면 박탈**이 비록 일시적일지라도 강력한 항우울 효과를 갖는다는 점을 입증하였다(Gillin, Buchsbaum, Wu, Clark, & Bunney, 2001; Wirz-Justice & Van den Hoofdakker, 1999).

과거력이 상세하게 탐색되면, 일과에서 외적으로 유발된 붕괴를 조증 또는 우울증 전구기 증상으로부터 분리해 내는 것이 가능해진다. 따라서 과거력 조사에서는 예를 들자면, 환자가 조증 삽화가 시작되기 전 며칠 또는 몇 주간 점진적으로 수면이 감소하는 것을 알아차렸는지 아니면 (보고서나 발표문을 작성해야 하거나 시험 준비를 해야 하거나 장거리 여행을 위해) 밤늦게까지 또는 밤새 깨어 있어야 할 만한 외적 **필요**가 있었던 것인지에 집중해야 한다. 전자의 경우라면 수면 감소가 시작되는 조증의 초기 **증상**일 가능성이 있다. 후자의 경우에는 수면 상실이 이후 조증의 **원인**이었을 가능성이 있으며, 이러한 원인은 치료에서 차후에 피하도록 노력해야 할 것이다. 과거력 조사 과정에서 가장 최근 삽화에서 제일 먼저 관찰이 가능했던 증상들도 탐색해야 하는데, 환자가 과거 조증 또는 우울증 삽화에서 특징적인 초기 징후로 자각했던 것들을 통하여 그 환자에게 각 삽화가 전형적으로 어떻게 시작되는지에 대해 분명히 이해하도록 노력해야 한다. 어떤 환자에게 조증은 평소답지 않은 약간의 의심 또는 피해의식으로 시작한다. 또 다른 환자에게는 색채가 더 선명해 보이고 후각이 예민해지는 것일 수 있다. 우울증의 초기 징후도 환자마다 매우 다를 수 있으나, 보통 자신만의 특징적인 패턴을 가지고 있는 경우가 많다.

1장에서 소개되었던 두 사례를 생각해 보면, 과거력 조사 단계에서부터 이 사례들의 사례개념화를 다르게 시작할 수 있을 것이다. Jill의 삽화 시작은 호르몬 변화와 분명하게 연결되어 있었고 이것이 일과를 붕괴시키는 효과를 가지고 있었으며, 외적 사건의 영향은 상대적으로 적었다. 또한 그녀는 초기에는 계절성 변동 패턴을 가지고 있던 것으로 보였다. 대조적으로 Tad의 삽화들은 불안정한 사회적 리듬 및 사회적 · 지적 과잉자극과 연결된 것이었다. 과거력에서 얻어진 정보는 이 사례들에서 다른 강조점들을 시사한다.

장애의 병력 도표

환자의 과거력 조사에 있어 삽화, 치료, 중요한 생활사건, 생활양식의 변화 또는 삽화의 촉발을 이해하는 데 관련 있는 다른 정보 그리고 과거에 효과적이었던 치료

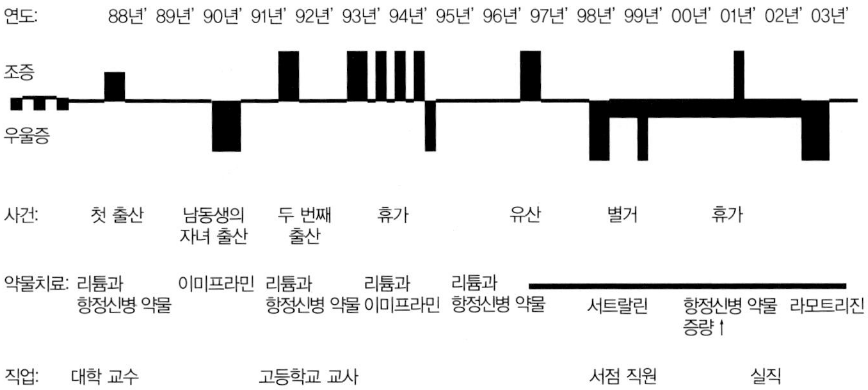

[그림 6-1] 병력 도표의 예시

의 종류에 대하여 기록한 도표를 만드는 것은 매우 유용하다. 우리의 생각에 병력 도표는 IPSRT의 개인화된 사례개념화에서 핵심적 도구이자 환자의 생활양식 변화를 도입할 치료적 근거를 제시할 때에도 핵심적 도구가 된다. 일례로 1장의 서두에서 소개되었던 Jill의 병력 도표가 [그림 6-1]에 제시되어 있다.

우리가 만든 병력 도표는 Jill이 고등학교 시절 경미한 우울을 경험했던 것으로부터 시작하는데, 이때에는 특정한 사회적 촉발요인이 없어 보이며 계절성으로 발생했던 것으로 보인다. 병력 도표에서 그 다음은 첫 자녀의 출생 후 발생했던 정신증적인 혼재성 상태이며, 당시의 리튬, 비정형 항정신병 약물 치료가 기록되어 있다. 또한 삽화 당시의 직업 상태가 표시되어 있다. 병력 도표에서 Jill이 그 삽화로부터는 완전히 회복했다는 점을 알 수 있으며, 이후 동생과 올케의 산후조리를 돕기 위해 시애틀을 방문하면서 시작된 우울증과 시애틀 방문 당시 규칙적 일과의 혼란이 있었다는 것도 나타나 있다. 또한 치료를 받지 않으면서 우울증으로부터 회복하는 데 얼마나 오랜 시간이 걸렸는지, 우울 삽화의 결과 대학교수에서 고등학교 교사로 직업적 변동이 있었다는 것이 표시되어 있다. 병력 도표에서는 두 번째 자녀 출산과 연관되어 조증을 겪었다는 점과 리튬, 비정형 항정신병 약물 병합치료에서 좋은 반응을 보였다는 것을 알 수 있다. 꾸준히 리튬 치료를 받는 동안은 안정된 시기를 보내며 직업을 유지했었다. 그러나 유산 이후 다시 조증이 발생하였고, 이번에는 조증을 가라앉히기가 어려워 전기충격치료를 시작하게 되었던 것을 보여준다. 또한 병력 도표에는 이번 삽화 이후로 Jill이 (이전 삽화 간 시기에 보통 그랬던 것과는 달리) 정상 기분 상태로 완전히 돌아가지 못했으며 직업적 기능이 저하되고 부부관계가 악화되었음을 표시하고 있다.

이러한 병력 도표는 양극성 장애에 대하여 환자를 교육하는 데 유용할 뿐만 아니라 IPSRT의 사회적 리듬 측면에 관한 논리적 근거를 세울 때에도 유용하다. Jill의 조증은 모두 출산과 관련된 압도적인 호르몬 변화(그리고 수면 박탈)에 의해 촉발되었던 것으로 보인다. 대조적으로 우울증은 일상생활의 짜임새나 일과가 무너지는 것이 특징인 상대적 비활동과 연관되는 것으로 여겨진다. 큰 슬픔과 일과 혼란을 가져온 별거까지도 그녀의 일과에서의 주요한 변화와 관련되어 있었다.

양극성 장애에 대하여 환자를 교육시키기

과거력 조사와 병력 도표 작성 그리고 치료 초기에 걸쳐 치료자는 환자가 양극성 장애에 대하여 얼마나 알고 있는지와 대인관계 문제와 생활양식 혼란이 기분삽화의 발생 및 지속과 어떻게 연결되어 있는지에 대하여 얼마나 이해하고 있는지를 가늠할 수 있게 될 것이다. 수년간 양극성 장애를 겪어 왔으며 이 장애를 광범위하게 공부해 온 환자일지라도 그 연결성을 이해하지 못할 수 있다. 초기 회기들은 환자로 하여금 대인관계 문제, 리듬 이상 그리고 증상 악화 간의 연결성을 볼 수 있는 기회를 제공한다. 따라서 당신이 아직 사례개념화를 하고 치료 계획을 세우는 도중일지라도 치료과정에 어느 정도의 심리교육을 병행할 수 있다.

사례 예시

Allison은 38세의 이혼 여성으로 네 번째 조증 삽화를 겪은 후 IPSRT를 시작하게 되었다. 2회기에 그녀는 치료자와 함께 각 조증 삽화로 이어지게 만든 사건들을 검토하고 있었다. 비록 이전에 그렇게 연결 지은 적은 없었지만, 검토 과정에서 조증 삽화에 선행했던 사건이 바로 수면 박탈이며, 그때 리튬 복용량을 지키지 못한 것과 함께 조증이 발생했었다는 점이 명확해졌다. 그래픽 디자이너인 Allison은 프로젝트를 끝내기 위해 야근을 하는 경우가 종종 있었다. 네 번 중 세 번째 조증이 발생하기 전날 밤, 상사는 기한을 맞추기 위해 밤을 새워 일하길 요구하였고, 그럴 때마다 그녀는 저녁에 리튬을 복용하지 않았다. 네 번째 조증 삽화는 설사를 일으키는 독감 때문에 구역질, 구토를 하며 밤을 지새웠던 다음날 발생하였다. 구토가 시작되기 전 리튬을 복용했었지만, 아마도 체내에 남은 약물 용량은 거의 없었을 것이다. 검토 과정에서 조증 삽화의 촉발사건들 간의 유사성이 분명하였지만, 그때마다 그녀는 다른 직장에서 다른 상사와 일하고 있었기 때문에 수면 박탈과 조증 삽화 발병 간의 연결성에 대하여 인식하지 못하고 있었다.

환자에게 고통스럽고 어려울지라도, 과거력을 탐색할 때 우울과 (경)조증 삽화의 모든 측면을 살펴보는 것이 중요한데, 이것이 생활양식 변화에 대한 논리를 세울 때 도움이 되기 때문이다. 역기능, 사회적으로 부적절한 행동 또는 환자에게 당황스럽거나 슬프거나 경제적 손실이나 직업적 · 사회적 손해를 보게 만든 다른 행동 등의 증거를 분명히 수집하는 것이 중요하다. 많은 양극성 장애 환자들은 가장 심각한 삽화에서 자신이 벌였던 별난 행동들의 무용담을 거의 자랑하듯 늘어놓을 수도 있지만, 만약 환자가 우울 상태라거나 아직 치료자와 편하지 않은 관계라면 이는 매우 얻기 힘든 정보가 될 것이다. 만약 삽화에 따른 부정적 결과들이 예상된다면, 가급적 부드럽고 지지적인 방식으로 삽화의 영향이 어떠했는지 확인해야만 하며, 예를 들어 조증이나 우울증으로 인해 직장에서 동료 및 상사와의 불화를 겪었는지 등을 물어보아야 한다. 또한 가족관계에서도 어려움을 겪었는지를 탐색해야 하며, 환자가 생각하기에 각 삽화가 가족이나 가까운 친구관계에 어떤 영향을 미쳤다고 보는지, 삽화 동안 환자 자신이 했던 행동 중 후회되는 것이 있는지 또는 했어야만 하는 무언가를 하지 못했는지 등이 포함될 수 있다. 지금까지 여러 기분삽화를 겪은 환자들의 과거력을 조사할 때에는 (Jill의 사례에서와 같이) 시간이 흐르면서 점진적인, 그러나 유의한 사회적 지위의 이동, 실업 등을 확인하게 되기도 한다. 따라서 수년간 양극성 장애를 겪어 온 환자들에게는 특히 고용이나 다른 사회경제적 지위의 지표들(주거지 등)을 포함할 수도 있다.

그러한 변화들이 확인되고 나면, 많은 환자는 스스로 장애의 엄청난 개인적 손해에 대하여 언급할 것이다. 만약 그렇지 않다면, 이 병이 아니었다면 당신 환자의 전문적 또는 직업적 위상이 어떻게 달랐을 것인가를 직접 질문해 볼 수 있다. 어떤 종류의 일을 하고 있었을 것이라고 상상하는가? 어떤 보상을 받았으리라고 기대하는가? 어떤 생활양식을 누리고 있었을 것이라고 믿는가?

치료자는 양극성 장애로 인한 손실을 온전히 인식하는 것이 환자에게 미치는 정서적 영향에 대하여 대비하고 있어야 하며, 환자가 이러한 정보를 듣고 동화할 수 있는 준비가 얼마나 되어 있는지 조심스럽게 살필 필요가 있다. 만약 환자가 특히 고통스러워하는 것으로 보이면, 다음 회기 이전에 전화 면담을 계획할 수도 있을 것이다.

젊고 아직 삽화를 여러 번 겪지 않은 환자들과는 앞으로 기분삽화가 있을 때와 없을 때를 예상하여 미래의 직업적 성취에 대한 가상 시나리오를 만들어 보는 등 약간 변경된 절차를 적용하는 것도 가능할 것이다.

사례 예시

Andy는 28세의 미혼 남성으로 제I형 양극성 장애를 13년간 겪어 왔다. 그는 계절성 패턴을 갖고 있었다. 우울 삽화는 대부분 매년 가을에 시작되어 초봄에는 회복되었다. 고등학교 이후로 매년 여름마다 적어도 중등도 이상의 경조증을 경험했고, 이는 친구와 가족들에게 분명히 눈에 띄는 변화였다. 두 번의 완전한 조증 삽화는 여름에 발생하였고, 다행히 두 번 모두 그의 개인적 또는 학업적 삶에 심각한 손상을 끼치지는 않았다. 몇 번의 초기 회기 동안 그와 치료자는 계절성 우울증이 그의 삶, 특히 학업적 진로에 어떤 영향을 미쳤는지를 살펴보았다. 그는 고등학교 시절 1학기 동안에는 성적이 나빴지만, 학년말까지 학업 성적을 가까스로 끌어 올리곤 하였다. 고르지 못한 성적으로 그는 지능이나 SAT 점수에 비하여 낮은, 지역 2년제 대학교에 입학하게 되었다. 사춘기 후기와 20대 초반에 Andy는 대학에 여러 차례 등록했다. 처음에는 잘 되어 가는 듯 보였으나, 가을 학기 중반쯤에 이르면 무기력해져 움직일 수 없었고 집중이 불가능하여 수업에 결석하였고, 결국 학교를 자퇴하게 되었다. 그의 부모는 좋은 뜻에서, 그러나 좌절감에서, 아들이 게으르고 시작한 것을 끝맺지 못하며 단지 부모 돈을 탕진하려고 대학에 등록한다는 등 여러 가지로 비난하였다. 그러나 사실 그는 건강할 때면 하찮은 일이라도 기꺼이 하며 늘 자립하려고 노력해 왔다. 다양한 서비스직과 사무직을 여러 해 동안 전전하였으나 그중 어느 것도 성취감을 주지 못하였다. 그러나 지난 4년간 비영리 단체의 자원봉사활동에 적극적으로 참여하였는데, 그 단체는 공부에 어려움이 있지만 부모들이 도와주기 어려운 초등학생 아동들을 위한 개인교습을 조직해 주는 곳이었다. 그는 이 일을 매우 좋아했다. 이것은 그가 삶에서 꾸준히 열정을 품을 수 있었던 첫 번째 일이었다. 양극성 장애가 아니었더라면, Andy의 직업적 목표는 대학을 졸업하고 초등학교 교사가 되는 것이었겠지만, 근래 들어 그는 양극성 장애 때문에 그 목표를 이루기는 어려울 것임을 확신하고 있었다. 양극성 장애가 자신의 학업적·직업적 도전에 주는 제한점들을 논의하면서, Andy는 자신의 병의 경과에서 주요한 변화 없이는 다른 꿈, 즉 학교를 마치고 현재 봉사활동 중인 단체를 이끄는 꿈을 이루지 못할 것이라는 점을 인식하게 되었다.

이 지점에서 무엇이 변화될 수 있고 무엇이 변화될 수 없는지에 대한 현실적인 평가를 내리도록 하는 것이 치료자가 해야 할 일이다. Andy는 남은 일생 동안 계절성 기분장애(가을의 우울증과 봄, 여름의 경조증)를 경험할 가능성이 크다. 그러나 적절한 약물치료와 자기절제를 병행한다면, 과거에 잃어버린 시간 중 일부를 보충할 수 있으며, 자원봉사 단체에서 리더가 되는 목표를 이룰 수 있을 뿐만 아니라 고등교육을 받아 현재 인생 경로를 대폭 수정할 가능성도 있다는 것을 제안하는 것도 타당하다.

Andy의 IPSRT 치료자로서 당신이 해야 할 일은 Andy가 자신에게 맞는 약물치료를 하면서 대학에 재입학하여 점진적으로 자신의 목표를 이루는 것이 가능한지를 평가하는 일일 것이다. 이 평가에는 실제로 몇 달이 걸릴 수 있으며, 아마도 학교에서 강의 한 과목을 시험 삼아 수강해 보는 것이 포함될 수도 있다. 만약 이러한 과정을 통해 Andy가 대학을 졸업하는 것이 불가능하다고 판명된다면, 치료자로서 당신이 해야 할 일은 병에 의해 부과된 한계점들 내에서 그가 현실적인 목표들을 세우도록 돕는 일이다. 하지만 적절한 약물치료, 일과의 규칙성에 대한 주의 그리고 치료자와 가족들의 충분한 지원으로 대학을 졸업하는 것이 혹시라도 가능해 보인다면, 그 목표를 성취하기 위한 매우 점진적인 계획을 세워 볼 수 있다. (가족들은 약물치료를 담당하는 정신과 의사와 환자의 치료 및 재활을 위한 다른 전문가들로 구성된 치료진의 '보조 멤버'로 참여할 수 있다.) 상황에 따라서는 파트타임으로 공부하고, Andy의 자기 계획에 규칙성을 부여하는 데 도움이 되는 파트타임 일을 함께 하는 식이 될 수도 있다. 만약 그가 파트타임으로 공부하는 것을 잘 해내고 일과를 규칙적으로 조절하는 훈련이 된다면, 전적으로 시간을 들여 공부하는 것도 시도할 수 있다. 당신이 치료자로서 대부분의 기분장애, 불안장애 단기치료에서 진행하는 것과는 달리, IPSRT에서는 치료 기간이 대폭 연장되며 개별 환자가 개입에 어떻게 반응하는지에 대한 지속적인 평가와 그 평가 결과가 장기 목표에 의미하는 바를 끊임없이 살펴야 한다.

과거력 조사 동안에도 대인관계 질문지를 완성한 후 환자의 기분과 대인관계 간의 관련성을 이해하기 위하여 유사한 과정이 이어질 수 있다(대인관계 질문지에 관해서는 다음 절을 보라). 나이가 있는 환자에게는 양극성 장애가 아니었더라면 가족과 친구관계가 지금과 어떻게 달랐을지를 물어볼 수 있다. 좀 더 어린 환자에게는 자신이 지금 소중하게 여기는 관계가 기분삽화가 거듭되면 향후 어떤 영향을 받게 될지 상상하도록 해 볼 수 있다.

환자가 양극성 장애의 결과로 발생하는 손실들을 이해하게끔 돕는 데 있어서 치료자는 환자 입장에서 어려운 변화들을 시도하도록 요청하고 있다는 점을 인식할 필요가 있다. 여기서 환자가 변화의 필요성을 이해하도록 돕는 것과 환자가 낙담하여 변화 동기를 잃는 것 사이에서 아슬아슬한 줄타기를 해야 한다. 이 줄타기에서 당신이 어디에 서 있는가를 정확히 아는 것은 양극성 장애 자체의 특징인 기분 불안정성 때문에 더욱 복잡한 일이 된다. 변화 계획을 제안할 때 환자의 기분이 정상이거나 약간 경조증적이라면, 장애의 손실에 대해서 더욱 강하게 주장할 수 있을 것이다. 그러나 만약 환자가 우울한 상태라면, 이미 시작된 환자의 의기소침을 악화시키는 것을 피하기 위하여 더욱 조심스럽게 접근해야 한다.

사례 예시

Steve는 12년간 양극성 장애를 겪어 온 50세의 미혼 백인 남성이다. Steve는 지방 정부에서 일해 온 고위 공무원이었지만, 지난해 동안에는 실직 상태였다. 지난 12년간 Steve는 네 번의 조증 삽화를 경험했다. 그의 조증은 대인관계를 심하게 저해했다. 조증 삽화가 있는 동안 그는 사람들에게 참을 수 없이 간섭을 했고, 짜증과 논쟁적인 행동이 늘어났다. 과도하게 계획을 세우고 직장이나 사교적 일들에 끊임없이 참여했다. 그럴 때면 예전 친구나 전 동료들에게 엉뚱한 시간에 전화를 거는 등 다시 연락을 했다. 친구들은 그의 행동이 부적절하고 말이 매우 크고 빠르다는 점을 알아차렸고 그의 독백을 이해하기 힘들다고 하였다. 그의 조증 행동은 동료와 상사들 사이에서 심각한 문제를 일으켰다. 네 번째 조증 삽화 결과, 그는 해직되었다. 해직이 그가 조증 삽화에 있던 와중에 이루어졌기 때문에, 그는 복직하기 위한 노력에 매우 몰두하였다. 그는 공격적이고 적대적이었으며 매우 불쾌한 방식으로 요구하였다. 그는 거의 잘 알지 못하는 지인에 불과한 유명인들과도 접촉했다. 이들은 그의 이상한 행동과 끈질김에 놀라고 화를 냈으며, 대부분은 그와의 관계를 끊었다. 회상컨대 그는 당시 자신의 판단력이 좋지 않았다고 하였으며, 그 행동들을 후회하였다.

조증 기간 동안의 행동들을 돌이켜 보면서, Steve는 조증이 자신에게 얼마나 해로운 결과를 가져왔는지를 인식했다. 양극성 장애는 대인관계와 직업에 있어 심각한 문제들을 양산했다. 기분이 안정적이었더라면 친구들과 사회적 지지 네트워크가 남아 있었을 것이며 자신이 무척이나 좋아했던 일도 여전히 하고 있을 것이었다. 그는 양극성 장애가 자신이 대인관계를 유지하고 동료, 친구들과의 관계에서 적절하게 행동하는 능력에 영향을 주었음을 인정했다. 이제 50세가 되었는데, 자신에게 남아 있는 인간관계라고는 어머니와 여동생밖에 없다는 점이 부끄러웠다. 그는 양극성 장애가 아니었더라면 자신의 사회적 네트워크가 훨씬 더 큰 규모였을 것이라고 믿었다. 또한 정서적 지지와 안정감을 더해 줄 배우자와 장기적 관계도 맺을 수 있었을 것이었다.

만약 Steve가 당신의 환자라면, 치료자로서 해야 할 일은 그가 양극성 장애로 인해 겪은 손해가 정말로 회복 불가능한 것인지 또는 점진적으로나마 회복이 가능한지, 즉 과거 지지 체계 중 일부와 재연결되거나 과거의 직업 또는 유사한 직업을 가지는 것이 가능한지를 평가하는 것이다. 이를 위하여 조증 동안 일어났던 갈등에 대한 여러 정보들을 수집하는 것이 필요한데, 예전 친구들과 동료들이 Steve의 조증 동안에 일어났던 일을 전혀 이해하지 못하는지 그리고 그와 연락할 의향이 전혀 없는지, 또는 대개의 경우 그렇듯이 Steve가 자신의 행동들이 너무 부끄럽거나 거절할 가능성이 두려워 연락을 못하는 것인지 등의 정보들이 포함될 것이다. 이 과정을 더욱 복잡하게 만드는 것은 대개 환자들이 심각한 조증 삽화 중에 일어난 일들에 대해 부분적으로만 기억하고 있으며, 기억하고 있는 것들도 조증의 특성인 저조한 판단력에 의하여 왜곡되어 있을 가능성이 있다는 것이다. 그렇지만 인내심을 가진다면, 대인관계가 영원히 손상된 것인지 아니면 회복의 가능성이 있는지에 대해 환자가 현실적인 평가를 내리도록 도울 수 있다.

대인관계 질문지를 작성하기

IPSRT 초기를 통틀어서 대인관계 질문지는 개인화된 사례개념화에 있어 가장 중요하다고 할 수 있다. '대인관계 질문지'라는 용어는 환자의 과거 그리고 현재 인생에서 중요한 대인관계를 검토하는 것을 가리킨다(Klerman et al., 1984). 이 질문지는 대인관계의 속성이 어떠했는지, 환자의 대인관계에 일관되는 긍정적 또는 부정적 패턴이 있었는지, 특히 대인관계 문제가 심리적 영향이나 사회적 리듬에 미치는 영향을 통하여 환자가 가장 최근에 경험한 기분삽화의 발생 또는 지속과 연결되어 있는지를 이해하는 데 집중한다. 대인관계 질문지의 완성은 확대된 과거력 조사 과정의 마지막 부분이고, IPSRT에서 개인화된 사례개념화로 직접적으로 이어지는 것이다.

대인관계 치료에서의 초점은 분명히 가장 최근, 현재 그리고 가까운 미래에 있기 때문에, 환자가 치료를 시작하는 시점에 인생에서 중요한 인간관계를 살펴보는 것으로 대인관계 질문지를 시작한다. 예를 들어, Jill(1장)의 대인관계 질문지를 작성하는 데 있어, 별거 중인 남편과의 관계를 상세하게 탐색하는 것으로 시작할 수 있다. 얼마나 자주 연락을 했는지, 연락을 하면 어땠는지, 자녀 양육에 있어 서로 어떻게 관여했는지 등을 물어볼 수 있을 것이다. 다툼은 얼마나 자주 있었는지, 그리고 가장 중요하게는 현재 남편에 대한 Jill의 감정이 어떤지를 질문해야 할 것이다. 또한 Jill이 생각하기에 남편이 그녀에 대해 느끼는 감정을 탐색하면서, 부부관계가 완전히 끝난 것인지 또는 3년간 별거하고는 있지만 어떠한 교착 상태에 있는지를 확인해야 할 것이다. 그런 다음 부부관계의 발전 과정, Jill이 남편을 어떻게 만났고 어떻게 데이트를 했으며 결혼생활 초기에는 관계가 어떠했는지를 탐색하는 것으로 이행할 것이다. 비록 Jill의 자녀들이 아직 꽤 어리지만, 그녀가 각각의 자녀들과 어떤 관계를 맺고 있으며 자녀들의 생활이 어떤지에 대해 분명히 알 필요가 있다. Jill이 매우 악화된 상태에 있으므로, 치료자로서 당신은 평가 과정의 일부로서 남편을 포함시켜 그가 혹시라도 결혼관계의 복구에 관심을 갖고 있는지, 남편이 Jill이나 그녀의 병, 자녀들에 대한 자신의 역할을 어떻게 바라보는지를 탐색하는 것을 고려할 수 있다.

이러한 핵심적인 관계로부터 시작하여, 당신은 Jill과 부모의 관계가 어떤지 탐색할 수 있으며 이 관계의 속성을 충분히 파악하기 위해 필요한 만큼 거슬러 올라갈 수 있다. Jill이 한때 남동생, 올케와도 가까웠던 시기가 있었으므로, 그들이 멀리 살고 있더라도 그녀에게 사회적 지지의 원천이 될 수 있을지에 대한 희망을 가지고 심층적으로 살펴보아야 할 또 다른 대인관계가 될 것이다. 마지막으로 병전에 Jill이 대인관계를 형성하고 유지하였던 능력과 양극성 장애가 그런 능력에 얼마나 영향을 주었는지를 평가하기 위하여, 친구 및 동료 관계가 현재와 과거에 어떤지를 탐색할 수 있다.

그러한 탐색 결과, Jill과 남편 사이에 매우 강하고 상호적인 애정적 유대가 존재했었다는 점이 발견되었다. 그들은 서로 깊이 아꼈으나, 양극성 장애가 발병한 후에는 서로를 어떻게 대해야 할지 전혀 갈피를 잡지 못하였다. 대인관계 질문지를 작성하는 과정에서 그녀가 어머니로서 갖는 부적절감, 그리고 그녀의 기분 장애가 부모로서의 유능감을 얼마나 무너뜨린 정도가 드러났다. 또한 부모와의 관계가 피상적이었다는 점도 드러났다. 그녀의 어머니와 아버지는 실제적인 도움을 주기는 했지만(어머니는 아이들을 돌봐 주었고, 아버지는 재정적 문제나 차편을 해결해 주었다), 부모 중 누구도 그녀를 정서적으로 지지해 주지 못했다. 반대로 올케와는 Jill의 양극성 장애에도 불구하고 신뢰 관계를 유지할 수 있었으며, 올케는 무조건적인 애정, 공감 그리고 이해를 구하기 위하여 의지할 수 있는 사람으로 남아 주었다. 단 한 가지 문제는 올케가 너무 멀리 살고 있다는 점이었다. 또한 대인관계 질문지에서 어렸을 때 Jill에게 많은 친한 친구들이 있었으며, 그들 중 대여섯 명과는 매우 가까운 관계였다는 점이 발견되었다. 그러나 올케와의 관계와는 달리, 다른 친구들은 Jill이 상호적인 우정으로 보답할 수 없어지면서 멀어졌다. Jill의 기분이 나아지면 친구관계 중 일부가 재건될 수 있을 것인지가 치료자가 마음속에 품고 있던 의문점이었다. 그러나 대인관계 질문지가 완성될 시점에 이르러 치료자는 만족스러운 대인관계를 맺을 수 있는 능력을 분명히 가진 사람으로서의 Jill의 모습을 그릴 수 있었다. 정서적 에너지를 모두 빼앗아 가고 너무도 발끈하고 과민하게 만들어 차라리 혼자 있는 것이 더 편하게 느껴지도록 하였던 우울증이 아니라면 말이다.

Tad의 대인관계 질문지를 작성할 때에는 다른 어려움이 있었다. 치료를 시작할 때의 나이는 18세였지만, 발달적 관점에서 Tad는 15세 같았다. 상황을 더 복잡하게 만든 것은 그의 중요한 대인관계들이 모두 앨라배마의 고향 마을에 있었지만, 현재 그의 대인 관계적 맥락은 대학을 다니고 치료를 받던 도시에 있다는 점이었다. 대인관계 질문지는 부모와의 관계를 탐색하는 것으로 시작할 필요가 있었으며, 그가 무척 좋아했던 어머니와 매우 지지적인 관계를 맺고 있다는 점이 발견되었다. 엄격하고 규율을 강조하는 아버지와의 관계는 좋지 않았다. 아버지에게 Tad는 늘 실망시키는 존재였으며, '남성적인' 일들에 관심이 있는 아들을 열망해 왔던 아버지는 Tad의 예술적 성취를 평가 절하했다. 반대로 어머니는 그와 가깝고 지지적인 관계를 유지했으며, 부자관계가 나아질 수 있도록 계속 노력하였다. 치료 시작 시기에 Tad는 대학에 겨우 몇 달만 다닌 상태였으나, 입학 후로 그는 많은 지지적인 인간관계들을 형성했다. 예술대학 동료들은 그의 기행에 대해 우체국 직원인 아버지보다 더 잘 이해했다. 조증 시기에 과민성이나 분노가 두드러지지 않았기 때문에, Tad는 친구들과 멀어지지 않았으며, 친구들은 그가 조증 후의 우울증으로부터 벗어나 대학으로 돌아오기 위해 무엇을 도와줘야 할지를 알고 싶어 했다. 친구들 중 몇몇은 Tad가 치료를 받으러 올 때 동행하였고, 중요한 치료적 자원이 되었다. Tad의 연인관계는 다른 많은 젊은이들처럼 Tad의 기분과 치료자에게 매우 도전적인 과제였다. 대인관계 질문지에서 Tad가 매우 화려한 대신 특별히 배려심이 많거나 지지적이지는 않았던 파트너들에게 매력을 느껴 왔다는 점이 드러났다. 그들의 잦은 거절과 극적인 재결합은 Tad가 기분 안정을 유지하는 데 도움이 되지 않았다. 치료자는 그가 안정적인 대학생으로서의 역할 전환을 마치고 나면, 앞으로 이것이 상당한 작업이 필요한 영역임을 확인하였다.

대인관계 질문지를 작성하는 데 정해진 양식은 없다. 가장 숙련된 IPSRT 치료자는 이것을 겉으로 보기에는 대화하면서 해낼 것이다. 그러나 암묵적인 면담 가이드라인은 현재의 가까운 관계에서 시작하여 현재의 보다 주변적인 관계들, 그리고 마지막으로 중요한 과거 대인관계로 진행하는 것이다. 초보 IPSRT 치료자들을 훈련시키고 양극성 장애 환자들이 겪는 대인관계 문제들의 문화적 차이를 연구하기 위하여, 우리는 대인관계 질문지를 위한 면담 가이드를 개발하였다(Andrade et al., 2004). 이 면담 가이드의 사본이 부록 5에 포함되어 있다. 치료를 받아 본 경험이 풍부한 환자들은 이러한 평가에서 대략 틀을 잡아 줄 것이다. 치료 경험이 적은 환자들에게는 면담 가이드와 같이 직접적인 질문으로 탐색할 필요가 있으며, 대인관계 질문지가 완성될 시점에는 환자에게 현재 그리고 과거에 중요하거나 중요했던 사람들이 누구이며, 그들과의 관계가 어떠했는지를 분명하게 이해할 수 있어야 한다. 양극성 장애 환자들과 작업할 때에는 끝났거나 갑자기 끊어진 중요한 관계들에 대하여 묻는 것이 중요하다. 양극성 장애의 증상은 종종 그러한 단절을 유발하는데, 왜냐하면 다른 사람들이 환자의 행동에 너무 놀라서이거나 또는 환자가 과민하거나 조증 또는 우울 상태에 빠지면서 모든 연락을 끊는 경우가 발생하기 때문이다. 따라서 대인관계 질문지를 완성하는 단계에서 마지막으로 던져야 할 질문은 "한때 당신에게 중요했던 사람이지만 지금은 더 이상 만나지 않거나 대화하지 않는 사람이 있습니까?"이다. 만약 환자가 그런 사람을 이야기한다면, 당신은 치료자로서 그 사람과의 관계를 다시 연결하는 것이 환자에게 이로울 것인지를 탐색할 수도 있다.

다음의 예시가 보여 주듯이, 환자의 현재 및 과거 대인관계가 어떠했는지를 이해하는 것뿐만 아니라 가족과 친구들이 환자의 증상에 어떻게 반응하였는지, 양극성 장애가 대인관계에 어떤 영향을 끼쳐 왔는지를 이해하는 것이 중요하다. 일시적인 관계 단절로 이어졌는가? 환자가 과도하게 개입하고 책임감이 넘치는 가족 구성원들과 밀착되어 있는가? 친척들, 친구들, 이웃들 또는 동료들이 환자의 병에 대해 알고 있는가? 환자가 아플 때 그들이 어떻게 반응했는가? 환자가 조증일 때와 우울증일 때 그들이 도움을 제공할 용의가 달라지는가? 환자가 증상이 없는 시기에 그들이 다르게 반응하는가?

IPSRT에서 치료의 초점이 되는 소수의 문제영역들(미해결된 애도, 건강한 자기를 상실한 것에 대한 애도, 역할 전환, 역할 갈등, 대인 관계적 결핍)이 상정되어 있기는 하지만, 환자 집단의 특성이 복합적인만큼 이 문제영역 내에서 다루어질 수 있는 이슈들은 매우 다양하다. 접근할 필요가 있는 것으로 생각되는 문제들이 여럿인 경우가 자주 있을 것이다. 그러나 동시에 여러 문제들을 작업하려고 하기보다는 일반적으로는 우선 하나에 집중하도록 한다. 우리는 환자의 현재 증상에 가장 연결되어 있는 문제 또는 치료에 환자를 참여시키는 것을 촉진하는 문제를 선택하곤 한다. 예를 들어, Jill이 치료를 시작할 시점에 그녀의 사례는 대인 관계적 결핍으로 생각될 수 있다. 그러나 이것은 치료를 **시작**하기에 어려운 영역이며, 대인 관계적 결핍을 갖고 있는 대다수의 사람들과는 달리, Jill은 과거에 의미 있고 지지적인 우정을 형성하는 능력을 보여 주었다.

아마도 Jill과 같은 환자를 치료에 참여시키는 더 나은 지점은 '건강한 자기를 상실한 것에 대한 애도'에 초점을 맞추는 것이다. 자신이 잃어버린 여러 기회들과 좌절된 목표들에 대해 애도하도록 돕고 나면(Jill의 사례에서 이는 상당한 시간이 소요될 것이다), 치료자는 다음으로 어디에 초점을 맞출 것인지 결정해야 하는 문제에 봉착할 것이다. 3년간 별거 중인 남편과의 관계를 역할 갈등으로 개념화할 만큼 아직 둘 사이에 관계가 남아 있는가 아니면 이미 끝나 버린 것인가? 이 사례를 기혼으로부터 홀로서기로의 역할 전환으로 개념화하는 것이 이득이 있을 것인가? 이러한 결정의 실마리는 Jill의 남편과 1~2회의 회기를 가지면서 결혼에 대한 그의 생각이 어떤지, 즉 결혼생활이 복구될 수 있을 것이라고 생각하는지 아니면 현 상태로서는 자녀들을 공동 양육하면서 서로 존중하는 관계가 가장 최선이라고 생각하는지를 치료자가 평가해 봄으로써 얻어질 수 있다.

대인관계 질문지를 작성하기에 앞서 가계도(환자의 가까운 조상 및 후손들에 대한 도표)를 그리는 것이 유용하다. 이는 대인관계 질문지를 하는 동안 어떠한 가족 구성원도 놓치지 않을 수 있게 해 준다. 부모가 이혼하고 재혼하거나 환자가 입양되는 등의 복잡한 가족관계가 있는 경우에 가계도는 치료자가 복잡한 역사를 따라갈 수 있게 해 주고 치료를 진행해 가면서 환자의 관계에 대해 쉽게 참조할 수 있는 정보가 된다. 그러한 가계도의 예시가 [그림 6-2]에 제시되어 있다. 아프리카계 미국인이나 히스패닉과 같은 특정 인종에서는 조부모, 숙모, 숙부들과의 관계가 부모관계와, 그리고 사촌관계가 형제자매 관계와 유사한 의미를 가질 수 있다는 점을 명심해야 한다. 따라서 그들과의 관계를 이해하는 것이 효과적인 치료에 매우 중요할 수 있다.

대인관계 질문지를 완성하고 나면, 사례개념화를 시작하고 초기 사례개념화를 환자에게 제시하고 논의하는 데 필요한 대부분의 정보를 갖게 될 것이다. 어떤 경우에는 Jill의 예시에서와 같이 1~2회기 동안 다른 사람들을 만나는 것이 사례개념화를 완성하기 위해 필요할 수도 있다.

IPSRT 사례를 개념화하는 데 있어서 양극성 장애가 평생 지속되며 상태가 계속하여 변화하는 장애라는 점을 유념하는 것이 매우 중요하다. 따라서 IPSRT의 전 과

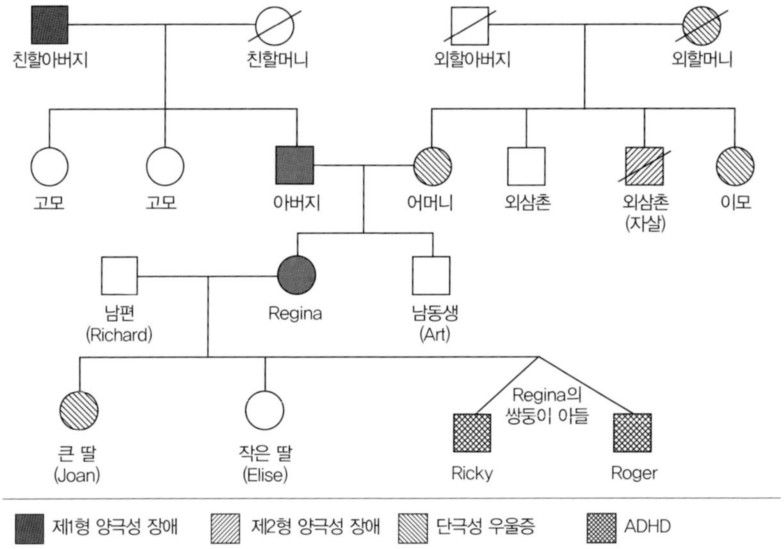

[그림 6-2] 가계도의 예시

정에 걸쳐서 환자의 필요와 능력 그리고 어떤 개입이 필요한지에 관하여 꾸준히 재개념화를 해 나가게 될 것이다.

대인관계 문제영역의 확인

대인관계 질문지가 완료된 후에는 어떤 대인관계 이슈가 현재 환자의 기분 증상에 가장 중심적인지를 결정해야 할 것이다. 다시 말하자면, 이것은 현재 기분삽화의 **원인**으로 보이는 문제(예: 조증 삽화를 촉발한 어려운 역할 전환) 또는 현재 기분삽화의 **결과**에 해당되는 문제(예: 극단적인 과소비가 결혼관계의 역할 갈등과 별거 위기를 가져옴)이다. 둘 중 어떤 경우에도 대인관계 문제의 해결은 환자의 기분과 기능의 호전을 가져올 것으로 기대되는 것이다.

이상적인 상황에서 치료자와 환자는 기존의 대인관계 치료에서 이야기하는 4개 대인관계 영역(미해결된 애도, 대인관계 갈등, 역할 전환, 대인 관계적 결핍; Klerman et al., 1984 비교) 중에서 일차적인 (그리고 때로 이차적인) 문제영역을 협력적으로 찾아낼 것이다. 대인관계 문제영역의 개념적 기초에 대한 충분한 논의는 『Interpersonal Psychotherapy of Depression』(Klerman et al., 1984)과 『Comprehensive Guide to Interpersonal Psychotherapy』(Weissman et al., 2000)를 보라. 대인관계 문제영역이 양극성 장애 환자들에게서 어떤 양상으로 나타나는가에 대해 각각의 문제영역에 대한 더 긴 설명은 이 책의 9장에 소개되어 있다.

사회적 리듬 차트를 시작하고 리듬 안정화의 목표를 확인하기

IPSRT 사례개념화의 두 번째 주요 부분은 환자의 사회적 리듬이 어떠한지, 사회적 리듬 안정을 이루기 위하여 어떤 개입들이 필요할지이다. 2장에서 논하였듯이, 사회적 차이트게버의 상실 그리고 유의한 차이트스퇴러의 출현이 취약성을 가진 사람들에게 기분삽화를 유발하는 중요한 변인들이라면, 사회적 리듬 안정화 원리는 치료, 특히 예방적 치료의 중요한 부분이며, 환자의 사회적 일과는 사례개념화의 중요한 부분을 구성한다. 사회적 리듬의 안정성을 평가하기 위하여, 우리는 일상의 규칙성을 측정하기 위하여 특별히 고안된 도구를 개발하였다. 이 도구를 사회적 리듬 차트(Social Rhythm Metric: SRM)라고 부르며, 15개의 미리 정해진 활동과 더불어 응답자가 자주 하는 2개의 개인 선택 활동(예: 특정한 여가활동, 기도 또는 애완견 산책 등)이 행해진 시간을 추적하는 도구이다(Monk et al., 1990, 1991). 원판 SRM은 건강한 대조군(Monk et al., 1990), 회복 상태의 우울 환자(Monk et al., 1991), 우울한 입원 환자(Szuba, Yager, Guze, Allen, & Baxter, 1992) 그리고 정상 노인(Monk et al., 1992)을 대상으로 한 연구들에 사용된 바 있다. SRM에서 높은 점수는 일상적인 사건이 행해지는 시간대에서 높은 수준의 규칙성을 나타내는 반면, 낮은 점수는 불규칙성 또는 규칙적 일과의 부재를 의미한다. 우울한 입원 환자들은 건강한 중년 일반인 대조군에 비하여 더 낮은 SRM 점수를 나타냈으며, 70세 이상 노인들은 평균보다 높은 SRM 점수를 보였다.

그다음으로 우리는 양극성 장애 환자의 치료에 사용하기 위한 두 가지 새로운 버전의 SRM을 개발했다. 그중 첫 번째인 SRM-II-17은 첫 IPSRT 연구에 사용되었으며(부록 3), IPSRT에 참여하는 것이 SRM-II로 기록된 일상 활동의 규칙성 증가와 상관있다는 점을 입증한 바 있다. 17문항인 SRM-II가 많은 치료 상황에서 비실용적이며 17문항 중 일부가 SRM 점수 변량의 상당 부분을 설명한다는 점을 발견했기 때문에(Monk et al., 2002), ① 잠자리에서 일어남, ② 다른 사람과의 첫 번째 접촉, ③ 일/학업/자원봉사/집안일을 시작함, ④ 저녁식사, ⑤ 잠자리에 듦 등의 5문항으로 구성된 SRM-II-5(부록 1)가 개발되었다. 이 버전은 양극성 장애 치료에 대한 대규모의 다기관 연구인 STEP-BD에서 사용되었다.

많은 임상가는 특정 환자의 요구에 맞추기 위하여 SRM을 개인화하는 것이 유용하다는 점을 발견하였다. 예를 들어, 월경 전에 기분(또는 불안) 증상 악화를 겪는 경향이 있는 여성에게는 생리주기를 추적하는 것이 매우 유용하다. 치료의 초점이 배우자와의 역할 갈등에 있다면, 배우자와의 언쟁이 언제 있는지를 추적할 수도 있다.

과거력 조사와 대인관계 질문지를 완성하는 동안 치료자는 환자에게 매일 SRM-II를 작성하는 것을 요청하게 될 것이다(단축형 SRM의 예시는 〈표 6-1〉, 긴 버전의 SRM 예시는 〈표 6-2〉, 치료에 사용 가능한 SRM 사본은 부록 1과 3을 보라). 하지만 초반 몇 주간의 기록을 치료자와 함께 검토할 때까지는 일과의 어느 부분도 아직은 변경하지 않도록 지시해야 하는데, 변화를 제안하기에 앞서 환자의 일상에 대한 비교적 완전한 그림을 얻어야 하기 때문이다. 어느 한 영역에서의 변화(예: 더 이른 기상 시간을 제안)는 다른 영역에서 의도치 않은 결과(예: 환자가 더 일찍 잠자리에 들지 않아 수면이 부족해져 경조증이 발생함)를 가져올 수 있다. 초반의 SRM 기록은 환자가 SRM 작성에서 들 수 있는 의문사항들을 정리할 기회가 된다. 초반의 SRM 기록들에서 얻은 자료는 사례개념화와 증상 관리 계획의 세부사항을 결정할 수 있는 정보를 제공해 준다. 만약 환자가 여전히 회복 중에 있을 때 첫 번째 SRM이 작성되었다면, 환자가 안정되면서 추가로 몇 주간의 자료가 환자가 가진 '보통' 패턴의 진정한 기저선을 얻기 위해 필요할 수 있다.

〈표 6-1〉 부분적으로 완성된 SRM-II-5의 예시

작성방법:　　　　　　　　날짜(주차): 11월 29일

- 이러한 일상 활동을 하기에 이상적인 **목표 시간**을 적으시오.
- 매일 그 활동을 한 **실제 시간**을 기록하시오.
- 그 활동을 함께한 **사람**을 기록하시오: 0=혼자, 1=타인이 있었음, 2=타인이 적극적으로 참여함, 3=타인이 매우 자극이 됨

활동	목표 시간	일		월		화		수		목		금		토	
		시간	사람	시간	사람	시간	사람	시간	사람	시간	사람	시간	사람	시간	사람
잠자리에서 일어남	오전 8:00	8:30	0	7:45	0										
다른 사람과의 첫 번째 접촉	오전 8:05	8:30	3	8:00	3										
일/학업/자원봉사/집안일을 시작함	오전 9:30			9:25	3										
저녁식사	오후 6:15	4:30	2	6:30	2										
잠자리에 듦	오후 11:30	11:45	1	11:15	1										
하루의 기분을 -5~+5점으로 평가 -5=매우 우울 +5=매우 기분이 고조됨		−1		0											

〈표 6-2〉 부분적으로 완성된 17문항 SRM-II의 예시

이름: ____________________ 날짜: ________년____월____일

하루를 마무리할 때 작성하기 바랍니다.

요일: __________

			사람 0=혼자 1=타인이 있었음 2=타인이 적극적으로 참여함 3=타인이 매우 자극이 됨						
활동	시간	오전/오후	요일						
			월	화	수	목	금	토	일
잠자리에서 일어남	더 이른 시간에 함				1		2		
	이를 때의 정확한 실행 시간				6:00		6:00		
	7:00		2		2	1			
	7:15			2					
	7:30								
	7:45								
평상시 범위의 중간 시간 →	8:00	오전						2	3
	8:15								
	8:30								
	8:45								
	9:00								
	더 나중 시간에 함								
	늦을 때의 정확한 실행 시간								
	오늘은 하지 않음								

〈계속〉

사람
0=혼자
1=타인이 있었음
2=타인이 적극적으로 참여함
3=타인이 매우 자극이 됨

활동	시간	오전/오후	요일						
			월	화	수	목	금	토	일
다른 사람과의 첫 번째	더 이른 시간에 함						2		
접촉(직접 또는 전화)	이를 때의 정확한 실행 시간								
	7:00		2		2	1			
	7:15			2					
	7:30								
	7:45								
평상시 범위의 →	8:00	오전						2	3
중간 시간	8:15								
	8:30								
	8:45								
	9:00								
	더 나중 시간에 함								
	늦을 때의 정확한 실행 시간								
	오늘은 하지 않음								
아침 음료를 마심	더 이른 시간에 함								
	이를 때의 정확한 실행 시간								
	8:00						0		
	8:15					0			
	8:30		0	1	1				
	8:45								
평상시 범위의 →	9:00	오전						2	2
중간 시간	9:15								
	9:30								
	9:45								
			10:00						
	더 나중 시간에 함								
	늦을 때의 정확한 실행 시간								
	오늘은 하지 않음								

〈계속〉

사람
0=혼자
1=타인이 있었음
2=타인이 적극적으로 참여함
3=타인이 매우 자극이 됨

활동	시간	오전/오후	요일						
			월	화	수	목	금	토	일
아침식사	더 이른 시간에 함								
	이를 때의 정확한 실행 시간								
	8:00								
	8:15								
	8:30						0		
	8:45					0			
평상시 범위의 중간 시간 →	9:00	오전	0	1	1			2	2
	9:15								
	9:30								
	9:45								
	10:00								
	더 나중 시간에 함								
	늦을 때의 정확한 실행 시간								
	오늘은 하지 않음								

SRM 기록으로부터 환자의 일과가 얼마나 규칙적인지 또는 혼란스러운지, 환자가 이러한 일과를 보통 혼자 하는지 또는 타인과 함께 하는지, 타인과 함께라면 다른 사람들이 적극적으로 환자의 일상에 관여하는지, 혹시 그러한 관여가 불필요한 정도는 아닌지를 알 수 있을 것이다. 이 정보는 증상 관리 계획을 세울 때 비교적 '리드미컬한' **현 상태**를 유지할지 또는 일과의 규칙성을 대폭 증진시키기 위하여 노력해야 할지의 방향을 정하는 데 도움이 된다. 그러한 노력은 대인 관계적 자극의 양을 늘리거나 줄이는 것을 포함할 수도 있다.

사례 예시

Candie가 IPSRT를 시작했을 때, 사회적 리듬이 엉망이었고 이것은 기분에도 반영되었다. 지난번 입원 이후로 그녀는 집세를 낼 수 있도록 닥치는 대로 일거리를 맡아 하고 있었다. 일주일에 두 번, 화요일과 목요일이면 동트기 전에 일어나 파트타임 매니저이자 트레이너로 일하는 체육관 문을 열었고 오후 2시에 일이 끝났다. 그러면 때로는 집에 가서 저녁 고객들의 교습을 위해 체육관으로 돌아가기 전까지 몇 시간씩 잠을 잤다. 때로는 체육관에 그냥 남아서 저녁까지 기다리곤 했으며, 커피 마시는 공간에 아무도 없으면 소파에서 잠깐씩 눈을 붙였다. 다른 주중에는 오후 4시가 되어서야 일을 시작했으며 체육관 닫는 일을 맡았다. 밤 10시에 체육관이 끝났지만, 화장실과 욕실 청소를 마치면 그보다 1시간 반 정도가 더 걸렸다. 주말에는 집 근처의 피자 가게에서 야간 근무를 했는데, 대개 새벽 3~4시가 되어야 집에 돌아올 수 있었다. 일을 마친 후에는 피곤하긴 했지만 흥분이 가라앉지 않은 상태로, 어차피 새벽 5~6시까지 잠들 수 없었기 때문에 다른 야간 근무 직원과 함께 이른 아침을 먹으러 나가곤 했다.

Candie의 IPSRT 치료자는 SRM을 작성하기 전부터 이 스케줄이 치료의 주된 초점이 되어야 함을 알고 있었다. Candie의 사회적 리듬이 얼마나 혼란스러운지를 실제로 보게 되었을 때, 치료자는 그녀가 현재의 일상을 영위하면서 입원 없이 살아갈 수 있을지에 대해 심각하게 고민하였다. 큰 도전과제는 수입과 지출의 균형을 맞추기 위하여 한 푼이라도 더 벌어야 했던 Candie에게 건강하게 지내려면 현재의 생활양식을 바꾸어야 한다는 점을 설득하는 일이었다. 입원 후 과거의 자신감을 상실한 Candie는 자신의 대학 졸업장으로 9시부터 5시까지 근무하며 출퇴근을 하는 규칙적인 직장을 찾을 수 있을 것이라고 믿지 않았으며, 만약 그런 일을 구하더라도 유지할 수 있을지 의심하였다. 불안한 Candie는 자신에게 익숙한 체육관이나 피자 가게 밖의 세계로 나오는 것을 두려워했다. 치료자는 수면을 최대한 안정화하도록 노력하는 것으로 치료를 시작하였는데, 체육관에 새벽 출근 두 번을 다른 사람과 바꾸거나 또는 화요일, 목요일 체육관 일을 그만두고 그날 할 수 있으면서 오후에 시작하는 제3의 아르바이트를 구해 보도록 했다. 다행히도 체육관 직원 중 그녀와 근무 시간을 바꿀 사람이 있었다. Candie는 이른 아침 체육관에 몰려드는 사람들을 볼 수 없다는 점을 아쉬워했으나, 그 후로 몇 주 내에 기분이 눈에 띄게 나아졌기 때문에 변화를 감수할 만한 가치가 있었다는 것을 점차 믿게 되었다. 이제 그녀는 일주일에 5일은 오전 10시쯤 규칙적으로 기상했고 낮 동안에 낮잠을 그리 많이 자지 않았으며 점차 집을 정리하기 시작하였는데, 이것은 입원 이후로 계속 미루어 온 일이었다. 그다음으로 치료자는 Candie가 주말 아침에 피자 가게 동료들과 아침을 먹는 것을 포기하도록 하는 데 집중하였다. 피자 가게에서 일하는 동안 사회적 자극을 약간 줄이는 법(새벽에 오는 흥분한 손님들과 이야기를 길게 나누지 않는 것, 오븐을 담당하는 동료와 동양 종교 철학에 대해 토론하지 않는 것 등)을 배우면서, Candie는 퇴근 후 바로 집으로 가서 잠시 동안 명상을 하고 새벽 3시쯤에는 잠들 수 있었다. 그다지 대단한 것은 아니지만, 이전에 비하면 훨씬 더 나은 일이었다.

SRM 사용을 통하여 Candie와 치료자는 수면-각성 사이클의 규칙성이 향상되는 것과 다른 사회적 리듬(식사 시간, 집에 들어오고 나가는 것 등)이 규칙적으로 변화하는 정도를 추적 관찰할 수 있었다. 또한 일과를 규칙적으로 만드는 것이 기분과 자신감까지도 직접적으로 향상시킬 수 있음을 알 수 있었다. 사회적 리듬을 변경하는 작업을 한 달여간 열심히 한 후 Candie는 이력서를 업데이트하여 다른 일자리를 찾아볼 생각까지 해 보게 되었다.

환자의 기분장애 과거력 조사를 끝내고, 병력 도표, 대인관계 질문지를 완성하고, 처음 몇 주간 동안의 SRM을 검토하고 나면, 당신은 치료자로서 첫 사례개념화를 할 수 있을 것이다. 이 사례개념화는 다양한 위험요인(사회적 리듬 붕괴, 대인관계 스트레스, 약물 비순응 등)이 환자의 기분삽화 발생과 어떻게 연관되어 있는지에 대한 내용을 포함할 것이다. 가장 최근의 삽화에 일차적으로 집중하면서, 이러한 위험요인 중 어떤 것에 가중치를 두고 금번 기분삽화가 발생하는 과정을 이해할 것인지, 어떤 개입이 어떤 순서로 제공될 때에 (만약 환자가 현재 급성기에 있다면) 현재 삽화를 완화시킬 수 있을지 그리고 앞으로 재발을 방지할 수 있을지를 결정해야 한다. 이 사람은 일주기 체계에 대한 도전에 비교적 영향을 받지 않지만, 대인관계 스트레스에는 매우 취약한 사람인가? 대인관계 문제들에는 그럭저럭 대처해 나갈 수 있으나, 일과가 리듬을 잃을 때마다 재발하는 사람인가? 아니면 이 사람은 아직 병을 받아들이지 못하여 약물치료를 자가 중단할 때마다 삽화를 겪는 것인가?

앞서 열거한 질문 중 첫 번째 경우에는 사회적 리듬 작업을 신속하게 끝내고 환자와 치료자가 집중하고자 하는 대인관계 문제영역을 찾아 작업을 시작해야 할 것이다. 두 번째 경우라면 환자의 사회적 리듬을 안정화하는 데 몇 주의 시간을 사용하고, 사회적 일과에 영향을 주는 사소한 대인관계 문제들에만 선택적으로 개입할 것이다. 세 번째 경우에는 건강한 자기를 상실한 것에 대한 애도 작업을 먼저 하는 것이 필요한데, 그것이 되기 전까지는 환자가 사회적 리듬을 안정화하거나 대인관계 문제에 대한 작업을 하는 데 충분한 에너지를 쏟지 않으려 할 것이기 때문이다.

양극성 장애는 복잡하고 혼란스러운 장애이며, IPSRT는 행동적 그리고 대인 관계적 개입을 모두 포함하기 때문에 다소 복잡한 치료일 수 있다. 이 때문에 치료를 시작하는 것이 한 번의 삽화만을 가진 단극성 우울증이나 공황장애 환자에 비하여 부담스러운 일이 될 수 있다. 그럼에도 불구하고, 가능한 경우 IPSRT의 초기 회기들은 치료자와 환자의 대화처럼 보여야 한다. 그 대화에서 치료자는 모든 대인관계 치료에서 특징적인 것과 같이 공감적 태도를 유지하지만, 초기 사례개념화를 위하여 필요한 모든 정보들을 수집하기 위하여 충분히 구조적으로 대화를 나누어야 한다. 부록 6은 치료자가 치료 초기에 해야 할 일들의 체크리스트이다. 이것을 환자 차트의 안쪽에 끼워 두고 초기 IPSRT 회기들 동안 참고하는 것이 유용할 것이다.

7장

치료 오리엔테이션과 개인화된 치료 계획

6장에서 분명히 했듯이, 환자에게 대인관계 및 사회적 리듬 치료(IPSRT) 오리엔테이션을 제공하고 치료에 대한 동의를 얻는 것은 평가와 과거력 조사 이전부터 시작되는 과정이다.

처음 환자를 만날 때 위급 상황이 아니라면, 우리는 IPSRT가 무엇이며 환자가 이 치료를 시도해 보기로 동의한다면 어떤 일들이 있을 것인지를 전반적으로 설명한다. 이러한 설명 시 우리가 이야기하는 내용은 환자가 얼마나 오래 양극성 장애를 겪어 왔는지, 병에 대해 환자가 무엇을 알고 있는지 그리고 과거 어떤 치료 경험을 해 왔는지에 따라 달라진다. 제I형 양극성 장애 환자에게 우리는 IPSRT가 적절한 약물치료와 함께 적용되도록 만들어진 것이라는 점을 명확히 해야 한다. 그리고 대인관계 문제, 사회적 리듬 붕괴 그리고 양극성 장애 삽화 간의 연결성에 대한 증거를 간략히 이야기한다. 우리는 환자의 대인관계와 매일매일의 일상 패턴에 대하여 알고 싶다고 설명한다. 그런 정보들을 갖게 되면, 그 영역들에서의 변화, 증상 호전과 이후 재발을 예방할 변화들을 위한 계획을 환자와 함께 세울 것이다. 환자가 이것이 합당하다고 동의한다면 과거력 조사를 시작한다.

병력 도표를 만들 때에도 동의 과정이 계속된다. 치료자는 안정적인 사회적 리듬을 갖추는 것이 환자에게 이득이 된다는 함의를 염두에 두고, 사회적 리듬 붕괴와 병의 악화 간의 연관성을 입증해 나간다. 대인관계 질문지를 작성하면서도 만족스러운 대인관계를 갖는 것이 기분 안정에 도움이 된다는 함의를 가지고, 대인관계 문제, 사회적 역할에서의 변화가 기분 증상 및 삽화와 관련있다는 점을 확립해 나간다. 1장에서 소개되고 6장에서 병력 도표를 제시했던 Jill의 사례를 돌이켜 보자면, 초기의 기분삽화들도 사회적 일과의 변화와 관련되어 있음을 알 수 있다. 고등학교 시절에 봄, 여름의 더 긴 일과와 여름방학 동안의 일과 부재는 기분과 에너지 저하와 상관이 있었다. 더 규칙적인 일과를 보내고 있을 때에 기분이 더 나았다. Jill의 사례에서 완전한 조증 삽화를 가져온 것은 첫 자녀의 출산과 연관된 중대한 호르몬과 리듬 붕괴였다.

Jill의 사례에서 눈에 띄는 것은(그리고 수년간 양극성 장애를 겪으면서도 어떠한 심리치료적 도움을 받지 못했던 환자들의 사례에서 흔하게 나타나는 것은) 개인적 · 직업적 삶의 측면에서 발생하는 매우 큰 손실이다. 환자들로 하여금 큰 손실을 이해하도록 돕고 병에 대한 통제력을 가질 가능성을 제안하는 것은 IPSRT의 맥락에서 앞으로 요구하게 될, 환자들 입장에서 어려운 변화들과 노력의 근거를 마련하는 한 가지 방법이다. Jill과 같은 환자에게 양극성 장애가 아니었더라면 현재 자신의 삶이 어떠했을지 생각하게 하는 것은 매우 고통스러운 일이다. 그렇지만 Jill과 같이 이 병으로 인해 진정 무력하다고 느끼는 사람에게 노력할 동기를 부여하는 일이 될 수도 있다. Jill과 같은 환자들은 약물치료만으로는 병을 통제할 수 없다는 점을 인식하고 있으며 회복을 위해 스스로 무언가를 할 수 있는 것이 있다는 점이 안도감을 줄 수 있다.

양극성 장애 병력이 길지 않은 Tad와 같은 환자에게는 생활양식에서의 변화는 고사하고 치료 필요성 자체를 설득하기가 더 어려울 수 있다. Tad와 같은 젊은 환자 또는 첫 삽화를 겪는 환자에게 있어 목표는 장애에 대한 그리고/또는 장애의 결과에 대한 부정을 다루는 것이다. 그러한 경우에 당신은 환자가 부정을 깨고 치료를 받지 않는 것의 대가를 경험할 때까지 충분히 오래 치료를 유지할 수 있도록, 치료자로서 동원할 수 있는 전문적 기술을 모두 사용해야 한다. 이때 우리는 '치료 불순응을 정상화' 하곤 하는데, 그들이 약을 복용하지 않기를 원하고 치료에서 중도 탈락하길 원할 것이라 예상한다고 환자들에게 이야기한다. 환자들에게 이와 관련한 감정을 이야기해 보도록 하고, 그러한 감정들을 최대한 수용하려고 노력하면서 동시에 그러한 선택의 결과가 무엇일지에 대해 상기시킨다.

그러한 환자들이 치료를 조기 종결하는 일은 자주 발생한다. 우리가 그런 행동까지도 정상화할 때, 환자들은 (어떤 문제에 부딪혔거나 또는 병이 자신의 삶의 목표에 방해가 된다는 점을 성찰하게 되었을 때) 다시 치료를 받으러 돌아오기도 한다. 그러나 어떤 환자들은 IPSRT 내의 어떠한 작업에도 참여하려고 하지 않거나 그럴 수 없기도 하다. 그런 경우 당신은 계속적인 약물치료의 중요성을 강조하면서 심리치료를 받지 않더라도 약물치료에서 얻을 것으로 기대되는 이득을 설명한다. 마지막으로 어떠한 치료도 받을 준비가 되어 있지 않은 양극성 장애 환자들도 있다. 이런 환자들에게는 당신이 그들의 힘겨움에 대해 이해한다는 점을 전달하면서 향후 마음이 바뀌면 치료에 찾아올 가능성을 열어 두는 것이 중요하다.

다른 치료법들을 설명하기

3장에서 이야기했듯이, 환자에게 약물치료를 비롯하여 다른 가능한 양극성 장애 치료법들에 대한 정보를 제공해야 한다. 만약 환자가 다른 치료법들 중 특정한 치료법에 관심을 표현한다면, 그 치료법이 특히 도움이 되리라고 생각하는 이유를 탐색해야 한다. 그 치료법이 사용 가능하다면, 환자에게 그것이 가능한 치료자를 만나서 현재 자신에게 어떠한 접근이 가장 적절할지 결정을 내리도록 할 수 있다. 만약 환자가 부부치료나 가족치료에 관심을 표명하면, 그러한 치료를 병행하는 것을 고려해 볼 수 있다. Miklowitz와 Goldstein의 가족중심치료를 IPSRT와 병행하는 것은 특히 재발 위험성이 높은 환자들에게서 치료 효과가 고무적이었다(Miklowitz et al., 2003 참조).

치료 계획을 설명하기

과거력 조사, 오리엔테이션 그리고 치료 동의가 완료되면, 환자에 대한 구체적인 치료 계획을 상세히 이야기한다. 치료의 두 가지 초점이 사회적 일과를 안정화시키는 것과 대인관계적 · 사회적 기능을 향상시키는 것에 있다는 것을 설명한다. 환자의 과거력을 조사하며 이 두 가지 영역에서 발견한 구체적인 이슈들을 언급하면서, 치료자 생각에는 어떤 대인관계 문제영역에서 치료를 시작하는 것이 도움이 될 것 같은지를 제안한다. 개별 사례에 따라 2개 정도의 대인관계 문제영역을 제안하고, 어떤 영역이 가장 최근의 기분삽화 발병과 연결되어 있다고 생각하는지 환자의 의견을 물을 수도 있다. 그런 다음 치료에서 IPSRT의 사회적 리듬, 대인관계 측면이 어떻게 결합되어 진행되는지를 설명하면서, 사회적 리듬 안정화에서 시작하여, 사회적 리듬 안정성에 지속적인 주의를 기울이면서 선택된 대인관계 문제영역 쪽으로 치료의 초점이 옮겨간다는 것을 이야기한다. 환자의 과거력, 임상적 상태 그리고 경제적 상황에 따라서, 16~20회기의 비교적 단기치료 또는 2~3년간 지속될 수도 있는 급성기-계속-유지치료 프로그램의 계약을 한다. 후자의 경우 환자가 각 치료 단계에 돌입할 때마다 치료 동의를 갱신한다. 특히 환자가 급성기에 있거나 치료에 대해 양가적이라면, 동의 과정에서 환자의 가족을 포함시킬 수도 있다. 이 과정에서 환자 가족이나 가까운 친구를 참여시키는 것은 치료에서 환자에게 요구되는 변화가 어떤 것인지를 지인들이 이해하고, 그들이 치료 작업을 어떻게 도울 수(적어도 방해하지 않을 수) 있을지에 대해 설명할 기회를 마련해 준다는 점에서 추가적인 이득이 있다.

개인화된 증상 관리 계획

제I형 양극성 장애 환자들에게 있어 증상 관리 계획은 약물치료 그리고 리듬 안정화 및 기분 조절에 집중하는 행동적 개입을 모두 포함할 것이다. 이러한 원칙에 예외적인 경우는 현재 임신 중인 여성 환자(아마도 임신 초기에 해당될 것임)이거나 최근 수년간 조증 삽화를 경험한 적이 없는 환자이다. 그렇지 않다면 약물치료는 제I형 양극성 장애의 관리에 핵심적이다. 제II형 또는 덜 심각한 유형의 양극성 장애 환자에게는 증상 관리 계획이 주로 행동적 개입으로 이루어질 수도 있다.

약물치료에 의한 증상 관리

증상 관리를 위한 약물치료에 현재로서 가능한 선택지들은 3장에서 논의된 바 있다. 당신이 환자에게 약물을 처방하는 의사이든 아니든 간에, 당신은 환자에게 약물과 부작용에 대하여 교육시키고, 약물 반응을 관찰하도록 하며 약물치료로부터 최대한의 이득을 얻어 낼 수 있도록 돕는 데 일정한 역할을 가지고 있다. 만약 당신이 처방의가 아니라면, 환자에게 약물을 처방하는 의사와 협력적인 관계를 수립하는 것이 중요하다. 이상적인 상황에서는 당신과 처방의가 환자를 함께 보는 것이 좋지만, 이것은 언제나 가능하지도, 실용적이지도 않다. 최소한 환자의 기분이 불안정할 때는 진전과 악화에 대하여 약물치료자와 자주 의논할 수 있어야 하며, 만약 환자가 급격히 악화된다거나 걱정스러운 부작용을 겪는 것을 관찰한다면 즉각 연락을 취할 수 있어야 한다. 대부분의 처방의는 당신의 개입을 반가워할 것이며 환자의 경과를 관찰하는 또 다른 사람이 있다는 사실에 기뻐할 것이다. 그러나 때로 자신의 환자를 치료하는 데 또 다른 치료자가 '간섭'할 권리가 없다고 느끼는 의사들을 만나게 될 수도 있다. 그러한 경우에는 어느 정도의 치료적 협력을 위하여 모든 사회적 그리고 외교적 기술을 동원하는 것이 필요할 것이다.

환자에게 약물 교육을 시키는 데 있어, 기분삽화를 치료하는 모든 약물에 대하여 간략히 검토하고 이러한 약물들이 어떻게 작용하는지에 관해 알려진 바를 간략히 설명한다. 그러나 약물 교육의 대부분은 당신의 환자에게 처방된 그 약물에 초점을 맞춘다. 만약 치료 중 환자의 약물치료 계획이 변경된다면, 새로운 약에 대한 추가적인 교육을 제공해야 할 것이다. 환자에게 정신과 약물에 대해 교육시키는 데 있어 매우 중요한 측면은 약물 복용 시 증상이 나아지는 데 걸리는 대략적인 시간과 언제 정상 기능으로 돌아갈 것으로 기대해도 되는지에 관한 매우 구체적인 (그리고 현실적인) 정보들이다. 마지막으로 환자가 (그리고 가족들이) 단지 약물에 대한 반응이 아니라 증상의 완전한 관해를 기대할 수 있도록 격려해야 한다.

조증 치료의 경우에는 환자가 과도하게 가라앉거나 다른 원치 않는 부작용을 경험하지 않으면서 조증 증상이 빠르게 통제되는 것을 확인해야 한다. 새로운 비정형 항정신병 약물들을 사용하게 되면서 이것은 합리적인 기대가 되었다. 만약 환자가 체중 증가를 경험하기 시작한다면(이것은 리튬, 발프로산뿐만 아니라 비정형 항정신병 약물들 중 일부에서 흔하게 나타나는 부작용이다), 더 심각해지기 전에 조절할 수 있는 방안들을 환자에게 제안할 수 있다. 기존의 체중 조절 프로그램(Weight Watchers, Jenny Craig 등) 중 어떠한 것이든 이런 경우 도움이 될 수 있다는 것을 시사하는 증거들이 있다. 비정형 항정신병 약물을 만드는 제약회사들 중 일부는 환자들에게 무상으로 개인화된 프로그램을 제공하기도 한다. 이것은 환자와 함께 탐색해 볼 만한 하나의 선택지이다. 만약 환자가 정형 항정신병 약물을 복용 중이라면, 추체외로 부작용이 발생하지 않는지 면밀하게 살펴보아야 한다. 때때로 복용량 감소가 이러한 부작용들을 조절하는 데 도움이 될 수 있다.

우울증 치료의 경우 기분조절제에 항우울제가 추가될 것이다. 리튬이나 발프로산만으로 우울증의 완전 관해에 도달하는 양극성 장애 환자들은 드물며, **완전 관해가 목표가 되어야만 한다**. 임상가들은 조증 시기에 환자가 유발할 수 있는 손해들을 두려워하기 때문에, 많은 환자가 (경조증의 시작처럼 보일 수도 있는) 완전한 관해를 위하여 치료를 받기보다는 완전한 우울증에는 미치지 못하지만 장기간 남아 있는 경미한 우울을 가진 채로 살아간다. 우울증 치료는 조증 치료보다 훨씬 더 천천히 진행될 가능성이 있다. 완전 관해가 이루어지려면 수개월이 걸릴 것으로 생각하는 편이 합당하다. 따라서 당신이 치료자로서 해야 할 일은 일정한 진전이 분명해질 때까지 환자에게 희망을 갖도록 격려하는 것이다. 또한 괴로운 부작용에 대하여 질문하고 환자가 부작용을 관리할 수 있도록 모든 노력을 다해야 한다(이와 관련된 시사점들은 10장을 보라). 만약 환자가 나아지지 않거나 부작용이 정말로 참기 어려운 수준이라면 약물 변경을 고려해야 한다.

환자를 도울 수 있는 또 다른 방법은 우울이 호전된 후 언제 항우울제 치료를 중단할 것인지 결정할 수 있도록 돕는 것이다. 과거 제I형 양극성 장애 환자들에게 항우울제 치료는 단기간으로만 이루어져야 한다고 생각되었으며, 이는 항우울제가 조증을 유발할 수 있다는 우려 때문이었다. 그러나 지금은 관해가 된 후 몇 달이 지난 시점일지라도 항우울제 치료를 중단하는 것이 우울 재발의 위험성을 유의하게 증가시키나 조증 재발 위험성과는 유의한 관련이 없다는 점을 시사하는 연구들이 있다(Altshuler et al., 2003; Ketter et al., 2003). 다만, 환자가 항우울제 장기 복용을 어렵게 하는 부작용(특히 성기능 장애와 체중 증가)이 있을 수 있으며, 이는 위험편익 분석에 포함되어야 한다.

당신이 할 수 있는 또 다른 역할은 환자가 응급 약물(rescue medication)을 사용하는 데 있어 신중한 판단을 내리도록 돕는 것이다. 이는 당신과 처방의가 이러한 약물을 환자에게 주었거나 응급 시 몇 시간 내에 처방받을 수 있도록 조치를 해 준 경우에 필요할 것이다. 하루 이틀 밤 동안 잠자기 힘들 때 (또는 잠잘 필요가 없을 것처럼 느껴졌을 때) 저용량의 항정신병 약물이나 벤조디아제핀을 복용하면 많은 경우 완전한 조증 삽화로 이행되는 것이 방지된다고 믿는다. 응급 약물 사용에 대한 더 심도 있는 논의에 관해서는 10장을 보라.

행동적 증상 관리

치료 초기 동안 사회적 리듬 차트를 작성하도록 했을 것이다. 만약 환자가 매우 우울하거나 와해되어 있거나 '숙제'에 대한 저항이 강하다면, 5문항의 짧은 SRM-II로 시작할 수도 있을 것이다. 그렇지 않다면 환자의 생활양식에 대한 보다 완전한 그림을 얻을 수 있는 17문항 버전으로 시작하는 것이 좋다.

환자가 3~4주 동안 SRM을 작성한다면, 치료자는 환자와 함께 초기 SRM들을 검토하면서 특히 불안정한 리듬을 찾아볼 수 있다. 예를 들어, 환자가 어떤 날은 밤 10시에 잠자리에 들었다가 다음날은 새벽 2시에, 그 다음날에는 자정에 잠드는가? 주중에는 생활이 규칙적이다가 주말이 되면 극단적인 변화가 발생하는가? 만약 주말이 평소와 다르다면, 이것이 호전에 도움이 되는 방향인가? 식사 시간은 일정한가? 또는 환자가 간헐적으로만 먹는가? 이것은 배가 고프지 않아서인가 아니면 규칙적인 식사를 할 만한 여유가 허락되지 않아서인가? 환자가 '타인이 매우 자극이 됨'이라고 표시한 상황들은 얼마나 자주 있는가? 그러한 만남 후에 환자가 수면을 잘 취하는가?

대인관계 문제영역을 선택하고 계약하기

개인화된 치료 계획의 또 다른 부분은 대인관계 문제영역에 관한 것이다. 대인관계 문제영역의 선택은 어떤 IPSRT 문제영역이 환자의 현재 (또는 가장 최근의) 기분 삽화 시작과 관련되어 있는가에 달려 있다. 이러한 원칙의 한 가지 예외는 '건강한 자기를 상실한 것에 대한 애도' 영역의 선택이다. 이 문제영역은 양극성 장애에 대한 환자의 낙담 수준에 대해 치료자가 염려하고 있을 때 또는 치료 순응에 방해가 될 정도로 환자가 병에 대한 고통 그리고/또는 부정이 심각할 때 선택된다.

일차적인 대인관계 문제영역이 무엇인지가 분명해지면, 환자에게 쉽게 이해 가능하고 비판단적인 용어로 설명한다. 약간의 토론과 아마도 환자가 이 문제를 어떻게 생각하느냐에 따라 재개념화한 후에는 이것이 치료의 대인관계 부분의 초점이 될 것이라는 합의에 이를 수 있게 될 것이다. 그런 다음 이 문제에 접근하기 위하여 당신과 환자가 어떻게 진행해 나갈지, 그 과정에서 환자가 치료자에게 무엇을 기대할 수 있는지 그리고 치료자가 환자에게 무엇을 기대하는지를 일반적인 용어로 설명한다.

때로 치료자가 환자의 현재 기능에 있어 특정 문제영역의 부정적 여파를 분명히 볼 수 있음에도 불구하고 환자는 그 문제를 같은 방식으로 보지 않는 경우가 발생할 수 있다. 이것은 환자가 인정하기를 원치 않는 부부관계상의 역할 갈등인 경우에 자주 발생한다. 이때 현명한 IPSRT 치료자라면 치료 초점의 선택을 두고 환자와의 권력 투쟁(power struggle)에 돌입—이는 환자가 조기 탈락하거나 또는 치료 과정에 충분히 몰입하지 못하는 결과로 이어질 가능성이 높다—하기보다 결국 환자가 겪는 어려움의 근본 원인을 향하여 치료가 진행될 것이라는 희망을 가지고 환자가 기꺼이 작업하고자 할 방식으로 그 문제를 재개념화할 방법을 고안해 낼 것이다. 다음의 사례에서 환자는 매우 우울한 상태로 치료를 받으러 왔는데, 자신의 우울증이 남편과의 문제 때문이라는 것을 결코 생각하지 못했다. 어머니 및 자매들과의 따뜻하고 가까운 관계 덕분에 그녀는 자신의 결혼생활이 얼마나 공허한지 자각하지 못했다. 원가족과 함께 있는 한 그 안에서 그녀의 정서적 욕구는 충족되었다. 만약 치료자가 즉각적으로 결혼관계에서의 역할 갈등을 치료의 초점으로 제안하였더라면 환자는 1~2회기 내에 조기 탈락했을 것이다.

사례 예시

Marilyn은 최근 중서부 도시로 이사하였는데, 거기서 양극성 우울증으로 치료를 받게 되었다. 그녀는 약 10년간 기분장애 증상이 회복된 채로 지내 왔고, 남편이 전출 제안을 받아들이기 전까지는 뉴잉글랜드 지방에서 초등학생 자녀 둘을 키우며 행복한 결혼생활을 해 왔다. 뉴잉글랜드에서 그녀는 다섯 자매 중 하나로 가족 내의 친밀한 사회적 지지체계를 갖추고 있었다. 그녀와 어머니 그리고 자매들은 거의 모든 것—쇼핑, 요리, 자녀들을 축구 연습에 데려가는 것, 교회에 가는 것—을 함께 했다. 그때는 남편 Mark가 거의 집에 없다는 점이 그리 중요하게 작용하지 않았다. 그러나 지금은 매우 중요한 문제가 되었다. Marilyn은 새로운 환경에서 혼란스러웠다. 새 동네에서 어딘가를 찾아다니는 것이 늘 어려웠지만, 남편은 일 때문에 너무 바빠서 가족들을 데리고 어딘가에 가거나 길 찾기를 도와줄 여력이 없었다. 더욱이 자가용이 미덥지 못했는데, 이는 어머니의 차를 빌릴 수 있거나 차가 고장 나면 가족들이 와서 고쳐 주던 뉴잉글랜드에서는 전혀 문제가 되지 않았던 일이었다. 이사 후 몇 달만에 Marilyn은 거의 모든 것을 불가능하게 만드는 심각한 우울증에 빠졌다. 그녀는 과거 자신이 겪었던 증상들을 인식할 감각을 보유하고 있었으나, 자신의 삶에서 새로이 벌어지는 일들은 이해하지 못했다. 어려서부터 오래도록 사귄 연인과 결혼한 그녀는 Mark의 부주의함과 사려 깊지 못함이 자신을 이 상황으로 이끌어 왔다는 것을 보지 못하였고 그렇게 생각하고 싶지도 않았다. 직장에서의 전출을 받아들일지에 관해 Mark는 그녀와 전혀 의논하지 않았고, 그는 이사가 Marilyn의 삶 그리고 더욱 중요하게는 양극성 장애의 경과에 어떤 여파를 미칠지에 대해서도 생각해 보지 않았다. 현재도 그는 아내의 상태를 이해하지 못했다. 완벽한 동네에 아름다운 새 집이 있고 필요한 것을 살 돈이 있고 잘 자라는 아이들과 사랑하는 남편이 있는데 도대체 왜 아내는 우울해하는가?

Marilyn의 IPSRT 치료자로서 당신은 Marilyn과 Mark 사이에 격한 다툼은 없지만 서로의 역할 기대에서 비상호적인 면이 있다는 점을 알아차릴 것이다. 또한 그러한 비상호적 기대—그녀가 자신의 원가족에 둘러싸여 남편에게 의지할 필요가 없었을 때에는 숨겨져 있던 역할 갈등—가 우울증 발병에 핵심적이라는 것도 알 수 있을 것이다. 그러나 지금 Marilyn은 자신의 상황을 이렇게 이해하기에는 너무나 취약해져 있기에 치료자가 역할 갈등에 초점을 맞춘다면 치료를 계속 받지 않을 가능성이 있었다. 치료자로서 첫 번째 과제는 환자를 치료에 참여시키는 것이기 때문에, 언젠가 그녀가 충분히 힘을 회복하게 되면 Marilyn과 Mark 사이의 역할 갈등 문제를 다룰 수 있으리란 생각을 가지고 우울증 치료가 시작될 수 있게끔 현 상황을 그녀 자신에게 수용 가능한 방식으로 설명할 방법을 생각할 것이다. 숙련된 IPSRT 치료자는 Marilyn에게 문제영역을 역할 전환으로 제시할 것이며, 새로운 지역사회의 일부가 되는 과정에 그녀를 참여시키고자 노력할 것이다. 이 문제가 해결되고 나면 (그녀가 당시 처해있던 상황에 기여한) 결혼생활과 관련된 측면들에 접근하는 것이 가능해질 것이다. Marilyn, Mark와 함께 앞으로의 문제해결 시 보다 상호적인 접근을 취할 수 있도록 치료 작업을 할 수 있을 것이며, 이는 추후 우울증 재발을 막는 데 도움이 될 것이다.

IPSRT 치료 계약은 얼마나 길게 지속되는가

IPSRT 치료 계약의 기간은 양극성 장애의 종류(제I형, 제II형 또는 NOS), 치료 시작 시 환자의 임상적 상태, 병력, 가족력 등에 따라 매우 달라진다. 발병한 지 얼마 되지 않아 병력이 짧지만 (오래도록 쇠약해지는 우울증이나 심각하게 파괴적인 조증이 있는) 가족력을 보고하는 환자라면 치료를 좀 더 오래 지속해야 한다. 치료에 양가적인 환자는 치료자에게 이와 관련하여 판단할 만한 근거를 충분히 제공하지 않을 수 있으나, 우리의 경험상 치료 동기가 있는 환자들은 얼마나 자주 그리고 얼마나 오래 치료가 필요할지에 관해 잘 알고 있다. 후자의 경우 환자들은 치료 계약 기간을 결정하는 데 핵심적인 역할을 해야 한다.

현재까지 유일하게 완료된 IPSRT 연구에서 우리가 얻은 결과에 따르면, 급성기에만 IPSRT를 받았을지라도 치료 동기가 있는 환자들은 치료자의 피드백이나 공동 문제해결 없이도 일종의 사회적 리듬 조절을 계속해 나가고 이것이 새로운 기분삽화의 발생을 예방할 수 있는 것으로 보인다. 또한 비교적 짧은 (약 16~20회기) IPSRT 후에도 다수가 휴식과 활동 사이의 균형을 유지하며 일과의 변화들에 적응해 나갈 수 있었다.

아마도 상대적으로 심각하고 빈번하게 재발하는 제I형 양극성 장애 환자들의 경우에는 16~24주간 매주 1회씩 진행되는 급성기 치료, 2~3개월간 매달 2회씩 회기를 갖는 지속 치료, 적어도 1년간 매달 1회의 유지치료의 순서로 진행하는 것이 가장 도움이 될 것이다. 이는 치료자와 환자가 기분이 비교적 안정적인 시기 동안 그리고 조증, 우울증 증상이 증가하거나 완전히 재발할 때에 증상 관리 계획이 제대로 기능하는지를 확인할 기회를 제공해 준다. 또한 다양한 임상적 상태에서 환자가 치료자의 도움을 받아 증상 관리 계획을 실전 연습해 볼 기회가 된다.

반대로 잘 통제된 제I형 양극성 장애 환자 또는 제II형 양극성 장애 환자가 이미 양호한 대인관계, 사회적 기능을 더 증진하거나 미래의 기분삽화를 예방하기 위한 목적으로 치료를 받게 될 때에는 12~16회기의 IPSRT만으로도 필요한 바를 얻을 수 있다. 이러한 단기치료를 채택한다 하더라도, 치료 후기로 갈수록 회기의 빈도를 점차 줄여 가는 것이 최선이며 일상에서의 실험을 위한 시간을 가질 수 있도록 마지막 회기는 이전 회기로부터 2~4주 떨어진 시점에 잡는 것이 좋다.

마지막으로 양극성 장애는 평생 지속되며 표면적으로 상태가 계속 변화하므로, 우리는 추후 회기에 대한 가능성을 언제나 열어 둔다. 실제로 우리는 공식적으로 치료가 종결된 후에도 특정 빈도로, 예를 들면 3~4개월 간격으로 추후 회기를 가지기도 한다. 또한 치료 종결 시 환자가 다른 곳으로 이사하게 된다면, 비록 당시에 추가적 치료를 생각하고 있지 않다 하더라도, 이사 가는 곳에서 치료자와 만나 볼 것을 권한다. 양극성 장애의 특성상 적절한 약물치료 계획을 주의 깊게 준수하더라도 환자가 일생 동안 여러 차례의 우울증, 조증 또는 경조증 삽화를 겪게 되는 것이 전형적인 패턴이다. 그러한 기분삽화가 가져올 수 있는 피해를 최소화하는 좋은 방법은 재발 시 치료를 재개할 준비가 되어 있는 임상가와 강력하고 일관된 관계를 유지하는 것이다.

8장

증상 관리: 사회적 리듬의 안정화와 행동 활성화

대인관계 및 사회적 리듬 치료(IPSRT)의 증상 관리 개입은 대부분 사회적 리듬 차트(SRM)를 기초로 이루어진다. 명시적인 목적은 일과를 규칙적으로 만드는 것이지만, 이는 환자들의 활동 수준과 활동이 기분에 미치는 효과를 다루기 위한 목적도 있다. IPSRT에서는 환자의 임상적 상태와 과거 병력상 우울증 대 조증의 상대적 빈도에 근거하여 저활동성과 과활동성을 모두 방지하는 데 관심을 기울인다.

환자가 이러한 변화들을 이루어 내도록 격려하는 데 있어서 치료자는 일주기 체계가 기분장애에 미치는 영향, 기분삽화의 시작과 유지에 일주기 체계 교란이 미치는 영향에 관해 다시금 개관한다. 이와 같은 심리교육적 개입의 기본 요소는 양호한 수면위생이며, 규칙적인 기상 시간을 지키고, 수면이 방해되거나 짧아질 때 카페인이나 자극제 사용을 피하고, (운동이 수면을 유도하기보다 자극이 될 수 있으므로) 잠자기 전보다는 낮 시간 동안 운동을 하고, 침대는 (텔레비전 시청, 숙제, 장시간의 독서가 아닌) 잠을 자는 공간으로만 사용함으로써 침대와 수면 간의 연관을 만드는 것 등이다.

환자와 함께 사회적 리듬을 측정하면서, (치료자가 가진 능력의 최대치 내에서) 관찰된 사회적 리듬 불안정성이 증상으로 인한 것인지 또는 스스로 부과한 생활양식으로 인한 것인지를 결정해야 할 필요가 있다. 리듬 불안정성의 원인이 무엇이든지 간에 환자가 리듬을 안정화하도록 돕는 것이 중요하지만, 그러한 조절의 중요성 이면의 논리적 근거는 다를 수 있다. 환자가 급성기에 IPSRT를 시작하는 경우와 같이 리듬 불안정성이 증상과 관련되어 있다면, 환자에게 리듬 안정화가 현재 증상들을 관리하는 데 도움이 될 것이라고 이야기한다. 대신 환자의 리듬 불안정성이 주로 스스로 부과한 것이라고 판단된다면, 리듬 불안정성이 완전한 회복을 저해한다고 이야기한다. 둘 중 어떠한 경우에도 사회적 리듬 안정화가 즉각적인 증상 감소에 덧붙여 장기적인 보호 효과를 가질 수 있으며, 정상 기간을 늘리고 삽화 간 기간에 환자의 기능 수준을 향상시킬 수 있다는 점에 환자가 확신을 가질 수 있도록 노력해야 한다.

우리는 기분장애 환자들이 경험하는 통상적인 사회적 리듬 안정성 수준이, 특히 환자가 기분삽화의 급성기에 있는 것이 아니라면, 기분장애가 없는 사람들의 그것과 반드시 양적으로 다르다고 생각하지는 않는다. 다만, 우리는 이 치료적 접근을 최대화하기 위하여 **양극성 장애 환자들이 기분장애력이 없는 사람에게 '필요한' 것보다 더 높은 수준의 안정성을 유지할 때 얻는 이득이 있다**고 주장한다. 마치 천식이 있어서 자신을 보호하기 위하여 다른 사람들보다 주변 환경, 행동을 변경해야 하는 사람처럼, 양극성 장애 환자는 다른 사람들에게는 별다른 소용이 없을 수도 있는 생활양식 변경으로부터 이득을 얻을 수 있다.

그런 다음 리듬 안정화를 저해하는 대인관계 문제들의 근원과 환자를 지지해 줄 사람이 누구인지를 탐색하면서, 리듬 안정화 과정이 어떻게 진행될지를 이야기한다. 그리고 환자의 사회적 상호작용 및 그 외의 잠재적인 과잉자극의 빈도와 강도, 수면의 시간대와 규칙성 그리고 환자가 중요하다고 생각하는 다른 사회적 리듬(예: 일하는 시간대)을 논의한다. 이 과정의 마지막 즈음에 치료자와 환자는 치료가 진전되면서 수정될 가능성이 있다는 것을 감안하더라도, 일과의 변화 과정을 시작하기 위한 잠정적이지만 분명한 계획을 세울 수 있어야 한다.

이 과정을 관리하기 위한 잠정적인 초기 계획은 그다음 주를 위하여 사회적 리듬 안정화 스케줄(Social Rhythm Stabilization Schedule; 부록 7)과 미래의 안정화 목표 차트(Future Stabilization Goals Chart; 부록 8)에 정리한다. 이 계획은 환자가 가장 긴급한 그리고 좀 더 장기적인 목표들에 대하여 인식할 수 있도록 해 주고 그 목표들이 달성 가능할 것이라는 얼마간의 자신감을 준다. 이로써 환자는 향후 조증 또는 우울증 삽화를 방지한다는 일견 극복하기 어려워 보이는 목표에 압도되기보다는, 일례로 앞으로 1주일간 아침 9시에 일어나는 것과 같이, 비교적 어렵지 않은 과제에 집중할 수 있게 된다.

리듬 붕괴의 촉발요인 찾기

사회적 리듬 안정화 계획이 시작되면, 치료자와 환자는 SRM 자료 및 다른 최근 과거력 정보를 검토하면서 이 특정 환자의 삶에서 무엇이 수면 및 사회적 자극 등의 증감과 연결되는지를 찾아내야 한다. 외부 자극(물리적 · 사회적 차이트게버)뿐 아니라 내적인 인지적 · 정서적 각성으로 인하여 문제가 되는 상황들(콘서트, 전시회, 연극, 강의 등)도 있을 수 있다. 그러한 상황이 확인되면, 생활에서 과잉자극의 빈도와 강도를 조절하기 위한 전략을 개발한다.

사례 예시

42세의 싱글 여성인 Tammi가 치료를 시작했을 때, 그녀는 자신의 조증 삽화 중 대부분이 사회적·지적 과잉자극과 관련되어 발생했다는 점을 잘 알고 있었다. 그녀는 중책을 맡고 있는 영업 사원이었는데 대부분의 조증 삽화들은 감명을 주는 영업 수련회(sales retreat) 이후에 시작되었다. 그러나 그중 한 번의 조증 삽화는 어떻게 시작되었는지 수수께끼로 남아 있었다.

몇 주간의 IPSRT 이후 그녀는 특히 바쁜 근무일에 시작된 그 조증 삽화가 어떻게 촉발되었는가를 이해하게 되었다. 당시 그녀는 웨이트리스로 일하고 있었다. 생리를 막 시작하였던 그녀는 전날 밤 잘 자지 못했고 정오쯤 직장에 도착했을 때 벌써 피곤함을 느꼈다. 그녀가 일하던 식당은 몹시 붐비는 곳이었다. 그녀는 8시간 동안 일했는데 다른 웨이트리스 동료가 병가를 내면서 그 시간 동안 평소보다 약 2배의 손님들의 시중을 들었다. 상사는 그녀에게 4시간을 추가로 일해 줄 것을 요청했다. 이 추가 근무시간 동안 식당은 더욱 바빠졌고 일의 속도는 가히 미칠 지경이었다. 12시간 근무가 끝나갈 즈음 그녀는 체력적으로는 기진맥진했지만 동시에 극도로 '흥분'되었고, 이는 그날 만났던 많은 사람들, 기억해야 했던 다수의 주문서들, 초과 근무를 두고 상사와 살짝 말다툼을 벌였던 것이 모두 합쳐진 결과였던 것 같았다. 주말 동안 그녀는 몇 시간 거리에 있는 부모님 댁에 가기로 계획했었으나, 퇴근할 때가 되자 너무 피곤해서 거기까지 가기가 어려웠다. 그러나 놀랍게도 집에 돌아왔을 때는 잠들 수가 없었고 밤새 거실을 왔다 갔다 했다. 다음날 점심쯤 그녀는 아래층에 사는 이웃의 신고로 조증성 흥분 상태에서 응급실로 이송되었다.

이 사건을 IPSRT 치료자와 논의하면서 Tammi는 이 조증 삽화가 신체적 스트레스와 과도한 사회적 상호작용이 결합된 결과로 발생하였으며, 상호작용이 정서적으로나 지적인 측면에서 그리 자극적이지 않은 경우라도 그럴 수 있다고 이해하게 되었다. 이 삽화의 발병에 대한 더 심도 있는 탐색은 생리 시작 전 기간과 생리 첫 1~2일이 특히 기분장애를 비롯한 어느 장애이든 취약 시기가 될 수 있으며 따라서 삽화의 유발을 피하기 위하여 매우 주의가 요구된다는 점에 대한 대화로 이어졌다.

활동 대 비활동

적절한 균형 찾기

이 과정의 초반(리듬 안정화 계획 수립하기, 리듬 붕괴의 촉발요인 찾기)이 비교적 짧은 시간 동안 진행될 수 있는 것에 비해, 이 과정의 세 번째 그리고 네 번째(적절한 균형 찾기, 변화에 적응하기)는 장기간의 시행착오/실험을 요한다. 사회적 리듬 안정화의 이 측면은 수 주간의 노력을 필요로 할 수도 있다. 활동과 상호작용을 검토하기 위하여 SRM-II를 사용하면서 각 환자에게 가장 균형 잡힌 기분 상태와 연관되는 수면, 사회적 상호작용, 지적 자극의 양을 찾아내도록 노력해야 한다.

사례 예시

7년간 양극성 장애를 겪어 온 35세의 영업사원인 Jim은 수면 박탈과 기분삽화 발병의 관계에 대해 인식하게 되면서, 잠이 부족한 날을 만들지 않기 위하여 수면을 모니터링하고 활동을 조절하려는 동기를 매우 강하게 갖게 되었다. 6회기에서 그는 편도 4시간의 운전이 필요한 출장 계획에 대하여 이야기하였다. 예전에는 이러한 출장에 대해 미리 아무 생각도 하지 않았었고, 하루 안에 왕복 운전을 해서 출장을 떠나기 전날 밤의 수면 시간과 돌아온 날의 수면 시간이 급감하곤 했었다. 그런 출장에서 돌아온 날에는 **잠들기가** 자주 어려웠다는 것을 깨달았다. 수면 조절에 강조점을 둔 결과, 그는 출장 시 운전을 나누어 하고 모텔에서 하룻밤을 쉬어 가기로 결정하였다. Jim은 현재 구직 중인데, 여러 직장을 찾아보면서 수면 박탈 위험이 없는 안전한 직장을 구해야 할 필요성을 염두에 두고 있다.

적절한 균형을 찾는 실험이 오래 걸릴 수밖에 없는 한 가지 원인은 계절적 변동이 기분장애 환자, 아마도 특히 제I형 양극성 장애 환자들에게 흔히 일어나기 때문이다. 때로 이러한 기분 변동은 장애의 자연적인 경과에 중첩되어 있기도 하다. 따라서 여름 동안 환자에게 효과적이던 것이 겨울에는 그렇지 않을 수 있고, 그 반대도 그렇다. 또한 일부 여성 환자들에게는 기분 변동이 생리주기와 연관되어 있어서, 환자에게 (그리고 치료자에게도) 새로운 기분삽화가 시작되는 것처럼 착각을 일으킬 수 있다. 그러한 환자들에게는 기분 변화와 생리주기 간의 관계성에 대한 주의 깊은 관찰이 필수적이다.

사례 예시

Bonnie는 6년간 제I형 양극성 장애를 겪어 온 30세의 기혼 여성이다. 그간 세 번의 우울 삽화와 한 번의 조증 삽화가 있었다. IPSRT를 4개월 정도 받았을 즈음 우울 증상이 증가하는 듯했고, 이때는 배란 후 월경이 시작되기 전의 시기였다. 지난 두 달간의 일상 기록으로 증상을 추적 관찰해 보았을 때, 기분, 에너지, 흥미, 동기, 일상을 즐기는 능력 등이 생리가 시작되기 전주에는 저하된다는 것이 분명했다. SRM을 참고하여 그녀는 월경전기 기간 동안 자신의 생활에 대한 기대 수준을 조금 낮추었다. 이 '고위험' 시기 동안 일상적인 활동과 대인관계에서 얻는 기쁨, 자극의 양이 감소할 것임을 인식하였던 것이다. 또한 Bonnie, IPSRT 치료자 그리고 정신과 의사는 이 기간 동안에는 약물이나 IPSRT 증상 관리 개입을 변경하지 않는 것이 현명하다는 것을 알게 되었다.

비록 SRM의 완성과 환자의 일과에 안정성을 도입하는 것이 IPSRT 초기에 첫 번째 치료 과제이지만, 그 안정성을 증진하고 유지하는 것은 치료 전반에 걸쳐 강조된다. 예방적 유지치료를 통하여 수년간 추적 관찰해 온 환자들일지라도, 우리는 환자의 사회적 리듬의 규칙성을 지속적으로 검토하고, 일과의 안정성을 붕괴시킬 소지가 있는 현재, 미래의 사건들을 이야기하며, 스케줄을 변경시키는 가족, 직업 그리고 사회적 요소들에 직면 시 규칙성을 어떻게 유지할 것인지에 대하여 환자와 문제해결을 해야 한다.

균형을 유지하기

수면, 일과 규칙성, 대인관계 상호작용 등의 적절한 양을 정하기 위한 첫 5~6개월간의 작업 과정에 걸쳐, 치료자와 환자는 환자를 균형에서 이탈시키는 것들이 무엇인지 알게 된다. 예를 들어, 환자가 과잉자극되지 않으면서 편안히 처리할 수 있는 것 이상의 활동을 계획할 때, 에너지를 회복하고 흥분으로부터 '진정되기' 위하여 며칠간 비활동적인 날들이 필요하다는 것을 발견할 수 있다. 그러나 그런 회복기는 하향 소용돌이의 시작으로 이어질 가능성이 있다. (아마도 전화를 통한) 환자의 기분에 대한 주의 깊은 측정은 그런 회복기가 실제로 환자에게 이로운지를 결정하는 데 도움이 된다. 만약 그렇다면, 회복기는 환자의 과활동 기간 후 일과의 일부로서 유지될 수 있다. 그러나 회복기가 우울 증상의 증가에 기여하는 것으로 보인다면, 치료자와 환자는 회복기를 가지지 않고도 견딜 수 있을 만한 활동의 양이 얼마인지 조금 더 주의 깊게 살펴보고 이와 관련한 제한 사항들을 마련해야 한다. 환자와 치료자 모두 양극성 장애가 평생 가는 질환이며, 개별 환자에게 가장 최선인 방안을 찾아낼 때까지 수개월간의 실험이 필요하다는 점을 명심할 필요가 있다.

환자에 대해 잘 알기 전에 무엇이 최선인지를 결정하는 데 있어 중요한 단서는 과거 삽화들에서 조증 대 우울증 삽화의 비율과 각 유형의 기분삽화가 시작되는 속도이다. 이것은 병력 도표로부터 파악해야 하는 정보이다. 환자의 급성기 삽화가 진정되면 병력 도표로 돌아갈 수 있고 치료 초점을 악화나 재발의 방지 쪽으로 옮겨가야 한다.

사례 예시

Maria는 지역 병원에서 청소관리 직원으로 일했던 36세 여성으로 현재 남편과 별거 중이다. 처음 IPSRT를 시작했을 때, 그녀는 조증 후부터 시작되어 6개월간 장기 지속된 심각한 우울증을 겪고 있었다. Maria가 별거라는 변화에 적응하도록 돕는 데 몇 개월이 걸렸다. 천주교를 믿는 그녀에게 이혼은 용납 불가한 것이었고, 처음에 그녀는 별거 중인 자신이 가족, 사회적 삶의 측면에서 영원히 불확실한 존재가 되었다고 생각하였다. IPSRT 치료자는 그녀가 별거 상태로 이행하여 다른 사회적 지지자들과 재연결되고 비교적 충만한 삶을 만들어 가는 여정을 순항할 수 있도록 도왔다. 이 시점에서 치료자는 처음 치료를 시작했을 때 만든 병력 도표로 다시 돌아갔다. 병력 도표에서 치료자는 이제 그녀가 막 빠져나온 우울증이 15년간의 병력 동안 유일하게 심각했던 우울증임을 볼 수 있었다. 반면, Maria는 이번 우울증에 선행했던 조증 이전에 네 번의 추가적인 심각한 조증이 있었다. 따라서 Maria의 성당 활동이 늘어나고 고등학교 친구들과 만남을 재개하고 직장 동료들과의 약속을 더 많이 잡기 시작하면서, 치료자는 이제 그녀가 과잉자극되거나 또 다른 조증의 위험성이 생기지 않는지 징후들을 면밀하게 관찰하기 시작하였다. 치료자는 어떤 하루나 어떤 주가 활동들로 너무 꽉 차지 않고, Maria가 과도하게 무언가에 빠지고 흥분하는 경향성을 조절하기 위하여 '한가한 시간'을 충분히 확보할 수 있도록, 주별, 월별로 활동들을 어떻게 분배할 것인지를 광범위하게 논의하였다.

조증이 더 많고 심각했던 환자들 또는 조증이 급속히 점증되는 환자들에게는 너무 많은 활동, 수면 박탈 또는 자극을 피하는 것에 중점을 둘 필요가 있다. 우울증이 주로 있던 환자들은 이러한 이슈들에서 조금 더 자유롭다.

그러나 환자가 경미하게 우울하다면 (그리고 지역사회 연구들에 따르면 이것이 양극성 장애 환자들 대다수의 기저선 기분이다), 그들은 **과소기능**(underfunction)을 하는 경향이 있고, 너무 적은 활동을 계획하는 것이 우울을 예방하기에 충분한 자극이나 동기를 주지 못할 수 있다. 이런 환자들은 좀 더 꽉 찬 스케줄과 더 나은 기분 간의 관계성을 인식하도록 도움을 줄 필요가 있다.

사례 예시

여러 측면에서 Ann의 문제는 Maria와는 반대였다. 또 다른 조증이 발생하여 다시 입원하거나 전기충격치료(ECT)를 받을 것이 두려웠던 Ann은 자기 자신을 '약간 우울'하게 유지하길 원했다. 55세까지 너무 많은 조증을 경험해 왔던 터라, 가족들도 그녀가 경미한 우울 상태를 유지하는 것에 동조하였다. 그러나 이런 전략의 대가는 Ann이 침대, 소파, 식탁을 오가다 잠드는 것 외에 실질적으로 아무것도 하지 않게 되었다는 것이었다. 뛰어난 사회적 기술을 가진 매우 지적인 여성인 Ann은 현재 생활보다 자기 자신과 타인에게 베풀 만한 것들을 많이 가지고 있었다. 이러한 이슈에 직면하여 Ann은 조증 재발에 대한 두려움을 극복할 수 있다면 정상 기분으로 지내는 것이 훨씬 낫다는 것을 인정할 수밖에 없었다. 사회적 리듬 원칙에 대한 Ann의 양호한 이해력을 활용하여, 치료자는 일상에 좀 더 많은 활동들을 시도하도록 그녀를 설득하였다. 치료자와 Ann 모두 과거의 전일제 직장으로 복귀하는 것이 현실적으로 좋은 생각이라고 여겼던 것은 아니었지만, Ann은 치료자와는 달리 다른 활동의 가능성 자체를 무시했다. 치료자는 Ann이 일주일에 1~2일 정도 지역의 어린이 박물관에서 자원봉사자로 일하도록 격려했다. 또한 치료자는 지난 조증 때 관계가 끊어졌던 예전 친구들 중 일부와 다시 연락을 해 보도록 격려했다. 어린이 박물관에서의 일은 Ann에게 매우 만족스러우면서도 그리 자극적이지 않았다. 그리고 다시는 자신과 이야기하지 않을 것이라 생각했던 예전 친구들 중 몇몇이 실제로는 다시 만나게 되어 기뻐하면서 커피나 점심 약속을 하고 싶어 했다는 것을 발견하게 되었다. 이렇게 활동 수준이 증가된 채로 몇 달간 생활한 후, Ann의 치료자는 일상 기분 평정에 두드러진 향상이 있었으며 그간 조증이나 경조증의 징후는 나타나지 않았다는 점을 지적했다. 그들은 이 정도 수준의 활동과 사회적 관여가 안전할 뿐만 아니라, 그녀의 조증이 심각한 우울증 후에 뒤따라 왔다는 점을 고려하면 어느 정도의 보호 효과까지도 가질 수 있겠다고 결론 내렸다. 활동 수준과 삶의 즐거움을 증가시키는 것을 통하여 더 심각한 우울로의 악화를 방지함으로써, Ann과 치료자는 이것이 향후 조증을 예방할 수 있는 길일지도 모르겠다고 생각하게 되었다.

유사한 비활동성이 나이가 더 어린 환자들에게서도 나타나곤 했는데, 이 또한 유사한 치료법에 반응이 있었다.

사례 예시

Stacey는 20세의 학생으로, IPSRT를 시작하였을 때 첫 번째 양극성 장애 삽화를 겪고 있었다. 그녀는 상류층 가정에서 성장했다. 부모님은 그녀에게 지지적이었고, 딸이 적극적인 삶을 살아가도록 격려했다. Stacey는 평균 3.5의 학점을 유지하는 우등생이었으며, 축구와 라크로스 경기를 열심히 뛰었고 학교에서 여러 동아리의 리더를 맡았다. 부모님 또한 성공한 사람들로서 일과 가정생활을 모두 적극적으로 영위하였다. 기분삽화의 촉발요인은 다른 대학으로의 편입이었다. 그녀는 운동과 학생회 활동에 활발히 참여해 온 소규모의 학부중심 대학교에서 2학년을 마친 후 더 큰 대학교로 옮기게 되면서 조증이 발생하여 입원하게 되었다. 그런 다음 6개월간의 심각한 우울증으로 기분 상태가 바뀌게 되었고 1학기에 복학하지 못했다. Stacey는 기분이 가라앉고 무감동하며 지루해했고, 가족과 자기 자신이 갖는 삶에 대한 기대 수준에 도달하지 못함에 스스로에게 화가 난다고 보고하였다. 그녀는 에너지와 자존감이 저하되고 어떤 활동에도 흥미를 느끼지 못했다. 그녀는 친구들로부터 고립되어 있었으며, 우울증으로 수업을 듣지 못하고 사람들 곁에서 즐거움을 느끼지 못하는 자신의 가치에 대하여 혼란스러워했다. 치료 시작 시 그녀의 일과는 오후 1~2시에 일어나 무언가를 시작하는 데에만 (증상의 일부로서 그리고 치료약물의 부작용 때문에) 2~3시간씩이 걸렸으며, 대부분의 시간 동안 소파에 누워 멍하니 텔레비전을 보는 것뿐이었다. 저녁에 부모님이 귀가하면 조금은 사회적인 일과를 함께하고 그녀가 집안일을 처리할 수 있도록 도와주었기 때문에 기분이 조금 나아졌다. 주말에는 부모님이 함께 있었기 때문에 조금 더 활동적으로 지냈다. 그녀는 기분과 자존감이 심부름을 하러 가거나 부모님과 함께 식당, 영화관에 갈 때면 조금 나아진다는 사실을 인식하고 있었다.

Stacey와 치료자는 생산성에 대한 가족의 가치와 그녀의 자존감 간의 연결에 대해 작업하였다. 그녀는 활동을 하지 않고 자신을 쓸모없게 느끼는 것이 자존감이 낮아지는 이유라는 것을 이해할 수 있었다. 이는 우울증을 지속시켰다. Stacey는 시간을 보다 효율적으로 사용하도록 치료자와 함께 구조화하였다. 처음에 치료는 그녀가 오전 시간 동안 좀 더 기능할 수 있도록, 약물 복용과 수면-각성 사이클의 시간대에 초점을 맞추었다. 그리고 매일 할 수 있을 만한 활동을 1~2개씩 찾아보았다. 과거 열정적인 운동선수였던 Stacey는 하루 10분 걷기를 선택하였는데, 이는 4주만에 1시간 걷기로 늘어났다. 걷기 약속을 지킬 수 있게 되자, Stacey는 즐기면서 감당할 수 있을 만한 또 다른 활동으로 동물 구조 협회(Animal Rescue League)에서의 봉사활동을 찾아냈다. 월, 수, 금요일의 정기적인 봉사활동 약속은 한 주 일과에 체계를 부여하였다. 종국적으로 Stacey는 이 두 가지 활동에 더하여 다른 활동들을 시작하였다. 대학교에서의 가을 학기를 준비하기 위하여 여름 동안 지역사회 대학에서 한 과목을 등록했고, 여름에 고향에 돌아갔을 때에는 고등학교 동창들과 다시 연락을 취했다. 점차 생산적이 되면서, 자존감, 동기, 에너지, 흥미 수준이 점진적으로 향상되었다. 그녀는 가족, 친구들과 나눌 만한 더 많은 경험들을 하게 되었는데, 이는 치료적 진전을 강화했다. 우울증은 점차 나아졌고, 원래 처음에 다녔던 대학교로 가을에 복학하기 전에 우울증이 완전 관해되었다.

치료자는 매 회기에 환자가 지난 방문 이후로 작성한 SRM과 기분 평정을 검토해야 하며, 이는 환자의 일과가 얼마나 안정되어 있었는지, 환자가 얼마나 활동적 또는 비활동적이었는지, 기분이 어땠는지를 평가하기 위함이다. 만약 환자가 SRM이나 기분 평정을 해 오지 않았다면, SRM 사본을 준비해서 환자의 기억에 따라 회기 중에 이와 같은 검토를 완료하도록 하며, 환자가 정기적으로 평정을 작성해 오도록 격려해야 한다.

사례 예시

Nancy는 34년간 양극성 장애를 겪어 온 58세의 이혼 여성이다. 초기 기분삽화들 중 대다수는 조증이었지만, IPSRT를 시작하기 전 10여 년 동안에는 우울 삽화를 주로 경험하였으며 상당한 불안과 때로 광장공포증이 동반되었다. 그녀의 기분 기저선은 경도~중등도의 우울 범위에 있었다. 사회불안 증상은 대인관계 접촉을 매우 방해하였고, 그녀의 사회생활 반경은 자신의 집이나 근처에 사는 한 친구의 아파트 정도였다. 처음에 치료자는 매주 집 밖에서 한 가지 활동을 더 하도록 스케줄을 잡는 데 집중하였다. 그런 다음 (그 활동을 기대하고 있는) 전날과 당일 그리고 다음날에 그녀의 기분이 얼마나 나아지는지를 보여 주었다. 이는 집 밖의 활동과 기분 호전 간의 관계에 대한 논의로 이어졌다. 천천히 작업하면서 IPSRT 치료자는 2주마다 한 번씩 추가적인 활동을 계획할 것을 제안하였다. Nancy가 불안이 더 심해지지 않으면서 이것을 해낼 수 있다는 점을 깨닫게 되었을 때, 두 가지의 정기적인 집 밖 활동을 매주 하기로 의견을 모았다. 몇 개월에 걸쳐 Nancy는 매주 5~6일 동안 사회적 활동을 계획할 정도로 활동을 늘렸고, 기분과 자존감이 크게 향상되었다.

일과의 변화에 적응하기

일과에서 중요한 변화들은 예측 가능하거나(예: 휴가를 떠나거나 새로운 직장에서 시작하기) 또는 전적으로 예측 불가(예: 예상되지 않은 해고, 죽음 또는 별거)하다. 예측 가능한 변화들은 리듬 안정성과 관련된 변화요인들에 대한 주의 깊은 평가를 필요로 한다. 휴가의 경우, 치료자는 여러 가지를 확인해 볼 수 있다. 환자가 얼마나 멀리 여행을 가는가? 시차가 있는 여행인가? 시차가 있다면 어느 방향인가? 환자가 여러 시간대를 넘어 여행한다면 약물 복용 계획은 어떻게 조정해야 할 것인가? 목적지에 도착하면 환자의 하루가 어떻게 전개될 것인가? 휴가 계획이 완전히 짜여 있어서 환자가 변화시킬 여지가 적은가 아니면 자유로운 일정인가? 어떤 종류의 대인관계 스트레스 요인이 여행에 개입되어 있는가?

새로운 직장의 경우, 치료자는 환자가 일하는 시간이 변하는지를 알고 싶어 할 수 있다. 새 직장을 얻으면 환자가 더 멀리 출퇴근해야 하는가? 이 직업은 예전 직업보다 다른 도시로의 출장이 더 또는 덜 필요한가? 환자의 새 직장에서 맡게 될 새로운 책임들은 무엇이 될 것인가? 이전 직장보다 더 또는 덜 스트레스를 받을 것인가? 새 직책을 잘 수행하기 위하여 배워야 할 것이 많은가? 그렇다면 얼마나 빨리 배워야 하는가?

예정된 휴가 또는 출장의 경우 치료자와 환자는 수면 시간과 식사 시간을 유지하고 새로운 환경에서 지루하거나 외롭지 않게, 그렇다고 과잉자극되지도 않게 사회적 상호작용을 조절할 방법을 계획할 수 있다.

사례 예시

1장에 나와 있는 Jill의 병력에 관한 대략의 기록은 휴가를 떠나는 것과 기분 혼란이 얼마나 연관되어 있는지를 시사해 준다. IPSRT를 시작할 시점에 Jill은 휴가 공포증이 있었다. 그러나 몇 개월의 치료 후, 원래 기운을 차리기 위해 계획했던 휴가가 왜 때때로 그녀에게 재앙이 되었는지를 이해하게 되었다. 기분이 나아지고 덜 취약하게 느끼게 되면서, 그녀는 24시간 내내 집안과 자녀들을 돌봐야 하는 일상으로부터 잠깐 벗어나 기분 전환을 하는 것이 도움이 되리라고 생각하게 되었다. 그녀는 재정적으로 그리 넉넉하지 않았지만, 남편이 아이들을 기꺼이 돌봐 주었고 남동생과 올케 부부는 자신들이 사는 시애틀로 오라며 비행기 표를 보내 주었다. 그녀에게 휴가는 매력적이면서도 동시에 두려운 것이었다.

그녀가 IPSRT 치료자에게 휴가 가능성에 대해 언급했을 때, 치료자는 다소 위험성이 있긴 하지만 조심스럽게 계획한다면 그 위험성을 최소화할 수 있을 것이라는 점에 동의했다. 그들은 서쪽으로 3개 시간대를 이동해야 하는데 몇 시가 가장 최선일지(평상시 깨어 있는 16시간을 많이 초과하지 않도록, 아침 일찍), 돌아오는 비행기를 몇 시에 해야 할지(잠을 잘 수 없는 야간 항공권이 아니라면 언제든지) 등을 함께 의논했다. 또한 그녀가 혼자 잘 수 있는 방이 있을지(필수적임), 어떤 활동을 얼마나 계획할지에 대해서도 이야기했다. 그제야 Jill은 올케에게 전화를 걸어 여행에 대한 불안을 감소시켜 줄 방안들에 대하여 의논할 수 있었다. 당연히 올케는 Jill의 방문이 안전하고 쾌적하도록 (조카들이 할머니 집에서 자고 오도록 하는 것을 포함하여) 대부분의 것들을 들어주었다. 그들은 Jill에게 흥미롭지만 지나치지 않은 활동들을 계획했고, 만약 실제 어떤 활동이 너무 버겁게 느껴지면 그날은 계획을 취소하고 집에서 쉬기로 하였다.

여행 계획에 많은 노력을 들임으로써, Jill은 그동안 너무나 필요로 했던 일상으로부터의 휴식을 얻었고, 근래 몇 달만에 처음으로 사람들과 함께하는 것에서 즐거움을 느꼈으며, 기분 전환이 되고 양극성 장애 관리 능력에 대해 자신감이 늘어난 채로 돌아올 수 있었다.

죽음이나 별거와 같이 예측 불가능한 삶의 큰 변화는 심리적 의미와 더불어 사회적 **차이트게버**의 극적인 변동을 내포하고 있기 때문에, 그러한 변화에 적응하는데 상당한 치료 시간이 투입될 필요가 있다. IPSRT 치료자는 환자의 대인관계 **그리고** 리듬 안정성 측면을 다루어야만 한다. 물론 환자에 대한 적절한 공감과 염려를 먼저 표한 다음, IPSRT 치료자의 첫 번째 강조점은 중대한 역할 변화 또는 상실에도 불구하고 환자의 사회적 리듬을 가능한 한 안정되게 유지하는 것에 있다. 이러한 방식은 냉담하게 보일 수 있으나, 우리는 환자들이 이런 접근을 실제로 고마워한다는 것을 발견하였으며, 환자들은 어려운 시기에 붙잡을 무게 중심점을 제공받은 것 같다고 이야기하곤 한다. 사회적 일과를 안정화시키는 작업이 환자에게 이미 익숙하고 정서적 의미가 부여되지 않은 것이기 때문에, 최근의 사건으로 낙담하였을 때일지라도 환자들은 보통 이런 작업을 시도해 볼 수 있다고 여기는 것 같다. 리듬 안정성이 다루어지고 나면, 사회적 리듬 규칙성을 유지하는 것의 중요성을 계속하여 강조하면서 동시에 전통적인 대인관계 치료(IPT) 기법들을 사용하여 애도 그리고/또는 역할 전환에 집중한다.

사례 예시

Stan은 기분 증상 때문에 IPSRT를 시작하기 몇 달 전 시스템 분석가로 일하던 직장에서 해고되었다. 당시 상사들은 알아차리지 못했던, 업무에 별다른 부정적 영향을 미치지 않은 조증 이후로 그는 심각한 우울증에 빠지게 되었다. 40대 중반이었음에도 불구하고, 가족들은 모두 안전과 절약의 차원에서 그가 부모님 집으로 돌아가 함께 사는 것이 최선이라는 점에 의견의 일치를 보았다. 그에게는 실직 상태가 매우 큰 스트레스였고, 좌절감, 분노, 실망감이 늘어 가며 기분이 더욱 나빠졌다. 그는 비단 경제적 이유에서만이 아니라 삶의 어떠한 구조, 의미, 만족감을 제공해 주기 때문에 취업을 하길 원했다. IPSRT 치료자는 우울증이 호전되길 기다리며 그가 실직에 적응하도록 도왔다. 그 상태로는 어떠한 직업이든 좋은 후보가 되지 못했다.

초반의 회기들에서는 하루 일과를 구조화하고 과소 그리고 과잉 자극을 피하는 것의 중요성을 교육했다. 그들은 어머니가 정기적으로 해야 하는 집안일을 돕는 것, 자원봉사, 사회적 활동을 포함하여 일상을 구조화할 수 있는 여러 가지 방법들에 대하여 이야기했다. 또한 Stan은 실직이 자신의 자기개념에 미친 영향, 앞으로 구직을 시작할 시점이 되면 자신의 건강을 유지하는 데 직업의 어떤 요소들이 중요할지에 대하여 이야기하였다.

사회적 리듬 조절 작업을 하면서는 사회적 리듬 붕괴로 **보이는** 것이 사실은 새로운 기분삽화의 초기 신호일 수 있다는 점을 명심해야 한다. 환자가 프로젝트를 끝내기 위하여 밤을 지새운 것이 상사가 그 일을 다음날 아침 9시까지 끝마쳐야 한다고 했기 때문인가(사회적 리듬 붕괴)? 아니면 그 프로젝트에 너무나 몰입하고 흥분하여 시간이 얼마나 지났는지를 까맣게 잊어버렸기 때문인가(조증의 시작)? 환자가 점심까지 잔 것이 그날 남편이 집에 있으면서 아이들의 아침과 등교를 돕기로 했기 때문인가(사회적 리듬 붕괴)? 아니면 너무 무기력하여 잠자리에서 일어날 수도 없어, 남편이 이것을 알고 자녀들이 등교할 수 있도록 집에 있었기 때문인가(우울증)? 양자 중 어떤 경우일지라도 환자가 다시 규칙적 일과로 돌아오도록 만드는 것이 새로운 기분삽화를 방지하고 완화시키는 데 이로울 것이다.

행동 활성화

행동 활성화(behavioral activation)는 우울증, 특히 무기력한 유형의 우울증 치료에서 긴 역사를 가지고 있다. 우울증에 관한 자신의 첫 번째 책에서 Beck(1967)은 행동 활성화가 우울한 기분과 다른 우울 증상에 긍정적인 효과를 미친다는 점을 언급하였다. 그는 성취감 또는 즐거움과 연관된 활동의 수와 빈도를 증가시키는 것을 강조함으로써 단극성 우울증의 인지치료에 행동 활성화를 중요한 부분으로 포함시켰다(A. T. Beck et al., 1979). 수년이 흐른 뒤 Jacobson 등(1996)은 인지치료에서 행동 활성화만을 **단독으로** 사용할 때의 치료 효과를 인지치료 전체를 사용할 때와 비교하였다. 많은 인지치료 신봉자들에게 놀랍게도, 그들은 행동 활성화 단독치료도 단극성 우울증의 해결에 똑같이 효과적이라는 점을 발견하였다.

IPSRT의 사회적 리듬 모니터링과 개입이 암묵적인 행동 활성화 요소를 갖고 있지만(또는 더욱 적절하게 이야기하면 행동적 활동 적정화임), 일단 치료가 유지기로 접어들면 대인관계에 더 초점을 맞추게 되고 행동 활성화의 잠재적 가치를 잘 보지 못할 수 있다. 따라서 잘 지내 오다가 우울증에 빠져들기 시작하는 환자가 자신의 일상에 충분한 활동을 하고 있는지 평가하도록 하고, 그 환자로 하여금 더 활동적으로 지내도록 격려하는 것이 매우 유용한 개입이 될 수 있다. 치료자는 환자의 다음주 계획이 무엇인지 물어보면서 예상되는 활동 수준을 평가할 수 있다. 만약 활동이 불충분해 보인다면(또는 기분이 고양되는 환자의 경우 너무 자극적으로 보인다면), 그 주의 계획에서 환자의 기분이 유지되거나 정상화될 수 있는 데 도움이 될 만한 구체적인 변경사항들을 환자와 약속할 수 있다.

IPSRT 전 과정에 걸쳐 치료자와 환자는 기분 증상 관리에 최적화된 규칙성과 균형을 유지하기 위하여 협력한다. 그러나 여러 요인이 이 과정에 문제를 일으킬 소지가 있다. 그렇다면 여기서 중요한 질문은 어떤 종류의 변화들에 치료자와 환자가 어떻게 반응할 필요가 있는가 하는 것이다. 우리의 경험상 대다수의 환자들에게 이 과정에서 진정한 위험은, 비록 표면적으로 매우 합리적인 접근처럼 보이지만, 우울의 지표들에 과소반응하거나 경조증의 지표에 과잉반응하는 것에 있다(현저하게 감소된 수면은 분명 예외임). 물론 이는 조증 삽화를 여러 번 겪은 것에 비해 우울 삽화는 거의 없었던 환자들의 경우에는 적용되지 않을 수 있다. 따라서 우울 증상이 나타나기 시작하면 증상 관리 계획을 즉각 변경해야 하고, 환자가 충분히 잠을 자는 한은 경미한 정도의 경조증 삽화들은 넘기는 것도 안전할 수 있다.

9장

대인관계 문제영역에 개입하기

이전에 언급하였듯이 대인관계 및 사회적 리듬 치료(IPSRT)에는 두 가지 핵심 구성요소가 있는데 기분 증상의 관리, 그리고 기분삽화의 시작과 관련된 대인관계 문제에 대한 개입이다.

단극성 우울증을 위한 대인관계 치료(IPT)에서와 같이, 대인관계 개입은 소수의 일차적 문제영역에 집중한다. 그 문제영역에는 **애도, 건강한 자기를 상실한 것에 대한 애도, 대인관계 역할 갈등, 역할 전환**, 그리고 **대인 관계적 결핍** 등이 있다. IPSRT 중기의 대부분은 초기 사례개념화 시 선택되고 환자의 동의를 받은 대인관계 문제영역에 초점을 맞춘다. 그러나 치료자는 목표하는 대인관계상의 변화가 사회적 리듬에 긍정적인 영향을 미칠 수 있음을 지적하고, 사회적 리듬에 부정적 영향을 미칠 수 있는 대인관계상의 변화들을 방지하거나 적어도 그 부정적 여파를 최소화하기 위한 전략을 환자와 함께 짜면서, 대인관계 영역에서의 변화 노력을 사회적 리듬 변화의 맥락 속에 지속적으로 엮어 내야 한다.

정상적인 애도와 미해결된 애도

사랑하는 이의 죽음은 양극성 장애 환자들에게 매우 취약한 시기가 될 수 있다. 그것은 극심한 슬픔, 극도의 심리적 스트레스의 시기일 뿐만 아니라 사회적 리듬이 심각하게 교란되는 시기이다. 따라서 정상적인 애도조차도 양극성 장애 환자들에게 새로운 기분삽화를 촉발할 수 있다. 우리의 사회적 리듬 가설이 만들어지기 한참 전에 '장례식 조증(funeral parlor mania)'이라는 현상이 기술 정신의학(descriptive psychiatry)에서 잘 알려져 있었다. 정상적인 애도 반응은 슬픔, 수면장애, 초조, 집중력 저하, 식욕 저하, 일상생활 수행 능력의 저하, 무쾌감증 같은 우울 증상과 유사하다. 이러한 정상적인 애도 반응들은 양극성 장애 환자들에게 극도로 두려운 것일 수 있다. 애도 과정을 겪는 환자들은 자신이 주요 기분삽화를 경험하게 되는 것은 아닌지 두려워할 수 있다. 이러한 증상들이 애도 반응인지 또는 우울증인지를 분간하기 어려울 수 있다. 최선의 상황하에서는 치료자의 지지가 환자의 애도 과정을 도울 수 있다. 그러나 치료자의 지지를 받더라도 심리적 · 일주기적 스트레스가 환자 본인 스스로 감당할 수 있는 것 이상일 수 있다. 그러한 경우에는, 임상적 양상이 분명해지자마자 우울증을 감별진단하고 적절한 개입(약물치료 그리고 심리치료)을 제공하는 것이 중요하다.

만약 당신이 주요한 상실 시기에 있는 환자를 치료하고 있다면, 우선 환자가 자신의 감정을 표현하고, 정상적인 애도 과정에 대하여 배우며, 애도라는 경험을 수용하도록 도와야 한다. 또한 치료 작업의 상당 부분은 환자의 사회적 리듬을 가능한 한 안정되게 유지하도록 돕는 데 할애되어야 한다. 이 취약한 시기 동안 수면을 가능한 한 규칙적으로 유지할 필요가 있다. 교육, 지지 그리고 감정의 탐색을 통하여, 치료자는 애도 과정의 양극성 장애 환자들에게 매우 도움이 될 수 있다.

치료 장면을 찾은 양극성 장애 환자들은 과거의 상실 사건을 성공적으로 해결하지 못한 경우가 흔하다. 지연된 또는 미해결된 애도 반응은 고인과의 기념일, 최근의 새로운 죽음, 환자가 고인이 사망한 당시의 나이가 됨, 고인과 유사한 병을 가진 다른 사람의 이야기를 알게 되는 것 등에 의해 촉발된다. 환자가 고인의 사망 시 조증 삽화에 있던 경우, 애도할 기회를 갖지 못한 것에 대해 죄책감을 느낄 수 있다. 더욱이 조증 삽화 중에 있던 환자가 고인의 사망 직전 또는 장례식에서 부적절하게 행동했을 수도 있다. 이것 또한 심각한 죄책감의 원천이 될 수 있다. 때로 치료자 그리고/또는 환자가 상실 사건과 기분삽화를 연결 지을 수 있으나, 미해결된 애도는 대인관계 질문지가 완성되기 전까지는 확인되지 않을 수도 있다. 환자가 고인이 된 지인들과 맺었던 관계와 그들의 죽음에 대한 반응을 철저하게 조사하는 것이 중요하다. 부적절한 애도 또는 애도 반응의 부재, 사랑하는 이의 죽음 전후로 있었던 회피, 사망과 장례식 당시 그리고 그 후로 초반 몇 달 동안 가족이나 지지 세력의 부재, 기능장해, 조증 또는 우울 증상의 시작 등의 요소들이 탐색되고 상세히 논의되어야 한다. 이러한 요소들은 환자가 비정상적인 또는 지연된 애도를 경험하고 있는지를 탐색하는 데 단서를 제공할 수 있다. 미해결된 애도를 주제로 환자와 작업하는 구체적인 기법들은 Klerman 등(1984)의 저작에 더 자세히 설명되어 있다. 하지만 고인의 사망 당시 조증 또는 경조증이었던 환자들은 당시 자신의 행동에 대한 죄책감과 관련하여 아마도 추가적으로 특수한 개입이 필요할 것이다.

사례 예시

Theresa는 세 아들을 둔 50세의 미망인으로, 상근직으로 근무하면서 혼자 살고 있었다. 그녀는 18세에 첫 우울 삽화를 경험하면서 양극성 장애를 앓기 시작하였다. 이후로 세 번의 조증 삽화와 두 번의 추가적인 우울증 삽화가 있었다. Theresa는 엄격하고 종교적인 가정에서 자랐으며, 그녀 자신의 기억에 부모님들은 딸에게 그리 지지적이지 못했다. 어려서부터 그녀는 부모로부터 받지 못한 지지를 얻고자 교회에 의지했다. 비록 그녀는 종교에서 위안을 얻을 수 있었지만, 하느님 보시기에 좋은 여성으로서 완벽한 삶을 살아야 한다는 믿음 또한 갖게 되었다. Theresa는 교회에서 만난 남자와 결혼하여 20세에 첫아이를 얻게 되었다. 결혼생활에서 그녀는 가족들의 사랑에 보답하기 위하여 그들을 계속 기쁘게 해 주어야 한다고 믿었다. 그러한 과정에서 Theresa는 자녀들에게 엄마이자 아빠가 되었고, 남편은 점차 불행해졌으며 가족들로부터 소외되어 술을 마시기 시작했다.

지난 우울 삽화는 남편의 갑작스러운 자살 이후 발생하였다. 자살 이전에 남편은 부쩍 더 그녀와 가족들로부터 멀어졌다. 남편과 가족들 간의 상호작용은 대개 부정적으로 끝났다. 그는 Theresa를 비롯하여 당시 함께 살고 있지 않았던 아들들을 겉보기에 사소한 실패들로 비난했다. Theresa는 자기 자신 그리고 아들들의 소위 실패라는 것에 대하여 자책하였다. 남편이 죽기 전 Theresa는 남편의 마음에 들기 위하여 더욱더 노력을 했었다. 남편의 자살 후 표면적으로 Theresa는 상실에 재적응하고 일상으로 돌아온 것처럼 보였지만, 애도의 정상적인 징후들을 나타내지 않았다. 그녀는 자신을 위로하려는 많은 친구들의 노력에 저항했고, 그로부터 6개월 후 심각하게 우울해지기 전까지는 상실에 전혀 영향 받지 않는 것처럼 보였다. Theresa는 자신의 우울증이 충분히 좋은 아내이자 엄마이지 못했던 죄책감에 빠져든 결과라고 이야기하였다. 남편은 자살의 이유를 남기지 않았으며, Theresa는 그의 설명되지 않은 불행에 대하여 자신이 책임을 짐으로써 그 공백을 채우고자 했다. 깨어 있기 어려워지고 가장 단순한 일상적인 일들조차도 해내지 못하게 되면서, 이전의 질서 있는 일상은 산산조각 나기 시작했다. 우울 증상이 심각해져 입원이 필요할 지경이 되었다.

입원치료 후 외래에서의 IPSRT 동안, Theresa는 자신이 어린아이였을 때부터 다른 사람의 감정에 책임을 져 왔다는 것을 이해하게 되었다. 그녀의 종교적 믿음은 대인관계 양식과 융합되어 더 좋은 아내가 되지 못했다는 엄청난 죄책감을 유발했다. 그녀는 자신이 남편을 행복하게 해 줄 수 있었더라면, 그가 자살하지 않았을 것이라고 믿었다. IPSRT에서 이러한 믿음을 탐색하면서, 정상적인 애도 과정을 방해하던 죄책감이 해소되었다. Theresa는 남편이 처음에는 술로 그리고 나중에는 자살로 가족을 '버린' 것에 비로소 화를 낼 수 있었다. 또한 그의 죽음에 대하여 슬퍼할 수 있었다. 나머지 치료 과정을 통하여 좀 더 정상적인 방식으로 애도를 계속하였고 새로운 관심사와 관계들을 만들기 위하여 열심히 노력하였다. 그녀는 장성한 세 아들과 가까워졌고, 자신이 아들을 훌륭하게 키워 냈다는 점을 보게 되었다. 그녀는 성인이 된 자녀와의 모자관계에 자신감을 느꼈다. 또한 교회를 사회적 활동과 지지체계를 충족시키기 위한 공간으로서 활용할 수 있게 되었다.

건강한 자기를 상실한 것에 대한 애도

우리는 재발성 단극성 우울증 환자들과 수년간 작업한 후, 제I형 양극성 장애 환자들을 위한 프로그램을 만들기 시작하였다. 즉각적으로 우리는 양극성 장애 환자들이 자신의 삶을 진단 전과 후로 이분하는 경향이 있다는 점에 깊은 인상을 받았다(그리고 이것은 우리가 치료했던 단극성 우울증 환자들에게서 전혀 관찰하지 못했던 점이었다.). 곧 양극성 장애 환자 집단이 자기 자신을 두 명의 다른 인물로 본다는 것을 깨달았는데, 양극성 장애가 발병하기 전의 자신과 지금의 자기 자신이었다. 우리는 '건강한 자기를 상실한' 것에 대한 애도라는 아이디어에 대하여 이야기하기 시작했고, 이는 양극성 장애 환자들에게서 흔하게 관찰되는 것이었다. 단극성 우울증 IPT에 전문가인 동료 중 일부는 이 문제영역이 역할 전환의 하위요소로 간주되는 것이 더 적합하다고 주장하였으나, 우리는 환자들에게 이를 일종의 애도로서 제시하는 것이 더 심오한 영향이 있으며 환자들이 이 이슈에 대하여 작업해 보도록 동기부여를 하는 경향이 있다는 것을 발견하였다. 이는 아마도 '양극성 장애 환자가 되는 것'이 실직이나 이혼보다는 마치 죽음과 같이 불변하는 무언가로 여겨지기 때문일 것이다.

조울증을 가진 많은 사람들은 이 병의 불안정성, 양극성 그리고 이 병이 자기 자신과 가족의 삶에 일으키는 파문 때문에 이 병에 대처하는 데 매우 어려움을 겪는다. 대개 그들은 이 병이 그들에게 부과하는 (또는 부과하는 것처럼 보이는) 한계들 때문에 특히 좌절한다. 많은 경우 양극성 장애 환자들은 시간이 지나면서 실제적으로 또는 외적으로 사회적 기술의 감퇴를 경험한다. 가족, 배우자, 친구, 동료들과의 관계는 대개 경색된다. 이전 장의 Ann의 사례에서 조증 행동은 친구들 그리고 가족과의 관계 중단을 가져왔다. IPSRT 치료자로서 당신의 과제는 그녀가 건강한 자기를 상실한 것에 대하여 애도하도록 돕는 것이다. 즉, 자신의 기분을 더 잘 통제할 수 있었을, 대학을 입학하면서 계획했던 커리어를 실현시킬 수도 있었을, 지인 및 가족과 더 안정적이고 의미 있는 관계를 유지할 수 있었을 자기 자신 말이다.

양극성 장애 환자들은 흔히 병에 의해 결정된 자신의 필요조건들이 충족될 수 있도록 자신의 이상과 타협해야 한다. 예를 들어, 엄마가 되려는 양극성 장애 여성 환자는 '이상적인' 엄마가 할 수 있는 것을 모두 하면서 자기 자신을 최선으로 돌보기가 불가능할 수도 있다. 부모가 되는 것과 같은 삶의 변화는 이전에 성실하게 증상 관리를 이행해 온 환자들에게도 자신의 병을 부인하고 싶은 욕망과 강렬하게 상호작용할 수 있다. 새로이 엄마가 되는 경우, 잃어버린 '건강한' 자기는 자신의 건강을 위태롭게 하지 않으면서 밤에 세네 번씩 잠에서 깨어 신생아를 먹일 수 있는 사람일 수 있다. 일단 환자가 그렇게 하는 것이 또 다른 삽화 발생의 위험 요소가 될 수 있다는 것을 인정하면, 다음으로 치료자의 과제는 환자가 '건강한'과 '이상적인'의 개념을 자기 자신을 잘 돌봐서 결국 신생아를 키우는 것이 가능해지도록 양호한 판단을 내리는 것을 기준으로 재정의하도록 돕는 일이다.

사례 예시

Ginnie는 38세에 첫아이를 임신하였다. 사춘기 중반 이후로 그녀는 양극성 장애를 겪어 왔다. 대여섯 번의 심각한 조증이 있었으며, 입원과 외래 치료를 모두 받았었다. 리튬은 증상에 늘 효과가 있었으며 약을 복용하는 동안은 매우 잘 지내 왔지만, 약 2년마다 리튬을 중단한 과거력이 있었다. 이렇게 약을 중단할 때마다 대개 단기 입원을 요할 만큼 심각한 조증이나 우울증 삽화가 발생했다.

Ginnie가 IPSRT에 의뢰되었을 때, 그녀는 임신 3개월이었고 그때까지 6개월간 약을 복용하지 않은 상태였다. 정신과 의사의 도움을 받아 임신을 시도하는 동안 리튬 치료를 보류해 왔다. 리튬 없이 첫 5개월간은 모든 것들이 잘 진행되었지만, 이제 우울증이 시작되려 하고 있었다. 그녀는 임신기간 동안 약을 복용하지 않은 상태로 지내기를 바랐지만, 산부인과 의사, IPSRT 치료자와 정신과 의사는 공통적으로 약물이 태아에게 큰 위험이 되는 시기는 지났다고 믿었다. 그녀 자신조차도 자신의 상태가 급격히 나빠짐을 느낄 수 있었다. 그녀는 약물치료를 재개하기로 동의하였고, 임신 3개월부터 분만 시까지 처방대로 리튬을 복용했다. 임신 40주에 그녀는 완벽히 건강한 3.4kg의 남자 아이를 출산하였다.

아들의 출생 이후 Ginnie는 (그녀의 생각에 좋은 엄마라면 응당 해야 한다고 믿었던) 모유수유를 해야 할지를 결정해야 했다. 모유수유를 한다는 것은 리튬을 다시 끊어야 한다는 것과 매일 밤 여러 번 잠에서 깨야 함을 의미했다. 비록 자신의 생각에 이상적인 엄마 상을 지키려는 동기에서 이 고민이 시작되었지만, IPSRT 치료자와 함께 모유수유의 장단점을 체계적으로 고려해 보았을 때 그녀는 모유수유가 아들에게 오히려 부정적 결과를 가져올 가능성이 있다는 점을 깨닫게 되었다. 왜냐하면 그간의 역사를 생각해 보았을 때 리튬을 중단하는 것은 양극성 장애의 재발을 초래하였기 때문이다. 또한 모유수유로 수면에 문제가 생기는 것도 또 다른 중요한 위험 요소였다. 따라서 그녀는 자신과 아들에게 더 중요한 일은 안정된 기분을 유지하고 입원하지 않는 것이라고 결론 내리게 되었다. 결국 입원하게 되어 몇 주간 아기와 떨어져 있게 된다면, 모유수유를 하면서 아기와 갖는 특별한 유대의 경험이 무슨 소용이란 말인가? IPSRT 치료자의 도움을 받아 그녀는 자신에게 있어 좋은 엄마가 되는 것은 리듬을 복용하고 양극성 장애를 다스리며 모유수유를 포기하는 것이라고 마음먹을 수 있었다. 사실, 그 고민의 끝에 이르러서는 그것이 전혀 포기로 느껴지지도 않았다. Ginnie와 치료자, 남편은 합심하여 그녀가 약물치료를 유지하고 충분히 잠을 자면서도 아기와 가깝게 지낼 수 있는 다른 방법들을 찾기 위해 노력하였다.

대인 관계적 갈등

아마도 경조증과 우울증 모두에서 핵심적 특징이 과민성이고, '조울증적 기질(bipolar temperament)'의 특징 중 하나가 특권 의식적 태도이기 때문에, 대인 관계적 갈등은 양극성 장애 환자 집단에서 흔하게 나타난다. 우리의 경험상 양극성 장애 환자들, 특히 가족으로부터 완전히 독립된 환자들은 단극성 우울증 환자들에 비하여 가족 이외의 사람들과 대인 관계적 갈등을 더 많이 겪는 경향이 있다. 따라서 다음 사례에서 우리는 대인 관계적 갈등의 사례들을 보여 주고자 한다. 동료, 상사 또는 이웃에게는 가족과 같은 수준의 이해나 상호성을 기대할 수 없기 때문에, IPSRT에서 가족 외의 사람과의 갈등 상황에 대하여 치료자로서 취할 수 있는 전략은 가족 내 갈등을 해결하려는 환자를 도울 때와 다를 것이다. 전형적으로 직장이나 동네에서 발생하는 대인 관계적 갈등은 더 관용적이고 더 인내심 있는 태도, 환자 자신과 상대방의 한계를 받아들이는 것을 요한다. 세계가 늘 공정하거나 합리적인 곳은 아니라는 점, 관계상의 변화들은 바라는 것보다 더 오래 걸릴 수 있다는 점, 윗사람들이 대개 자신만의 한계점을 가지고 있다는 점을 이해하도록 돕는다면, IPSRT 환자들은 비판적이고 논쟁적인 본능을 절제하는 것을 배우게 된다. 특히 그러한 비판과 논쟁이 자신의 직업적 성취, 우정 그리고 재정적 상황에 가져오는 부정적 결과를 이해하게 될 때 그러하다.

사례 예시

IPSRT를 시작하였을 때, Hal은 29세의 독신 대학원생이었다. 그는 5년째 양극성 장애를 겪어 왔는데, 우울증이나 조증에서 과민성이 두드러졌다. 약물치료로만 상태를 안정화시키는 데에는 어려움이 있었다. 기분을 조절하기 위해 충분한 용량의 약물을 복용하면 참기 힘든 부작용들이 있었고, 부작용을 줄이기 위하여 용량을 줄이면 과민하고 참을성이 없어지곤 했다. 그는 대학원 과정을 마치는 데 상당히 어려움을 겪었다. 짧지만 모든 것을 무력화시키는 급성 삽화를 겪었고, 기분이 비교적 정상적일 때에도 비판적 충동을 참기 어려웠기 때문이었다.

Hal은 분명 대학원에서 가장 똑똑한 학생들 중 한 명이었고, 어쩌면 교수들보다 명석했을 수도 있겠지만, 이것이 그의 큰 문제였다. 그는 대학원의 전체 교과과정과 (그가 '멍청하다'고 이야기한) 과제, 연구 프로젝트들에 순응하기 어려웠고, 교수들을 따르지 않았다. IPSRT 치료자가 보기에 엄밀히 따지자면 대부분의 경우 그의 말이 옳았다. 그 대학원 과정은 유연성이나 학생의 경험에 대한 고려가 별로 없는 경직된 교과과정으로 구성되어 있었고, 과제 중 다수는 '바쁘게만 하고 별 쓸모는 없는 일'이었다. 그러나 동시에 치료자에게 분명하게 보였던 것은 사사건건 트집을 잡는 그의 태도가 학과 내에서 반감만 키우고 있다는 것이었다. 이것은 그 자체로도 나쁜 일이었지만, 특히 그가 우울증에 빠져들 때 더 심각한 문제였다. 한 달 전 그가 비웃었던 교수들은 당연히 그에게 동정적이지 않았다.

IPSRT 중에 그는 '우위를 점하려는 태도'가 학위를 마치는 데 방해가 되고 있음을 깨달았다. 이러한 태도의 문제들은 병의 급성적인 악화보다도 그가 현재 겪는 어려움에 더 크게 기여했다. 치료를 받으면서 다닌 2학기 동안 Hal은 IPSRT 치료자의 지속적인 격려와 코칭을 받으면서 평가적인 본성을 잠시 묻어 둘 수 있었고 그저 자신이 해야 할 일들을 완수해 갔다. 비록 특권주의적인 태도는 남아 있었고 때로 특정 상황에서 문제가 되었지만, 그는 교수들과 갈등을 빚지 않으면서 논문 주제를 제안하고 논문 작업을 진행시키는 방법을 배우게 되었다고 느꼈다. 흥미롭게도 그의 새로운 차분한 태도는 기분 변동이 줄어드는 것과 연관되었다. 치료자가 이 점을 지적했을 때, Hal은 과거 인간관계 갈등으로 인한 정서적 대가가 자신이 생각했던 것 이상이었을지도 모른다는 점을 인정했다.

그러나 다수의 성인 초기의 양극성 장애 환자들은 자신의 원 가족과의 문제를 경험한다. 이 병이 초래하는 교육적 · 발달적 지연의 결과로, 성인 초기의 양극성 장애 환자들은 이미 독립적으로 생활하는 또래들보다 더 오랫동안 가족으로부터 완전히 독립하지 못하며 부모와 나이에 걸맞은 관계를 형성하지 못하는 경우가 많다.

사례 예시

Lisa는 19세에 IPSRT를 시작했으며, 그즈음 치과 기공사로 첫 직장을 다니기 시작했고 아파트에서 혼자 살고 있었다. 그녀는 여러 차례 조증과 우울증 삽화를 겪었는데, 이때마다 학교생활은 물론 가족, 인간관계에서 심각한 문제들이 있었다. 그녀의 부모는 Lisa가 6세 때 이혼했다. 부모는 각기 딸의 행복에 상당히 헌신적이었으나, 최근에 들어서야 Lisa의 양극성 장애와 대인관계 문제를 해결하기 위하여 힘을 합치게 되었다. Lisa는 권위에 대한 존경심이 거의 없었는데, 이는 특히 자신을 진정으로 생각하지 않고 자유에 방해만 된다고 생각하던 교사, 학교 행정직원, 동료, 아버지에 대한 도덕적 · 직업적 우월감을 가지는 것으로 드러났다. 이러한 태도로 인하여 다른 사람들과 갈등을 자주 경험하곤 하였다. 사건의 이면을 보게 하려는 타인의 노력을 자신에 대한 일종의 조종이라고 간주할 때 갈등은 종종 심각해지곤 했다. Lisa는 꽤 똑똑했고 말이 빨랐으며, 실제로 능력이 있었지만, 자신이 타고난 재능을 화해를 피하는 데 썼다. 결과적으로 그녀의 인간관계와 학점은 좋지 않았다. 치료를 받으러 올 시점에는 이러한 예전 '기술(trick)'이 점차 잘 먹히지 않는 것과 월급으로 재정을 유지하기가 어려운 것이 문제였다. 실제로 일은 잘하는 편이었지만, 출근을 꼬박꼬박하지 않고 직장에서 다른 사람들을 존중하는 태도를 보이지 않는다면 해고하겠다는 이야기를 이미 상사로부터 들은 상황이었다.

Lisa는 우울해질 때에만 부모에게 자신의 요구사항을 전달하는 오랜 버릇이 있었다. 그럴 때면 평소 독립성을 표방하는 이면에 잠재했던 의존성이 매우 두드러지게 되었고, 부모가 자신을 돕도록 이끌어 들였다가 기분이 나아지면 도움을 뿌리치곤 했다. 첫 직장을 놓치게 될 것처럼 보이자, 이 습관적인 사이클이 다시 시작되었다. 그러나 IPSRT 치료자는 이를 부모와 보다 성숙하고 상호적인 관계를 맺기 위한 기회로 활용하였다. 치료가 진전되어 가면서 그녀는 자신의 대인관계 패턴을 점차 인식하게 되었다. 또한 자신이 의존성을 처리하는 방식이 부모와의 관계에서 필요 이상으로 의존적인 방식으로 얽혀 들게 하지만 동시에 욕구를 충족시키지 못하고 대신 분노를 느끼게 만든다는 점을 알아차리게 되었다. 그녀는 타인이 열등하다는 생각에 의문을 품게 되었고, 자신의 열등감도 생각해 보기 시작했다. 그러면서 아버지가 가족을 떠난 것에 대하여 느꼈던 실망, 분노를 탐색할 수 있었고, 아버지가 그녀에게 원했던 것들이 간섭이라기보다 염려였음을 알게 되었다. 지난 몇 달간의 치료에 걸쳐, 부모로서의 행동과 독립적인 성인 자녀로서의 행동에 대한 상호적인 기대 수준을 조정할 수 있게 되면서 부모와의 갈등이 감소했다. 그녀는 아버지와 더 가까워졌고 그러면서 상사에 대한 반발심이 함께 줄어든 것을 발견했다. 치료 종료 시점에 이르러 그녀는 직장에서 잘 지내게 되었고, 상호적인 애정과 지지에 기반을 둔 장기적인 연애 관계를 형성하였다.

이전에 잘 기능하였고 가족으로부터 온전히 독립적으로 지내 온 양극성 장애 환자들도 기분삽화 때문에 기능이 저하될 수 있고, 결과적으로 가족들이 더 관여하게 될 수 있다. 일시적으로나마 환자들은 가족들에게 더 의존할 필요가 있다. 이럴 때 환자들이 의존성, 가족들의 관여라는 이슈들에 대처하도록 돕는 것은 IPSRT의 주요한 과업이 될 수 있다.

사례 예시

Walt는 다섯 번째 기분삽화를 겪은 이후 IPSRT를 시작하게 된 40세의 이혼 남성이었다. 그는 지난 1년간 무직 상태였고, 그동안 장기적인 조증 삽화를 경험하여 결국 몇 주간 입원을 하게 되었다. 아내는 조증이 시작되는 초기에 별거를 시작하겠다고 주장했고, 전기기술자로 일했던 지역 건설회사에서 일자리도 잃었다. 퇴원했을 때, 그는 확실한 직장을 얻고 개인적인 삶이 정상 궤도로 돌아갈 때까지 당분간 고향으로 돌아가 부모와 함께 살기로 결정하였다. 이것은 어려운 결정이었는데, 왜냐하면 18년간 부모와 따로 살아왔기 때문이었다. 고향으로 돌아가 함께 살면서 어머니와의 관계에서 갈등이 발생하기 시작하였다. 아버지와의 관계도 불편하기는 마찬가지였다. Walt는 부모와의 갈등이 양극성 장애 그리고 실직 때문이라고 생각하였다. 부모들은 이 병을 이해하지 못했고, 부적절하게 간섭하고 통제적이었으며 과잉 보호적이었다. 부모들은 그가 어떻게 살아야 할지, 매일 어떤 활동을 해야만 하는지를 가르치려고 했다. Walt는 이에 대해 매우 화가 났지만, 그 상황에 갇혀 버린 느낌이었다. 그는 적극적으로 구직을 하였으며 전기기술자로서의 일을 찾았다. 그러나 그 작은 동네 안에서 공사 작업은 거의 없었고, 부모는 그가 다른 직업을 더 광범위하게 찾아 봐야 한다고 주장했다. 그러나 그는 양극성 장애와 나이 때문에 확실한 직업을 구하는 데 드는 시간이 오래 걸리긴 했지만 구직의 범위를 넓히기는 어렵다고 느꼈다.

Walt는 IPSRT에서 부모와 함께 사는 것에 대한 좌절감과 그들이 자신의 삶을 좌지우지하고 간섭하는 것에 대한 분노에 대하여 이야기하였다. 함께 살면서 경제적으로 지원을 받고 있었기 때문에 부모가 자신을 미성년처럼 대하는 경향이 있음을 그는 인식하게 되었다. 부모가 자신에 대한 염려에서 그리 행동한다는 것에 대한 이해와 구직을 할 수 있는 능력을 갖추고 있음이 분노를 해소하는 데 도움이 되었다. IPSRT 치료자는 부모의 간섭에 대처할 방법들에 대하여 그와 함께 의논하였다. 그는 대부분의 간섭에 반응하지 않기로 선택했지만, 그것이 너무 어려울 때는 적절한 한계를 설정하기로 노력하였다. 이 방법이 통하지 않자, 그는 여자 형제의 집으로 가서 잠시 부모와 거리를 두는 방법을 습득했다. 또한 부모에게 양극성 장애에 대하여 알려 주고자 노력했다. 장기적인 목표는 자신이 증상을 겪을 때 부모가 더 개입하지만 증상이 없는 기간에는 덜 관여하도록 하는 것이었다.

양극성 환자들에게 부부관계에서의 갈등도 일어날 수 있다. 일반적으로 양극성 장애는 여러 방식으로 결혼관계에 위협이 되고 양극성 장애 환자들은 이혼율이 높다.

사례 예시

Alex는 두 명의 어린 딸을 둔 기혼의 변호사였다. IPSRT를 시작할 당시 그는 10년간의 양극성 장애 병력을 갖고 있었다. 처음 두 번의 삽화는 우울 삽화였고 그

다음 두 번은 조증 삽화였다. 그의 비정상적 행동 때문에 매우 염려하던 동료들의 강권에 못 이겨 두 번째 조증 삽화 동안 치료를 받으러 오게 되었다. 그의 증상은 들뜬 기분, 수면 감소, 말이 많음, 증가된 활동 수준, 사교성과 성욕, 문란함, 과민성, 판단력 저하를 망라하였는데, 이는 일반적으로 그리고 의뢰인 및 법정에서의 개별적인 상호작용에서 모두 드러났다. 파트너 변호사들은 이 상태가 지속되면 그가 변호사 자격을 잃게 될까 봐 걱정하였다. 증가된 사교성과 문란함은 부부관계에서 여러 문제를 일으켰다. 늦은 밤 외출, 낯선 여자로부터의 전화 그리고 다른 부정의 증거들을 의심하게 된 아내는 매우 기분이 상한 나머지 남편의 프라이버시를 침해하게 되었다. 그녀는 남편의 행동을 통제하고자 했으며, 집 밖에서 보내는 시간을 제한했다. 아내의 요구가 더 많아질수록, 그는 더 화가 났고 아내와 딸들로부터 떨어져 보내는 시간을 도리어 늘림으로써 분노를 표출했다. 결국 아내에 대한 분노와 자유에 대한 갈망이 강해져 별거하여 혼자 살기로 결심했다. 이 부부는 8개월간 별거 상태였다. 조증 삽화가 끝나자 Alex는 자신의 조증 증상들에 대하여 돌이켜 볼 수 있게 되었다. 그는 아내를 떠나기로 했던 결정을 후회하였고 재결합하기를 원했다. 그러나 이 시점에 이르러서는 이미 부부관계에 상당한 손상이 가해진 후였다. 아내는 버림받고 배신당했다고 느꼈으며, 남편의 행동에 화가 나 있었다.

조증 증상이 가라앉자 Alex는 자신이 그토록 비이성적이고 경솔하게 행동하였다는 사실에 깊이 충격을 받았다. 증상들 때문에 자신의 판단력과 의사결정에 무슨 일이 일어난 것인지를 헤아려 볼 시간이 필요했다. 또한 이 문제를 아내에게 어떻게 이야기해야 할지를 생각해 내는 데에도 도움이 필요했다. 결혼관계를 지속하려면 아내가 (그녀의 자존감에 심각한 충격을 주었던) 그의 행동들을 그의 인격으로 개인화하지 않을 수 있어야 할 텐데, 이러한 고통을 초래한 사람이 '진짜 나'가 아니었음을 아내를 이해시킬 방법이 Alex에게는 없었다. IPSRT 치료자는 아내와 함께 2~3회기를 함께하는 것을 제안하였고, 아내는 치료에 참석하였다. 이 회기들 동안 치료자는 Alex의 아내에게 조증이 개인의 판단력에 영향을 미치는 방식에 대하여 정보를 제공하고자 노력하였다. 처음에 아내는 치료자가 Alex의 편을 든다고 생각했다. 그러나 시간이 지나 그녀 입장에서의 이야기에 충분히 관심을 기울인 후, 아내는 치료자가 양측의 입장을 깊이 고려할 뿐만 아니라 자녀들을 생각하고 있다는 것을 알게 되었다. Alex 부부는 부부관계에 상당한 손상이 있었다는 점과 이를 복구하기 위하여 많은 시간과 노력이 필요하다는 점에 대하여 분명히 이해하면서 재결합하기로 결정하였다.

역할 전환

역할 전환 문제영역의 개척은 기분장애 환자의 치료에서 Klerman과 동료들이 남긴 독특하고도 중요한 업적 중 하나이다. 그러한 역할 전환에는 이혼, 사별, 자녀가 집을 떠남과 같은 상실과 더불어 첫 전업 직장을 얻음, 중요한 승진, 결혼, 자녀의 출생 등의 성취가 포함된다. 그 전환을 겪는 사람의 입장에서 잃고 얻는 것은 모두 재적응과 변화를 요한다. 양극성 장애 환자들은 일과에서의 사소한 변동에도 민감할 수 있기 때문에, 역할 전환을 특히 스트레스로 받아들일 수 있다.

역할 전환은 환자의 삶에서 어떤 사건들이 사회적 역할 그리고/또는 생활양식에서 주요한 변화들을 유발하였거나 그럴 예정일 때 IPSRT의 초점이 되어야 한다. 치료자는 그 사건이 환자의 대인관계, 사회적 리듬, 자기상에 얼마나 중요한 변화를 일으키는지를 가늠해 보아야 할 것이다. 분명히 어떤 역할 전환들은 앞의 세 가지 영역에 모두 영향을 미칠 것이며, 다른 사건들은 한두 가지의 영역에만 영향을 줄 것이다. 역할 전환은 기분삽화에 선행하거나 뒤따라올 수 있으며, 우울증과 조증 삽화를 촉발하거나 또는 그에 의해 촉발된다. 환자들은 역할 전환기 동안 일상을 구조화하거나 그 이후 재구조화하는 데 도움을 필요로 할 수 있다. 또한 치료자는 환자가 잃어버린 사람 그리고/또는 역할, 자의든 타의든 간에 떠맡게 된 새로운 역할에 대해 드는 감정을 이야기하도록 할 수 있다. 양극성 장애 환자들은 종종 역할 전환과 관련된 변화들에 대처하기 어려워하는데, 특히 그 전환이 병 자체에 의해 유발된 것일 때 그러하다. 또한 양극성 장애를 겪고 있다는 것 자체에 대한 죄책감, 자책, 비난, 통한이 역할 전환 작업을 어렵게 할 수 있다. 때로 역할 전환은 수치심 그리고/또는 굴욕감을 자극할 수 있는데, 그에 따라 자기상이 심각한 영향을 받기도 한다. 이는 환자가 조증 또는 우울증 증상 때문에 학교를 그만두거나 실직, 퇴거, 별거 또는 이혼을 당하게 되었을 경우에 특히 그러하다. 그러한 상실 사건의 맥락에서 수년간 독립적으로 생활했던 성숙한 개인이 어쩔 수 없이 부모의 집으로 돌아가게 되고 다시금 부모에게 의존하게 된다. 이러한 종류의 역할 전환은 환자의 자존감을 극적으로 그리고 빠르게 손상시킬 수 있다.

사례 예시

Melissa는 안정된 가정환경에서 성장한 38세의 기혼 여성이었다. 그녀는 원가족과 매우 가까웠고 세 자매를 자신의 일차적인 사회적 네트워크라고 여겼다. 또한 어머니와도 극도로 가까워서, 어머니는 그녀가 내리는 삶의 선택들과 자존감에 지대한 영향을 미쳤다. 어머니는 그녀를 매우 자랑스러워했다. Melissa는 안정된 부부관계에서 세 명의 자녀(10세 그리고 5세 쌍둥이)를 두고 있었다. 그녀는 간호사로 일했고, 자신이 훌륭한 어머니이고 아내이자 직장인이라고 생각하였다. 쌍둥이를 출산한 후로 그녀는 약간 경조증적인 기분의 기저선을 갖게 되었다고 이야기하였다. 당시 경미한 산후 우울증이 있었고, 출산한 지 약 3년이 지난 후 첫 조증을 겪게 되었다. 2년 전의 조증 이후 기분이 오르락내리락했고 IPSRT를 시작할 때까지도 그다지 안정되지 못하였다. 전업 간호사로 계속 일했지만, 그녀는 일을 하면서 다른 역할들을 제대로 수행하기 힘들어졌음을 인정하였다. 병과 예전처럼 기능하지 못한다는 점은 좌절감의 원천이 되었다. 과거 그녀는 자신의 장점, 가족을 돌보고 직업을 갖고 어머니와 자매들이 필요한 것을 들어주는 능력을 자랑스럽게 생각했었다. 기분이 급속히 순환했기 때문에, 그녀는 자기 자신을 믿을 수 없었다. 가족들로부터 거리를 두거나 또는 너무 과도하게 간섭하고 지나치게 스케줄을 잡는 행동을 보이면서, 대인관계에서도 갈등이 늘어났다. 그녀는 자신에게 양극성 장애가 있다는 것과 이 장애가 대인관계에 미치는 영향을 받아들이기 매우 힘들어했다. 치료자와 이러한 변화들에 대하여 모두 이야기한 후, 그녀는 가족 내의 '건강한' 역할을 포기하고 그로 인해 발생하는 결과들을 직면해야만 했다. 치료는 Melissa가 양극성 장애를 감안하여 아내, 엄마, 딸, 간호사로서 자신의 역할들을 평가하도록 돕는 데 집중했다. 점차 그녀는 조증 이전에 유지하던 수준으로 그 모든 역할들을 감당해 낼 수는 없을 것이라는 점을 받아들이게 되었다. 치료 작업의 상당 부분은 자신에 대한 기대 수준을 낮추고, 일부 역할들을 포기하거나, 또는 그러한 역할에서 자신의 수행에 대한 지각을 바꾸고, 스스로를 어떻게 더 잘 돌볼 수 있는지를 배우는 데 초점이 맞추어졌다. 그녀는 스트레스가 많은 입원 병동에서 일하는 대신 개인 병원에서 파트타임으로 일하기로 결정했고, 어머니와의 밀착된 관계에서 조금 거리를 두고, 자신이 할 수 없는 것들에 있어서는 자매들의 도움을 받고, 기분이 불안정할 때는 가족들이 돕는 것을 허락하도록 하였다. 이것을 해내기 위하여 그녀는 '슈퍼맘'이라는 자기지각을 변경하는 데 부단히 애써야 했다. Melissa와 치료자는 기분을 조절하고 역할들을 보다 효율적으로 수행하기 위하여 일상에서 재적응을 해 나가면서, 양극성 장애라는 진단에 대처하는 작업도 지속하였다.

거의 모든 양극성 장애 환자들이 장애의 결과로 인하여 역할 전환을 경험하게 된다. 어떤 환자들은 이를 수용할 수 있으며, 기분삽화가 호전되고 나면 장애가 거의 없이 삽화 전의 기능을 회복할 수 있는 경우도 있다. 그에 반해 어떤 환자들은 보다 지속적인 변화 또는 기능장해를 겪게 된다. 또 다른 환자들은 처음 몇 번의 기분삽화에서는 역할 기능의 명백한 저하 없이 풍파를 잘 버티다가, 기분삽화, 입원, 실직, 심각한 삽화와 연관된 주거지 이동 등의 여파가 누적되면서 사회적 기능 저하가 나중에 진행되기도 한다. 30대에는 기분삽화 후 3일 내로 출근을 재개할 수 있던 환자가 10년 후에는 더 이상 그렇게 할 수 없거나 40대 후반쯤에 이르러서는 심각하게 악화된 상황 또는 노숙자 신세에 처하게 되기도 한다. 조증 증상에 속하는 저하된 판단력, 성적 문란함, 과소비, 과민성, 과대성 그리고 손상된 의사결정 능력은 환자의 삶에 파괴적일 수 있다. 이러한 증상 중 어떤 것이라도 계획되지 않은 그리고 원치 않은 역할 전환을 촉발할 수 있다.

사례 예시

Pat은 52세의 이혼 여성으로 과거에 비서로 일했으며, 나중에 우울증으로 전환된 심각한 조증 이후 IPSRT를 시작할 즈음에는 양극성 장애 병력이 도합 30년에 달했다. 처방받은 약을 중단한 후 발생했던 초반의 기분삽화 동안 그녀는 과대한 기분, 부풀려진 자신감, 수면 욕구의 감소, 증가된 에너지, 감소된 식욕(자주 식사를 잊음), 빠르게 전개되는 생각의 흐름, 저조한 판단력을 경험하였고, 이는 특히 직장에서 나타나 자신의 행동 때문에 즉각적으로 당혹스럽게 되었다. 당시 그녀는 한 회사에 5년간 근무하고 있었다. 고용주는 복직을 원했지만, 그녀는 직장을 그만두었고 이후 여러 회사에서 대여섯 가지의 단기 직업들을 전전하였으나 좀처럼 가계 수입과 지출의 균형을 맞출 수가 없었다. 늘 종교적이었던 그녀는 위안을 얻기 위하여 신앙에 의지했고, 정상적인 종교적 헌신이었던 것이 어느샌가 과도한 독실함으로 변모하였다. Pat은 자신에게 일어나는 사건들을 신으로부터의 메시지로 해석하기 시작했다. 그녀는 교회에서 여러 정신과적 문제와 빈번한 입원 경력을 갖고 있는 남자를 만나게 되었다. Pat은 신이 이 남자를 '구원하라'며 자신에게 보내 주었다고 확신했다. 연금계좌에서 8,000달러를 인출하고 신용카드로도 5,000달러를 지출하여 그를 돌보는 데 사용하였다. 청구서를 지불할 능력이 없어지자 그녀는 조증을 경험하는 동안 아파트에서 쫓겨났고 매우 낙후된 동네의 아파트로 이사할 수밖에 없게 되었다.

조증이 잦아들자 Pat은 과거 30년간 경험해 본 적이 없는 정도의 우울증에 빠져들었다. Pat의 치료자는 양극성 장애로 인해 발생한 여러 가지 부정적인 변화들에 환자가 대처하도록 도와야 하는 어려운 과제에 맞닥뜨리게 되었다. 그녀는 새 아파트와 동네에 대해 매우 불만족스러워 했으나, 최근의 조증 삽화 동안 발생한 재정적 문제 때문에 더 나은 곳으로 옮길 수가 없었다. 예전의 그녀는 비교적 성공한 편이었고 비서로서 돈을 잘 벌었지만, 지금은 전화 판촉원 일밖에 찾지 못하였다. 빚이 많았지만, 그로부터 벗어날 뾰족한 방도가 없어 보였다. 종교에 깊이 빠진 기간 동안 많은 친구관계를 단절하여 지금은 사회적으로도 고립된 상태였다. 그녀는 자신의 삶에 일어난 전환들에 심각하게 낙담하였고, 역할 전환 작업의 초반부에서 IPSRT 치료자는 Pat이 여러 가지 상실에 대하여 애도할 수 있도록 돕는 데 집중하였다.

Pat이 과거와 같은 상급 비서직으로 돌아갈 수 있을지에 대한 확신이 없었던 IPSRT 치료자는 환자가 사회적 네트워크를 재건하는 것을 돕는 데 초점을 맞추었다. 놀랍게도, 그녀가 다시 연락했을 때 많은 친구들이 기뻐하며 함께 시간을 보내고자 하였다. 이는 상당한 기분 호전으로 이어졌다. 그런 다음 치료자는 채무를 어떻게 줄일 수 있는지에 관하여 전문적인 재정적 조언을 받아 보길 권했다. 그녀는 개인 파산을 신청할 수 있다는 것을 알게 되었다. 비록 이것이 현재 사는 형편을 크게 변화시키지는 못하지만, 모든 빚을 갚을 능력이 못 된다는 죄책감을 덜 수 있다는 점에서는 의미가 있었다. 이전의 역할 기능 수준으로는 절대 돌아갈 수 없었음에도 불구하고, 급성기 IPSRT 치료를 마칠 즈음 그녀는 훨씬 덜 우울해하였고 자신의 상황을 점차 받아들이게 되었다. 유지치료 동안 Pat의 치료자는 직업 기능에서 기능 저하가 더 진행되는 것을 방지하고, 친구들과의 사회적 관계를 유지해 나가고, 교회 및 종교적 관여가 이성적인 수준에 머무르도록 모니터하는 데 집중할 것이다.

8장의 정서적 증상 관리 부분에서 내포되어 있듯, IPSRT에서의 역할 전환은 단극성 우울증 IPT의 경우보다 증상 관리와 상당 부분 병합될 필요가 있다. 최선의 상황에서라면 역할 전환은 계획되거나 또는 적어도 예견되어야 한다. 계획 단계에서 치료자는 환자가 새로운 역할에 기대되는 바를 수행하는 정도에 있어 양극성 장애가 일정한 한계를 부과할 수 있다는 것을 인정하도록 도울 수 있다. IPSRT에서 새로운 역할의 요구에 적응하는 일은 정서적 증상 관리와 끊임없이 상호작용한다.

사례 예시

Jenna는 19세의 대학교 2학년 학생으로, 학교 상담센터에서 치료를 의뢰받을 시점에 5년간의 기분삽화 병력을 갖고 있었다. 병 때문에 Jenna는 고향에서 전문대에 진학하였다. 첫해 동안은 부모의 집에서 생활하였기 때문에, 고등학교 때와 그다지 다를 것이 없어 보였다. 1학년이 끝날 즈음, 부모는 딸이 이제 집에서 독립하여 학교를 다니는 것을 시도할 준비가 되었다는 점에 동의하였다. 그러나 얼마 지나지 않아 이 역할 전환이 당시 그녀 자신이나 부모가 상상했던 것보다 훨씬 더 큰 문제였다는 것이 자명해졌다.

집에서의 일과로부터 풀려나 (집 근처에서 다니던 작은 전문대와 비교하여) 대규모 대학에서 수업 스케줄을 자유롭게 계획할 수 있게 된 Jenna는 2학년을 시작하고 몇 달만에 학업이나 증상적인 측면에서 모두 심각한 곤경에 빠지게 되었다. 그녀는 기숙사에서의 생활과 더불어 낮 12시 전에는 수업이 없도록 마음대로 스케줄을 잡을 수 있는 자유를 매우 좋아했다. 그러나 조금만 탐색을 해 보더라도, 늦게까지 자는 것이 우울증을 촉진하였으며 예전에는 생산적인 시간이던 오전 동안 공부를 할 수 없게 만들었다는 점을 알 수 있었다.

과도하게 흥분한 Jenna의 부모와 몇 차례 만난 후 치료자는 현재 문제가 자유로운 성인으로서의 새로운 역할 자체에 있다기보다 수강 스케줄을 짜고 언제 공부할지를 계획하는 것에서 내린 결정들에 있다는 점을 명료화할 수 있었다. 첫 학기의 스케줄을 변경하지 않고도, 그녀가 가장 생산적인 시간 동안 공부할 기회를 가지도록 수면-각성 시간과 공부 시간에서 일정한 조정을 하는 것이 가능했다. 이는 성적에서 다소 상승을, 기분에서의 상당한 호전을 가져왔다. 그러나 진정한 변화는 최적의 기분과 공부에 도움이 되게끔 스케줄을 선택한 다음 학기에 일어났다. 2학년이 끝날 시점에 Jenna와 부모는 그녀가 자유로운 상태와 정상적인 기분을 유지할 능력을 갖추고 있음에 매우 기뻐하였다.

환자가 특정한 역할을 수행하는 능력에 있어 양극성 장애가 부과하는 한계점들을 받아들이도록 돕는 것은 종종 IPSRT 치료자의 일이 된다. 때로 환자들은 사회적 · 직업적 역할의 선택을 재고하거나 스트레스와 과잉자극을 줄이기 위하여 변화를 시도해야 할 필요가 있다. IPSRT는 환자가 포기해야 했던 역할에 대하여 애도하고, 그 역할을 하지 않는 것으로부터 오는 이득을 살펴보고, 새로운 역할로의 매끄러운 전환을 이루도록 도울 수 있다.

사례 예시

Katie는 은행 중역으로서 성공적인 커리어를 쌓아 온 41세의 기혼 여성이었다. 양극성 장애를 겪어 온 12년 중 대부분의 기간 동안 그녀는 분명히 분절된, 비교적 짧은 기분삽화를 경험해 왔다. IPSRT를 시작했을 시점에는 기분이 반년간 오르락내리락했고 1년 이상 병가를 낸 상태였다. 사회적 리듬 작업을 시작한 지 몇 개월 내에 두 달간 안정적인 기분을 유지할 수 있었고 직장에 복귀할 준비를 하게 되었다. 그러나 예상치 못하게 기분이 다시 급락했고, 이대로는 복직할 수가 없어졌다. 그녀는 퇴직 수당을 받고 정리해고 되는 선택지를 제안받았다. 치료자와의 매우 고통스러운 의사결정을 통하여 그녀는 직장을 그만두고 전업 주부가 되기로 하였다.

IPSRT 치료자와 그녀는 직장으로 돌아가지 못한 것에 대한 슬픔, 직업적 역할과 직장 동료들과의 관계를 상실한 것에 대처할 수 있도록 함께 작업하였다. 또한 치료는 일하지 않는 것의 긍정적 측면을 볼 수 있도록 돕는 것에도 집중하였다. 이러한 긍정적 측면에는 기분 변동을 겪으면서 제대로 해낼 수 있을지에 대한 불확실성을 견디면서 일해야 한다는 압박으로부터의 안도감, 전업 직장을 가질 때는 할 수 없던 모든 '엄마'의 일들을 할 수 있다는 것이 포함되었다. 자신의 결정을 수용하게 되면서, 새로운 역할들로부터 기쁨과 만족감을 얻을 수 있게 되었고 비슷한 역할을 가진 친구 집단이 형성되었다. 자녀들은 이와 같은 새로운 엄마에 기뻐하였고, 기뻐하는 자녀들 때문에 그녀는 자신이 좋은 결정을 내렸다는 것에 더 확신을 가질 수 있게 되었다. IPSRT는 그녀가 전업 엄마이자 가정주부로의 역할 전환을 순조롭게 할 수 있도록 도왔다. 마침내 그녀는 세 명의 자녀를 키우면서 커리어 우먼으로서의 압박감을 느끼는 것이 자신에게 너무나 스트레스였으며, 그녀가 당시 장기간 불안정한 기분을 느끼게 된 데 일조하였다는 점을 인식하게 되었다. 경제적으로는 삶이 조금 어려워졌지만, 부부는 현 상태가 가족에게 전반적으로는 더 낫다는 결론에 이르게 되었다.

대인관계 결핍

대인관계 결핍 문제영역은 IPSRT 치료자에게 가장 어려운 도전과제들을 제시한다. 대인관계 결핍은 환자의 삶에 걸쳐 전반적으로 진행되어 온 경향이 있고 모호한 문제이기 때문에, 명확하게 정의되는 역할 갈등이나 전환과 비교하여 이 문제영역을 개념화하고 치료하기가 더 어려울 수 있다. 따라서 우리는 치료 시 대인관계 결핍을 다루는 것을 나중으로 하는 경우가 잦다. 환자의 최근 삽화 발생과 연결되는 다른 대인관계 문제영역이 없는 경우가 아니라면, 대인관계 결핍은 IPSRT의 첫 번째 치료 초점으로 잡는 것을 피해야 할 문제영역이다.

양극성 장애 환자들에게서 보이는 대인관계 결핍은 '만성적 불만족' 유형으로 특징지어지는 경우가 많다. 이 유형은 자신에게 중요한 거의 모든 사람들과 갈등이 있거나 또는 조증 이후로 사회적 접촉을 경계하게 되어 스스로 고립을 자처하는 양상으로 나타난다. 우리의 경험상 양극성 장애 환자들은 이전 기분삽화 동안에 사회적 관계들을 대부분 절연한 것이 아닌 이상, 단극성 우울증 환자들에게 흔히 관찰되는 만성적인 사회적 고립을 보이는 경우가 드물다. 그보다 대인관계 결핍이 있는 양극성 장애 환자들에게 전형적인 것은 다수의 그러나 대개 만족을 주지 못하는 대인관계를 형성하고 있다는 것이다. 이는 환자의 과민성과 타인의 좋은 면과 나쁜 면을 모두 수용하는 능력이 부재하고 타인을 이상화하거나 아니면 비난하는 경향 때문인 경우가 자주 있다. 이는 개별적인 역할 갈등들을 차례로 다루는 것으로 구성되지만, 결국 환자가 삶에서 겪은 여러 갈등을 관통하는 어떠한 연결성을 이해할 수 있도록 돕는 작업으로 이어진다.

사례 예시

Meredith는 30세의 미혼 여성으로, 고등학교를 졸업한 후 여행사에서 드문드문 일해 왔다. Meredith의 경우 대인관계 결핍은, 특히 사회적 자극의 측면에서 증상 관리 필요성과 강하게 연결되어 있었다. Meredith는 혼자서도 일했고 대형 사무실에서 동료들과 함께도 일했다. 혼자 일할 때면 무언가 자극이 부족한 기분을 느끼곤 했으며 주의가 필요한 세부사항들을 점검하는 것을 미뤘다. 그러나 많은 동료직원과 함께 사무실에서 일할 때에는 동료들을 '좋은' 그리고 '나쁜' 그룹으로 즉각 나누는 패턴이 있었다. 그녀에게 두 그룹은 모두 문제가 되었다. 그녀는 '좋은' 동료들에게 이끌렸고, 그들과 시간을 보내며 어울리다가 정작 회사에서 업무에 집중할 수 없는 때가 자주 있었고, 퇴근 후 동료들과 외출을 하고 귀가하여 잠들지 못하는 경우도 있었다. '나쁜' 동료들은 비효율적이거나 세부사항을 꼼꼼히 챙기지 못하거나 '바보'같아서 그녀를 성가시게 했는데, 그 사람들의 단점에 대한 생각에 너무나 몰두한 나머지 자신의 일에 집중하지 못하곤 했다.

IPSRT 치료자는 우선 두 그룹의 동료들을 보다 균형적인 시각으로 바라보도록 돕는 데 집중하였다. '좋은' 그룹에 속한 어떤 동료들도 가끔 세부사항을 놓치거나 일을 잘 해내지 못하는 때가 있었다. 더욱이 소위 '나쁜' 그룹의 동료들 각각에게도 좋은 점들이 있었다. 이것을 탐색했을 때 Meredith는 그들의 업무 수행 차이가 자신의 상상보다 실제로 그리 크지 않다는 것을 인정할 수 있었다. 그녀는 '나쁜' 동료들의 업무에 대한 반복적인 생각에 제한을 둘 수 있게 되었고, 그들의 결점 중 일부는 자신도 공유하고 있는 것임을 인식하고, 가장 중요하게는 자신의 일에 집중할 수 있게 되었다. 그런 다음 매주 점심 또는 퇴근 후 약속을 잡는 횟수를 제한함으로써, 매력적인 동료들과 어울리는 데 있어서도 일정한 한계를 설정하고자 했다. 비록 이전의 더 꽉 찬 사회적 삶이 그립기는 했으나, 그 결과 기분이 매우 안정되었다는 것을 그녀도 인정하였다. 또한 연간 성과 평가에서 더 좋은 결과를 받게 되기를 기대하게 되었다.

이전에 언급하였듯이 사회적으로 고립된 양극성 장애 환자들은 원래 사회적 기술이 없는 사람은 아니다. 단극성 우울증 환자들 중에서는 넓은 사회적 관계를 한 번도 맺지 않고 살아왔으며, 거의 모든 사회적 상황에서 극도의 불편함을 느끼고 그러한 성향이 아동기부터 지속되어 온 사람들이 종종 보인다. 그에 비해 사회적 고립 유형의 대인관계 결핍 문제를 가진 양극성 환자들은 한때 존재하던 사회적 가교를 불살라 버린 사람들인 경우가 많다.

사례 예시

Steve는 6장에 등장했던 50세의 공무원으로, 사회적 고립 유형의 대인관계 결핍을 나타냈다. 치료 시작 당시, 그는 일하던 도시에서 어머니 집이 있는 어릴 적 고향 동네로 이사했는데 심각한 조증으로 인한 입원 이후 일상 복귀에서 어머니의 도움을 받기 위해서였다. 그에게는 어머니와 여자 형제들이 사회적 관계를 맺는 유일한 사람들이었으며, 그 외에는 체육관에서 자주 마주치는 젊은이들과 안부 인사를 나누는 정도가 전부였다. 그는 그 젊은이들의 이름조차 몰랐다. 자기 자신과 경력에 벌어진 일들에 대한 수치심이 너무 커서 그 지역에 살고 있는 고등학교 동창들에게 연락하지 못했다. 실제로 동창 중 한 명을 거리에서 마주쳤을 때 그는 말 걸기를 피하기도 하였다. 자신이 일하며 생활했던 도시로 돌아갈 생각을 했지만, 조증 기간 동안 자신이 했던 끔찍한 일들 때문에 지인들 중 누구도 자신을 만나 주지 않을까 봐 두려웠다—그리고 아마도 그 끔찍한 일들 중 자신이 기억하는 것은 절반에 지나지 않을 수도 있었다! Steve의 치료자는 병에 대해 알고 있으며 이해하는 남자 형제와 그의 부인부터 시작하여, 알고 지낼 수 있는 비슷한 연령대의 소집단을 만드는 데 주력했다. 또한 치료적 관계를 이용하여 Steve가 얼마나 재미있는 사람이며, 얼마나 많은 것들에 대해 알고 있는지, 그리고 기분이 정상적일 때에는 그와 대화하는 것이 얼마나 즐거운 일인지에 대하여 자각할 수 있도록 하였다. 이는 Steve가 몇몇의 예전 친구를 선택적으로 접촉해 보고, 다시 일을 시작하는 것에 대해서도 생각해 보도록 만들었다.

앞서 제시된 사례들은 여러 대인관계 문제영역들이 차례로 다루어지는 장기치료 과정에서 발생하는 일들에 대한 짤막한 묘사이다. IPSRT를 실시해 온 우리의 경험상 대부분의 환자들은 조증 또는 우울증 급성기에 시작하여 2~3년간 치료를 받는다. 그 시간 동안 일부 환자들에게서 새로운 삽화가 재발하기도 한다. 그러한 경우 치료의 초점은 다시 사회적 리듬의 안정화와 새로운 삽화 발생과 연결된 문제영역으로 돌아간다. 첫 삽화 이후에 비교적 안정되게 지내 온 환자들에게는 유지치료의 초점이 대개 예견적인 것이다. 예상되는 상실 또는 변화가 또 다른 기분삽화로 이어지는 것을 어떻게 피할 수 있는가? 또는 이 작은 의견충돌이 더 큰 역할 갈등으로 번지지 않도록 어떻게 예방할 수 있는가? IPSRT 임상가로서 당신은 대인관계 문제영역 작업을 각 환자의 예상되는 치료 기간, 치료가 진행되면서 발생하는 요구사항들에 맞추어 조절해 나가야 한다.

비록 종결 작업이 기분장애와 불안장애를 위한 대부분의 경험적으로 지지된 단기치료들에서 초점이 되지만, 우리는 이것이 거의 모든 사례들에서 일생에 걸쳐 지속되는 장애의 경우에는 조금 달라야 한다고 생각한다. 이 주제는 14장에서 다룰 것이다.

10장 다른 유용한 개입법들

대인관계 및 사회적 리듬 치료(IPSRT)의 두 가지 주요 구성요소인 사회적 리듬 개입에 의한 기분 증상의 조절, 대인관계 영역에서의 개입에 덧붙여 여러 다른 개입법들이 IPSRT 모델에 병행될 수 있으며, 급성적인 기분 증상의 호전이나 안정된 기분을 유지하는 데 도움이 될 수 있다. 이번 장에서는 양극성 장애 환자를 위한 IPSRT 모델에서 사용하기에 특히 유용한 것으로 생각되는 기타 개입법들을 소개한다. 첫 다섯 가지 개입법은 우리가 모든 IPSRT 환자들에게 사용하는 것이고, 나머지는 적절할 때에만 사용하는 개입법들이다. 양극성 장애를 잘 이해하고 명확하게 사례개념화를 한 치료자라면 IPSRT 모델과 합치되는 다른 창의적인 개입법들도 많이 만들어낼 수 있을 것이다.

'구조' 프로토콜을 만들기

양극성 장애 환자의 임상적 상태는 매우 급속히 악화될 수 있기 때문에, 환자가 정상 기분 상태에 있는 동안 환자와 가족들이 일종의 구조 프로토콜(rescue protocol)에 합의해 놓도록 하는 것이 중요하다. 구조 프로토콜에는 여러 다른 종류의 개입이 포함될 수 있다. 그중에서 매우 유용한 것으로 생각되는 한 가지 개입은 환자가 하루 이틀 밤 이상 잠들기가 어렵다면 또는 매우 취약한 환자의 경우 몇 시간 동안 잠들 수 없다면, 수면 유도를 위하여 사용할 수 있는 소량의 항정신병 약물을 언제라도 구할 수 있도록 해 두는 것이다. 일주기 불안정성 및 그것이 양극성 장애의 새로운 삽화 발생에 미치는 영향에 대한 강조점에 따라, 우리는 하루 이틀 밤의 수면을 놓치는 것이 조증을 유발하기에 충분할 수 있다고 믿는다.

잠을 자지 않는 것이 조증 증상 중 하나이기도 하다는 점에서 잠잘 시간을 놓치는 것과 조증 발생의 관계는 환자와 가족들에게 혼동스러울 수 있다. 잠을 잘 수 없는 데에는 여러 원인들이 있을 수 있으나, 이는 결과적으로 조증으로 이어질 수 있다. 불면의 원인(임박한 조증 또는 다른 외적인 영향)이 무엇이든지 간에, 핵심은 수면을 회복하는 것이 분명한 항조증 효과가 있다는 것이다. 우리가 치료했던 많은 환자들은 응급 약물을 사용할 수 있게 됨으로써 완전한 조증 삽화를 방지한 경험이 있다. 일반적으로 우리는 환자들이 응급 약물을 사용하기 전에 임상가 또는 치료진 중 누군가에게 연락을 취하도록 권고한다. 그러나 만약 환자가 응급 약물이 필요한 때 임상가와 연락을 할 수 없다면, 일단 약을 복용한 후 다음날 연락을 취하도록 권한다.

또한 구조 프로토콜에는 기분이 고양되거나 저조해지는데 환자 스스로는 무언가 조치를 취할 수 없을 때 (응급 약물의 사용에 더하여) 각자가 무엇을 해야 할지에 대한 구체적인 그리고 때로는 상호 간에 서명된 환자와 가족 또는 배우자, 연인 간의 약속이 포함될 수 있다. 예를 들어, 가족이 환자를 대신하여 임상가에게 연락을 하도록 허락하는 것, 환자의 기분이 매우 크게 변화했는지를 가족이 확인하도록 하는 것, 필요시 환자를 정신과 응급실로 이송시키거나 환자가 원치 않더라도 입원을 신청하도록 허락하는 것이 있을 수 있다.

약물 모니터링

2장에서 이야기했듯이 약물치료는 모든 제I형 양극성 장애 환자들에게 필수적이다. 9장 Ginnie의 사례에서와 같이 임신을 원하는 여성은 기분에 부정적인 영향을 주지 않으면서도 3~6개월의 짧은 기간 동안 약물을 복용하지 않고 지낼 수도 있다. 그러나 제I형 양극성 장애 환자가 그보다 훨씬 더 긴 기간 동안 약물치료 없이 증상을 조절하며 지내는 것은 드문 일이며, 많은 환자들이 약을 중단한 지 며칠 또는 몇 주 내에 증상이 재발된다. 더욱이 동일 용량의 약물을 유지하면서 장기간 안정된 기분을 유지할 수 있는 재발성 단극성 우울증 환자와는 달리, 우리의 경험상 많은 제I형 양극성 장애 환자들은 비교적 자주 약물 용량을 상향 또는 하향 조절할 필요가 있으며, 때로는 약물치료의 종류와 방향을 바꾸어야 할 때도 있다. 제II형 양극성 장애 환자 중 일부는 IPSRT만을 하면서도 안정된 기분을 유지할 수 있지만, IPSRT를 받는 것만으로 불충분할 때에는 언제나 약물치료를 가능한 치료적 선택지로서 고려해야 한다.

IPSRT 치료자로서 당신은 약물치료자보다 더 자주 환자를 만나게 될 것이며, 환자의 기분과 일상 기능상의 미묘한 변화들을 관찰할 수 있게 될 것이다. 그러한 경우 환자의 약물이 제 기능을 다하고 있는지를 모니터링하는 것이 당신의 책임 중 하나가 된다. 이는 아주 작은 기분 변동마다 약물이 조절되어야 한다는 의미가 아니라, 2주 이상 지속되는 기분 또는 기능상의 명백한 변화는 환자의 약물치료 계획에서 변경을 고려해야 할 신호가 된다는 것이다. 만약 당신이 환자에게 약물도 처방하고 있다면, 이러한 조정을 스스로 할 수 있을 것이다. 그러나 다른 임상가가 환자의 약물을 처방하고 있다면, 당신이 관찰한 변화들과 약물 변경 필요성에 대하여 약물치료자와 상의하거나, 더 바람직하게는 환자가 이와 같은 변화들에 대하여 직접 약물치료자와 이야기하도록 할 수 있다. 양극성 장애 치료에 사용되는 일부 약물들, 특히 리튬 사용 시 환자의 혈중 약물 농도가 약물 조정에 중요한 지침이 된다. 혈중 농도는 적어도 매 3개월마다 모니터링되어야 한다. 당신이 환자의 약물치료자가 아니라면 혈중 농도는 (때로 경조증의 신호일 수 있는) 약물 순응도 또는 환자의 생리적 상태에서의 변화를 나타내기 때문에, 이러한 혈중 농도에 대해 알고 있는 것이 중요하다. 양극성 장애를 치료하는 데 효과적으로 사용되는 라모트리진 같은 새로운 약물들은 임상가에게 지침이 될 만한 혈중 농도와 치료 효과 간의 관계성이 명확치 않다. 만약 환자가 이러한 약물로 유지치료 중이라면, 약물을 규칙적으로 복용하는지 그리고 약물 복용 결과 어떤 변화들을 느꼈는지를 물어볼 수 있다.

부작용 모니터링과 조절

양극성 장애의 성공적인 치료에서 핵심적인 요소는 매 치료 회기마다 (체중 증가와 성기능 부전을 포함한) 흔히 발생하는 모든 부작용을 검토하고 조절하는 데 있다. 잠재적인 부작용들에 대해 환자가 자발적으로 불편함을 보고하길 기다리기보다는 각각에 대해 직접 질문해야 한다. 고통스러운 부작용은 병에 대한 부정 다음으로 치료 불순응의 중요한 이유가 될 수 있기 때문에, 의사가 아닌 임상가들도 환자가 복용 중인 약물과 연관될 수 있는 신체적 불편 문제를 다루어야만 한다. 만약 어떤 부작용이 환자를 괴롭게 하는지를 충분히 알지 못한다면, 그에 적응하거나 없애기 위한 전략을 제안하는 데에도 어려움이 있게 된다.

양극성 장애를 치료하기 위한 약물 중 어느 것도 전적으로 순기능만 있지는 않다. 대부분의 환자들에게 치료 약물들은 특정 부작용을 일으킬 수 있다. 환자가 경험하고 있는 부작용이 무엇인지 이해하고 그것을 조절하기 위한 도움을 제공하는 것은 환자가 치료에 순응하는 정도를 크게 향상시킬 수 있다. 일례로 리튬은 다뇨증(과도한 소변 배출)과 연관될 수 있는데, 이는 특히 추운 날씨에서는 요실금 문제를 유발할 수 있다. 방광에 소변량을 줄이고 추위에 노출되는 것을 최소화하는 방법들을 통하여 환자가 이 문제를 해결할 수 있도록 도울 수 있다. 또한 리튬은 어떤 환자들에게는 설사를 일으키는데, 이는 식이습관 변화를 통해 완화될 수 있다. 약물과 관련된 입마름은 물병이나 껌을 들고 다니는 것으로 경감될 수 있다. 그러한 문제들을 해결하기 위한 식이조절과 관련한 내용을 한 장의 유인물로 정리하여 환자에게 제공할 수 있도록 보유하고 있을 수도 있다.

SSRI 항우울제 중 다수는 특히 치료 초기에 구역질을 유발할 수 있다. 하루 동안 소량의 식사를 여러 번 함으로써 위장을 채워 놓는 것이 도움이 될 수 있으며, 어떤 환자들에게는 배멀미 방지용 팔찌가 구역질 완화에 도움이 되기도 한다. 이러한 개입법들 중 무엇이 환자가 경험하는 불쾌한 부작용을 감소시키는지 여부보다 아마도 더 중요한 것은 부작용에 대하여 시간을 들여 질문하고 관리 방안을 제안할 때 환자에 대한 관심과 염려를 표현할 수 있다는 점이다.

부작용이 심각하고 약물적 · 행동적 관리 방안에도 경감되지 않는 경우에는 치료자로서 당신과 환자의 의사가 대안적인 치료 계획에 대해 환자와 상의해야 할 것이다. 치료 계획 변경과 관련된 어떠한 결정이든 환자와 협력적으로 이루어져야 하는데, 이는 특정 부작용으로 인해 상당한 불편을 겪는 환자들일지라도 약물 복용 결과로 증상이 충분히 나아지고 있다면 약을 바꾸는 것을 꺼릴 수도 있기 때문이다.

다른 치료약, 술 그리고 불법 약물 복용에 대한 주의 깊은 검토

신체적 불편에 대한 질문은 환자가 지난 방문 이후로 처방 없이 살 수 있는 다른 치료약, 한약, 불법 약물과 술을 복용했는지에 대해서도 이루어져야 한다. 여기에는 두 가지 이유가 있다. 첫째, 이전에 신체적 증상이 없던 환자가 지금 왜 그런 증상을 경험하는지를 이해하는 데 도움이 될 수 있으며, 잠재적으로 위험한 약물 상호작용을 일으킬 수 있는 무언가를 환자가 복용하고 있지 않다는 점을 확인해야 하기 때문이다. 둘째, 양극성 장애 환자들은 고통, 지루함, 불안 등을 일시적으로나마 경감시켜 주는, 그러나 결국 병의 경과에 매우 부정적인 영향을 미치는 중독 물질에 끌리는 강한 성향을 가지고 있기 때문이다.

우리는 모든 기분장애 환자들에게 있어 술 또는 정신에 영향을 주는 물질 섭취와 관련해서는 부정적 입장을 강력하게 견지하곤 한다. 비록 환자들이 **완전히** 금주할 것을 기대하지는 않지만(물론 조카의 결혼식에서 샴페인 한 잔 정도는 할 수 있다!), 혈중 알코올 농도가 하강할 때 술이 기분에 나쁜 영향을 미친다는 점을 **지속적으로** 상기시킨다. 술은 수면에도 똑같이 나쁜 영향을 끼치는데, 기분장애 환자들에게 이미 부족한 깊은 델타 수면을 감소시킨다. 불법 약물에 관해서는 양극성 장애 환자들이 정신(그리고 에너지)에 영향을 주는 다양한 물질들에 왜 끌리는지에 대해서는 충분히 이해하지만, 그런 물질을 복용하는 것이 간헐적으로 소량에 불과하다 하더라도 그간 환자가 기분, 에너지, 수면, 일상 기능을 안정화시키기 위하여 들인 모든 수고를 무효화시킬 수 있다는 점을 매우 강조한다.

새 기분삽화가 재발할 때 사용될 구조 프로토콜을 만드는 것, 약물 복용과 부작용 모니터링, 다른 약물이나 중독성 물질에 대한 모니터링에 덧붙여, 일부 환자들에게는 영양과 운동에 대하여 논의하고, 계절성 패턴을 다루고, 치료에 가족을 관여시키고, 지지 집단에 들어갈 수 있도록 돕고, 현실적으로 필요한 도움을 직접 제공(instrumental support)하는 것이 중요할 수 있다. 다음에는 이러한 유용한 개입들이 차례로 소개될 것이다.

운동과 영양 자문

일반 미국 인구에 비하여 양극성 장애 환자들이 더 과체중이거나 비만이지는 않은 것으로 보이지만, 과체중/비만은 양극성 장애의 불량한 치료 결과와 상관관계가 있다(Fagiolini, Kupfer, Houck, Novick, & Frank, 2003). 설상가상으로 양극성 장애 치료약 중 다수가 체중 증가를 가져온다. 그러나 우리의 경험상 운동 프로그램과 식이조절을 하는 환자들은 일반인들이 그러한 활동을 할 때와 동일한 이득을 얻을 수 있다. 이는 치료자가 환자에게 정상 범위의 체질량지수(body mass index<25)를 유지하도록 격려해야 할 책임이 있다는 의미이다. 이것을 어떻게 할 수 있는지에 대한 구체적인 제안들은 환자가 그러한 변화를 시도할 동기를 가지고 있을 때에 하는 것이 적절하다. (유행 다이어트법이 아니라) Weight Watchers 등의 분별 있고 점진적인 체중 감소법은 환자가 프로그램을 잘 따라가는 한 양호한 치료 성과와 상관이 있었으며, 체중 증가를 유발할 가능성이 있는 약을 복용하는 환자들에게서도 마찬가지였다. 정기적인 유산소 운동과 칼로리 제한을 병행하는 것이 최선의 결과를 만들어 내며, 이는 약간의 기분 상승 효과도 가지고 있었다. 운동은 반드시 매우 힘든 것이어야 할 필요는 없다. 20~30분간 빠른 걸음으로 산책을 하는 것만으로도 유익할 수 있다. 그러나 장거리 달리기와 같이 격렬한 유산소 운동은 일부 환자들에게는 경조증을 조절하는 데 도움이 될 수도 있다. 정기적인 운동 프로그램은 규칙적인 사회적 리듬을 확립하는 데 중요한 기반을 제공할 수 있으며, 기분을 안정화시킬 뿐만 아니라 신체적 건강 상태를 개선하는 등 여러 건강상의 이점을 갖고 있다. 체중 증가 문제가 심각한 환자들에게는 전문 영양사 그리고/또는 운동 생리학자와의 자문이 필요할 수 있다.

빛의 조절

사회적 그리고 내적 일주기 리듬을 규칙적으로 만드는 데 도움이 될 수 있는 다소 까다로운 개입법이 바로 빛의 조절이다. 물론 빛은 일주기 체계에 분명한 효과를 미치며 밝은 광선을 쬐는 치료는 그 자체로도 계절성 기분장애의 치료법이다.

사실, 많은 양극성 장애 환자들이 봄, 여름에는 (경)조증을, 겨울에는 우울을 경험하는 등의 분명한 계절적 요소를 가지고 있다. 제I형 양극성 장애 환자들의 경우에는 조증 유발 위험 때문에 고강도의 인공 조명을 사용하는 것이 전통적으로는 권고되지 않았다. 그러나 제II형 양극성 장애 환자들에게 고강도 광선치료는 우울을 경감시키고 보다 정상적인 수면-각성 주기를 확립하는 데 있어 대개 안전하고 효과적인 치료법일 수 있다. 이는 결국 사회적 리듬 안정화의 다른 측면들도 더 쉽게 만들어 준다.

제I형 양극성 장애 환자들에게는 약물치료자에게 자문을 구한 후 환자가 아침에 일찍 일어나 가능한 한 햇빛을 많이 봄으로써 **자연** 광선에 더 오래 노출되도록 제안할 수 있다. 그러나 이러한 방법은 조심스럽게 사용하고 주의 깊게 모니터링 해야 한다.

가족원들을 참여시키기

거의 모든 양극성 장애 환자들의 치료에서 가족원들을 치료에 참여시키는 것은 매우 유용한 개입법이다. IPSRT의 맥락에서 이러한 가족 참여는 양극성 장애에 대하여 가족원들을 교육시키고, 양극성 장애 환자를 돌보는 것이 얼마나 어려운 도전인지를 이해한다는 점에 대하여 일반적인 지지를 전달하는 선에서 그칠 수도 있다. 또는 가족의 치료 참여가 더 구체적인 것이 될 수도 있으며 대인관계 개입을 위해 선택된 특정 문제영역과 관련될 수도 있다.

우리의 경험상 환자의 치료 시작 시 양극성 장애에 대해 아는 것이 거의 없는 가족들을 교육할 때에는 특정 영역들에 집중해야 한다. 첫째, 무엇이 주요우울증 또는 조증 삽화를 구성하는지 그리고 양극성 장애의 진단이 어떻게 내려지는지에 대해 가족들을 교육하는 것이 중요하다. 둘째, 우울하기를 **선택**하는 사람은 없으며 우울 증상이 가족들을 조종하거나 책임으로부터 '회피'하기 위한 목적이 아니라는 점을 환자의 가족과 연인이 이해하는 것이 필수적이다. 하지만 양극성 장애 환자들은 때때로 경조증적이 되기를 '선택'하곤 한다. 우울 상태의 고통과 달리 경조증 상태에서 느끼는 기쁨을 생각해 본다면 이는 쉽게 이해 가능할 것이다. 그러나 손상된 판단력이 조증(때로는 경조증)의 핵심적인 특징이며, 그렇기 때문에 환자들이 자신이 기분이나 행동이 통제하에 있지 않다는 것을 자각하지 못할 수 있다는 것을 가족원들이 이해하는 것이 중요하다. 환자가 현재 무엇이 일어나고 있는지에 대한 통찰이 부족할 때에 때로 가족들이 중요한 역할을 담당할 수 있다. 물론 환자의 기분이 상승할 때 가족의 개입이 제I형 양극성 장애 환자 가족들에게서 종종 관찰되는 심각한 갈등으로 이어질 소지도 있다. 그럼에도 불구하고, 다리가 부러진 가족이 움직임이 필요한 집안일을 할 때 다른 가족들이 도와주는 것과 마찬가지로, 병식의 부재로 잠시 능력이 손상된 가족을 돕는 것을 **시도**해야 할 책임이 있다. 문제는 다리가 부러진 환자라면 이러한 도움을 매우 고마워할 가능성이 높지만, 경조증적 환자들은 그렇지 않다는 것이다.

가족원들의 참여는 환자와 함께 진행하는 대인관계 개입의 일부로서 보다 직접적으로 이루어질 수도 있다. 이는 역할 갈등 문제영역이 선택되었을 때에 특히 가능한 시나리오이다. 실제 치료의 초점이 역할 갈등인 경우 1회기 이상 갈등의 상대방을 치료에 동참시키는 것이 매우 유용하다. 이러한 가족원 참여는 단순히 상대방의 관점에서 갈등을 이해하기 위한 형태로서 정보 수집 목적을 가지고 진행될 수도 있다. 또는 단기적인 부부 또는 가족 치료처럼 치료자가 양방 간의 의사소통을 분석하고 치료실 밖에서의 상호작용에서 적용할 갈등 해결 전략들을 제안하는 방식이 될 수도 있다.

지지 집단

많은 환자들과 환자 가족들은 지지 집단에 참여하는 것으로부터 이득을 얻는다.

이는 United Mental Health Association, National Alliance for the Mentally Ill (NAMI)에 의해 조직된 지지 집단들과 같이 다양한 정신장애를 가진 사람들을 위한 일반적인 지지 집단일 수도 있으며, Depression and Bipolar Support Alliance (DBSA, 전 National Depressive and Manic-Depressive Association)의 찬조하에 운영되는 기분장애 또는 양극성 장애에 특수한 지지 집단이 될 수도 있다. 이들은 모두 전국적인 단체로 미국 전역에 걸쳐 수백 개의 지부를 보유하고 있으며, 전화번호부나 웹 사이트를 통하여 위치를 파악할 수 있다. 또한 지역적으로 조직된 지지 집단들이 종교 단체나 YMCA, YWCA, 정신병원 또는 지역 정신건강 센터에 의해 운영될 수도 있다. 특히 IPSRT와 같은 개인치료에 참가하는 사람들에게 지지 집단은 환자 자신이 양극성 장애를 겪는 유일한 사람이 아니며, 전적으로 독특하고 상상 불가한 것으로 여겨지던 자신의 경험이 이 병을 가진 사람들에게 널리 공유되는 것이라는 점을 알게 해 주는 장점이 있다. 어떤 환자들이 지지 집단 내에서 공유 경험을 하고 나서 무척 안심이 되었다고 보고하는 반면, 또 다른 환자들은 이러한 개방성과 자기공개를 어려워하기도 한다. 환자에게 지지 집단 참여를 권유할지 결정함에 있어서 환자가 그와 같은 상황에서 얼마나 편안하게 느낄 것인가를 생각해 볼 필요가 있다. 마지막으로 대인관계 문제영역이 사회적 고립일 때(즉, 고립 유형의 대인 관계 결핍) 지지 집단은 IPSRT에 중요한 보조적 치료 수단이 될 수 있다.

환자 가족들도 지지 집단에서 많은 것을 얻어 갈 수 있다. 양극성 장애가 있는 누군가와 함께 산다는 것은 매우 도전적이며 좌절스러운 경험이다. 이러한 어려움에 대처하는 데 있어 다른 환자 가족들은 충고와 지지의 중요한 원천이 될 수 있다.

일부 환자나 환자 가족들은 지지 집단이나 이러한 집단을 후원하는 조직에서 리더 역할을 맡게 되기도 한다. 특히 현재 잘 지내고 있는 가족 또는 환자들에게 이는 매우 치료적인 경험이 될 수 있다. 리더 역할은 자존감을 올려 주고, 자원봉사활동은 그들로 하여금 병을 겪어 낸 결과 무언가 좋은 것 또한 있었다고 느끼게 해 줄 수 있다. 현재 그들이 잘 지내고 있기 때문에 비슷한 상황에서 고통을 겪고 있는 다른 사람들에게 소중한 무언가를 제공해 줄 수 있다. 여기서 한 가지 경고는 만약 환자가 그런 활동에 참여하게 된다면, 그 활동이 과잉자극으로 이어지지는 않는지 또는 사기저하로 이어져 맡은 직책의 역할들을 수행할 수 없는 우울 상태에 빠지지는 않는지를 모니터링해야 한다. 그러한 만일의 사태에 대비하는 좋은 방법 중 한 가지는 사전에 환자와 앞으로의 활동들에 대해 의논하여 조증을 유발할 가능성이 있는 봉사활동을 줄이고, 만약 우울해진다면 자신이 맡은 책무를 어떻게 조절하거나 다른 사람과 공유할지에 대해 미리 예상을 해 놓도록 하는 것이다. 다행인 것은 정신장애 지지 집단이나 유관 단체들은 봉사활동을 하면서 환자가 나타내는 능력상의 변동이 이해받기 쉬운 환경이며, 유관성 계획을 털어놓았을 때 동료나 상사들이 그것을 기꺼이 받아들일 가능성이 높다는 점이다.

불특정적인 지지

불특정적인 지지(nonspecific support)의 제공은 (분명 양극성 장애가 속하는 범주인) 만성적인 병을 잘 관리하는 것에 있어 핵심적 요소이다. 이러한 종류의 지지는 IPSRT 치료자의 치료적 입장과 전적으로 일치하는 것이다. 여기에는 환자와 환자의 삶(특히 병에 의해 영향 받는 삶)에 깊은 관심을 보이는 것, 진전이 더디거나 약물 부작용이 괴로울지라도 치료 받기를 지속하도록 강하게 격려하는 것, 최종적인 치료 결과에 대한 낙관적 태도, 그리고 환자가 현재의 치료를 받아들여 활용할 수 있는 능력이 있다는 것에 대한 믿음 등이 포함된다. 이 모든 것들은 IPSRT가 기초하고 있는 대인관계 접근에 암묵적으로 내포되어 있는 것들이다. 치료자는 또한 환자가 여러 사회적 서비스를 찾아보고 처리하는 데 도움을 줄 필요가 있을 수도 있는데, 집중적인 사례 관리자나 다른 지지적 서비스들에 환자를 연결해 주는 일, 필요시 주거, 치료비, 기타 병원 진료, 직장이나 교육 문제를 위한 서비스를 이용하도록 격려하는 일 등이 있다. 환자의 장애 심각도가 그러한 광범위 서비스를 이용할 정도에 해당되지 않는다 할지라도, 환자를 돕기 위하여 제약 회사의 빈곤층 프로그램을 통하여 값이 비싼 치료약을 구하는 일, 양극성 장애를 관리하기 위하여 의료적 도움 또는 신체적 건강관리를 조율하는 일 등을 알아볼 수 있다. 이러한 활동들은 심각성이 덜한 장애를 가진 환자들과 일하는 데 익숙한 많은 심리치료자들에게는 낯선 일일 수 있으나, 만약 당신의 환자에게 이와 같은 도움을 제공해 주는 집중 사례 관리자나 의사가 없다면, 일부 양극성 장애 환자들에게는 질병 관리의 핵심적 측면이 될 수 있다.

어떠한 맥락에서든지 IPSRT를 실시하는 것은 양극성 장애를 가진 환자들에게 이로울 가능성이 높지만, 만약 치료 목표가 여러 번의 재발 병력을 가진 환자의 건강한 상태(wellness)를 유지하는 것이라면, 치료의 맥락적 요소들이 중요해질 수 있다. 이러한 요소들을 치료자가 더 많이 제공할수록 환자의 치료 성과가 더 나아질 것이다.

양극성 장애의 복잡성으로 말미암아 다양한 추가적 개입과 전략들이 환자가 정상 기분을 유지하는 데 필요할 수 있다. 우리는 그동안 치료했던 환자들에게 효과가 있었던 몇 가지 개입법들을 소개하였다. 양극성 장애 환자를 여러 번 치료한 경험이 있는 능숙한 임상가라면, 의심할 여지없이 자신만의 전략들을 갖추고 있을 것이다. 이러한 전략 중 일부는 IPSRT에 잘 맞지만, 어떤 것들은 그렇지 않기도 하다. 만약 당신이 양극성 장애 환자를 치료해 본 경험이 별로 없고 이번이 처음이라면, 양극성 장애 환자들과 함께 작업해 나가면서 IPSRT와 합치되는 추가적 개입법들을 점차 발전시켜 나가게 될 것이다.

11장 진전을 모니터링하고 치료 순응 증진하기

IPSRT에서 증상과 기능 변화를 모니터링하기

정기적으로 환자의 임상적 상태를 모니터링하는 것이 양극성 장애보다 더 중요한 정신장애는 아마도 없을 것이다. 다른 대부분의 정신장애에서 우리는 '진전'을 모니터링하곤 하는데, 이는 증상과 기능이 이동하길 기대하는 방식이 일방향이기 때문이다. 양극성 장애의 계속적인 평가에서 어려움은 환자가 두 가지 다른 방향으로 악화될 수 있다는 점이다. 양극성 우울증을 가진 환자라면 환자가 덜 우울해지고 사회적 · 직업적 기능이 향상되길 바라겠지만, 동시에 환자가 '너무 행복'하거나 '너무 기운이 넘치지' 않도록 항상 유의해야 한다. 조증 또는 경조증을 보이는 환자에게서는 증상과 (과도하게 항진된) 사회적 · 직업적 기능이 반대 방향으로 가기를 기대하게 된다. 그러나 다시금 필요한 것은 과도한 열정과 에너지를 잠재우는 것이 완전한 우울증으로 변모하지 않도록 하는 일이다.

또한 환자가 정상 기분으로 안정되어 가면서도 증상이 둘 중 어느 방향으로든 변화할 수 있다는 점을 염두에 두고 지속적인 모니터링을 해야 한다. 따라서 **양극성** 장애의 양쪽 극단을 계속하여 지켜볼 필요가 있다. 치료자로서 당신은 사회적 · 직업적 기능을 최대한으로 증진시키길 원하겠지만, 기능항진은 막아야 한다. 그리고 수년간 조증이 없었던 환자라 할지라도 조증이 시작되는 단초로 보이는 것을 끊임없이 경계해야 한다.

이러한 이유들 때문에 매 방문마다 환자에게 우울 그리고 (경)조증 증상에 대하여 질문하는 것이 필수적이다.

임박한 기분삽화의 초기 경고 신호에 대한 논의

초기 증상 및 증상 발생과 연관된 스트레스 요인을 포함하여, 현재 기분삽화가 어떻게 시작되었는지를 환자 및 가족 구성원들과 함께 정확히 파악해야 한다. 평소보다 잠잘 필요를 느끼지 않게 된 것이 첫 번째 신호였는가, 아니면 자원봉사활동에 더 많이 참여하게 된 것이었는가? 우울증이 기분 변화로 시작되었는가, 아니면 기분이 저하되기 전부터 불면이 시작되었는가? 또한 만약 개수가 너무 많지 않다면, 모든 이전 삽화들의 시작에 대해서도 질문해야 한다. 만약 환자가 다수의 기분삽화를 경험하였다면, 가장 최근의 삽화에 대하여 질문하여 우울 그리고 조증이 이 환자에게 어떻게 시작되는지에 대한 이해를 분명히 해야 한다. 그런 다음 환자, 가족과 함께 초기 대응 계획을 세우도록 한다. 환자의 사회적 네트워크 내의 누가 환자로 하여금 가장 초기 신호들을 인식하도록 도와줄 것인가? 그러한 증상이 발견되었다면 그 조력자의 역할은 무엇이 되어야 하는가? 그러한 증상이 나타날 시 환자와 가족들이 누구에게 도움을 청할 것인가?

치료에서 증상과 기능 변화를 측정하기

실제 진료에서 자주 생략되는 것이 놀랍기는 하지만, 매 방문마다 주의 깊고 체계적으로 우울증과 경조증 증상을 점검하는 것은 어떠한 정신장애의 치료에서든 핵심적인 요소이다. 이러한 점검은 비공식적으로 또는 특정한 평정 척도를 사용함으로써 이루어질 수 있다. 최소한도의 증상 점검은 환자에게 지난 방문 이후로 현재까지 경험한 우울 그리고 (경)조증 정도를 1부터 10의 척도상의 점수로 나타내보게 하는 것이다. 이와 같은 증상 점검은 치료 시작 시 환자가 보고했던 증상뿐만 아니라 당시에는 보고되지 않았던 우울증과 조증 증상들을 모두 포괄해야 한다.

치료에서 증상 변화를 측정하는 것은 환자에게 매 방문마다 자신의 기분을 숫자로 평가해 보도록 하는 것처럼 간단하게 이루어질 수도 있다. 치료자의 선호와 환자가 겪은 최근 기분 문제의 특성에 따라, "1이 가장 우울한 상태이고 10이 조증이 아닌 가장 최상의 기분 상태라면, 지난 한 주 동안의 기분은 몇 점 정도에 해당됩니까?"라고 물을 수 있다. 만약 환자의 기분이 자주 변동한다면, 0을 기준점으로 삼고 -5(매우 우울함)에서 +5(매우 조증임)까지의 척도를 사용하길 원할 수도 있다. 환자가 규칙적으로 SRM을 작성 중이라면, 척도의 마지막 부분에 있는 그날의 기분 평정을 보고 이것들을 치료 회기 내에 검토할 수 있다. 또는 만약 특정한 증상의 변화에 초점을 맞추고 싶다면, 환자에게 Beck 우울 척도(BDI; Beck et al., 1961), Quick 우울 증상 척도(QIDS; Rush et al., 2003)에 응답하게 하거나 Hamilton 우울 평정 척도(Hamilton, 1960), Montgomery-Asberg 우울 평정 척도(Montgomery, 1979), 우울 증상 척도(Rush, Carmody, & Reimitz, 2000)와 같은 면접 평정 척도 중 하나를 사용할 수 있다. 5장에 언급되었듯이, 아쉽게도 이에 비견할 만한 (경)조증을 위한 자기보고식 척도는 없다.

특히 치료 빈도가 매달 1회 또는 더 뜸한 빈도로 감소되었을 때에는 증상 변화를 모니터링하기 위하여 치료 회기 중간에 환자와 전화 연락을 할 수도 있다. 양극성 장애에서 이와 같은 접촉과 모니터링이 매우 중요한 이유 중 하나는 양극성 장애 환자들이 특히 (경)조증 증상과 관련해서는 급속히 병식을 잃게 되는 것이 핵심적인 특징이기 때문이다. 경험이 많고 치료를 잘 받아 온 환자들일지라도 기분이 고양되기 시작하면서 거의 대부분 병식을 잃게 된다. 치명적인 병식 상실은 그간 훌륭한 치료 동맹을 유지해 왔던 환자와 치료자 간의 관계를 불편하게 만드는 결과로 이어지기도 한다. 환자는 종종 자신이 원하는 대로 돈을 쓸 권리가 있다고 이야기하고, 치료자는 그렇지만 하루에 새 양복 다섯 벌을 사는 것은 감당할 수 있는 것 이상으로 보인다고 이야기할 것이다(그리고 만약 환자가 그럴 만한 여유가 있다 하더라도, 그것은 (경)조증의 증상에 해당될 가능성이 있다). 또는 환자가 자녀의 숙제를 도와주고 집을 마음에 들게 정돈하려면 새벽 2시까지 깨어 있어야 한다고 말하면, 치료자는 창문을 깨끗하게 닦는 것보다 환자 자신의 건강을 유지하는 것이 자녀들에게 더 중요한 일이라고 이야기할 것이다. 이러한 상황이 발생하기 시작하면, 이것은 대개 환자가 이미 문제가 생기는 방향으로 가고 있다는 분명한 신호이다. 한 달 이상의 간격을 두고 방문하는 환자들에게 전화 연락을 함으로써, 보통 5분 내에 환자가 잘 지내고 있는지 또는 구조 프로토콜을 시작해야 하는지를 결정할 수 있다.

5장에서 우울증과 조증의 증상을 평가하고 모니터링하는 여러 가지 방법과 양극성 장애에 흔히 동반되는 공병 문제들을 모니터링하기 위한 방법들을 소개하였다. 대인관계 및 사회적 리듬 치료(IPSRT)가 초기에서 중기로 진행되고 나면, 환자가 작성해 온 사회적 리듬 차트(SRM)의 마지막 부분에 있는 매일의 기분 평정을 검토하고, 그런 다음 5장에 있는 서열 척도 중 하나에 자신의 기분을 표시해 보도록 함으로써 치료 회기 내에 환자에게 직접 질문하는 것으로 충분할 것이다.

그러나 치료 회기 간 간격이 길 때에는 특정 증상의 변화에 대한 정보를 얻기 위하여, 환자가 5장에 소개된 표준화된 우울 척도(BDI 또는 QIDS) 중 하나에 응답하도록 하는 것이 좋은 방안일 수 있다. (경)조증과 관련해서는 타당하고 신뢰 있는 측정 도구가 없기 때문에, (경)조증 증상이 있는지 평가하기 위하여 매달 또는 두 달에 한 번씩 Young 조증 평정 척도(Young et al., 1978)와 같은 임상가 평정 척도를 실시할 수도 있다. 환자들이 척도에서는 전혀 조증 증상을 보고하지 않으면서도, 신용카드 한도를 초과하고 어리석은 사업 투자에 참여하는 등 여러 문제들이 발생하는 경우가 자주 있다. 시간이 흐르면서 환자의 기분이 안정되어 가는지를 확인하기 위하여, 〈표 11-1〉(치료 시 사용할 수 있는 형식이 부록 9에 있음)과 같은 차트를 만들 수 있다. 여기에 어떤 숫자를 넣을지는 우울증 및 조증을 모니터링하기 위하여 사용하는 도구가 무엇인지에 달려 있으나, 어떠한 방법을 선택하더라도 이 차트는 치료자와 환자가 일정 시간에 걸친 변화 또는 진전을 시각적으로 표현할 수 있도록 해 준다.

매 회기 이후 환자의 SRM 점수를 계산할 시간이 있다면, 사회적 리듬 안정성을 성취하는 데 있어 진전을 모니터링할 수 있도록 비슷한 차트를 만들 수도 있다. 또는 〈표 11-1〉에서와 같이 동일한 차트에 SRM 점수를 기록하는 칸을 만들 수도 있다. 이렇게 하면 치료자(그리고 환자)가 리듬 안정성의 변화와 기분 변화 간의 관계를 보는 데 도움이 된다. SRM 점수를 계산하는 방법은 부록 2와 4에 제시되어 있다.

환자의 사회적 · 직업적 기능 영역에서 진전을 모니터링하는 것은 매우 개인화된 작업이 될 것이며, 현재 대인관계 영역에서 선택된 문제영역과 밀접하게 연결되

〈표 11-1〉 완성된 기분장애 모니터링 차트의 예시

	14															
		•														
	12															
			•	•												
	10															
↓				•												
조증 점수	8															
					•		•	•								
	6															
↑						•		•					•			
	4															
								•		•	•	•		•	•	•
	2															
									•							
	0															
SRM 점수	1.2	1.4	1.4	1.7	2.0	2.5	2.8	3.0	2.7	2.0	2.0	1.8	2.2	2.5	3.1	
	0	•														
	2		•	•	•		•	•								•
↓																
우울 점수	6								•							
										•					•	
	8															
↑											•			•		
	10												•			
											•	•				
	12															
	14															
회기 번호	1	2	3	4	5	6	7	8	9	10	11	12	13	14	15	16

어 있을 것이다. 만약 대인관계 문제영역이 **애도**라면, 환자가 덜 슬퍼 보이는가 그리고 상실 이전 수준으로 사회적 활동에 참여하게 되었는가, 죽은 이를 생각나게 하는 사람과 장소들을 더 이상 피하지 않게 되었는가, 대인관계 작업을 시작하기 이전에 특징적이었던 의례적인 행동들(예: 매일 묘지에 찾아가기, 사진과 다른 흔적들을 강박적으로 찾아 보기)을 덜하게 되었는가?

만약 문제영역이 **건강한 자기를 상실한 것에 대한 애도**라면, 환자가 자신의 병 그리고 그로 인한 제한점들을 더 받아들이게 되었는가? 동시에 환자가, 장애가 자신에게 발생했다는 일정한 제한에도 불구하고, 만족스러운 삶을 위해 존재할 더 나은 가능성을 이해하게 되었는가? 약물치료 계획에 대한 순응도가 증진되고 있는가? 환자 자신이 이야기하는 계획의 타당성에 대하여 환자와 치료자가 얼마나 자주 이견을 가지게 되는가?

치료가 진전되고 있다는 표시들에는 실제의 또는 추정되는 상실에 대한 슬픔을 표현할 수 있게 되는 것, 자신에게 양극성 장애가 있다는 사실을 더욱 수용하게 되는 것, 병을 고려하여(그러나 불필요한 제한들을 두지 않은) 현실적인 인생 계획을 세우는 것과 그러한 인생 계획을 향해 나아가는 것 등이 있다.

선택된 문제영역이 **역할 전환**일 경우, 치료자는 환자가 자신이 상실한 이전의 역할에 대해 성공적으로 애도하고 에너지와 열정을 가지고 새로운 역할을 받아들이는 정도를 모니터링한다. 따라서 다음과 같은 질문들을 스스로에게 던져 볼 수 있다. 환자가 상근직의 제약들을 따라야만 했던 이전의 삶이 정말 좋았다고 계속 생각하는가? 환자가 과거 간호사로서의 역할이 때로는 힘들고 좌절스럽기도 했다는 점을 잊은 채 이상화하는가? 환자가 새로운 상사와 동료들을 여전히 폄하하는가, 아니면 새로운 상사의 권위와 새로운 동료들의 능력을 인정하는 기색을 보이는가? 환자가 여전히 거의 하루 종일 집에 머물며 TV를 시청하는가, 아니면 치료 시 의논했던 자원봉사활동을 알아보기 시작했는가?

역할 갈등 영역에서의 진전을 모니터하는 방법은 갈등의 단계에 따라 달라질 것이다. 대인관계 작업을 시작할 때 갈등이 현재 진행형이었다면, 환자가 갈등을 빚은 상대방과 잘 지내게 되는 정도, 서로에게 가지는 기대가 상호적이 되고 이러한 기대를 충족시켜 주는 정도에 근거하여 진전을 평가한다. 만약 갈등이 일종의 교착상태에서 처음 평가된다면, 진전의 시작은 아직 잘 지내지는 못하더라도 갈등의 당사자들이 서로에게 적극적으로 관여하여 갈등이 '치열(heating up)'해지는 것을 의미할 것이다. 이러한 단계에서는 치료자로서 갈등 당사자 간의 상당히 치열한 논쟁과 다툼을 오히려 원하게 될 수도 있다. 서로 기대하는 바를 명확히 이야기하고 나면, 이 중에서 실제 충족시켜 줄 수 있는 것들이 무엇인지 그리고 어떤 것들은 적어도 당분간은 포기해야 하는지와 관련하여 치료자가 돕기 시작할 수 있다. 처음 평가 시 갈등 관계가 해체 단계에 있었다면, 치료적 진전은 환자가 그 관계에서 빠져나오는 것을 돕는 것이 될 것이다. 여기서 치료자의 역할은 환자가 심리적 스트레스를 최소한으로 느끼면서 빠져나올 수 있도록 돕는 것이다. 그러나 부모-자녀 관계처럼 그 관계를 떠나는 것이 불가능하다면, 치료적 진전은 환자 입장에서 이 관계가 변화되지 않을 것 같다는 점을 받아들이고 변화에 대한 기대 수준을 낮추며 다른 만족의 원천을 찾아 이동하는 것이 될 것이다. 이 지점에서 언급할 만한 가치가 있는 것은 양극성 장애 환자들과 작업할 때에는 우울 증상뿐만 아니라 (경)조증 증상의 증가에도 주의를 기울여야 한다는 점이다. 때로 앞과 같은 위기 상황에 대한 반응이 역설적으로 우울증이 아닌 조증이 될 수도 있다.

만약 대인관계 결핍이 초점이 되는 문제영역이라면, 치료적 진전은 더욱 천천히 일어날 것이다. 전형적으로 대인관계 결핍을 나타내는 환자들은 이 문제를 만약 평생이 아니라면 수년간 겪어 온 경향이 있다. 따라서 치료자가 변화에 대해 가지는 기대 수준이 9장의 Steve 사례에서조차도 그러하듯 너무 높지 않아야 한다. 심각한 조증 삽화와 연관되어 비교적 최근에 시작된 대인관계 결핍의 사례일지라도, 사회적 기술을 보유하고 있고 사회적 · 직업적 기능 향상에 대한 관심을 표현함에도 불구하고 이러한 유형의 환자들이 사회적 생활에 다시금 도전할 준비가 되었다고 느끼게 되기까지 여러 달 동안 매우 제한된 사회적 접촉만을 하는 경우가 많다. 초보 IPSRT 치료자가 범하기 쉬운 실수 중 한 가지가 이러한 유형의 대인관계 결핍 작업을 할 때 변화가 일어나는 속도에 대하여 너무 높은 기대 수준을 갖는 것이다. 사회적 고립 유형의 대인관계 결핍을 가진 환자들에게는 환자가 치료자와 상호작용하는 데 있어 치료실 바깥의 사회적 관계에서 느끼는 편안함이 증가되는 정도를 평가 기준으로 삼을 수 있다. 만성적으로 불만족스러운 또는 논쟁적인 유형의 대인관계 결핍을 가진 환자들에게는 환자가 가족, 친구, 동료, 이웃 그리고 다른 사람들과 이전보다 잘 어울리는 정도를 평가 기준으로 할 수 있다.

치료 순응도를 모니터링하고 증진시키기

양극성 장애 환자들이 약물치료 계획에 따르는 데 큰 어려움을 겪는 경우가 자주 있기 때문에, 이 영역에서의 개선이 치료자가 모니터링할 다른 유형의 진전이 될 것이다. 양극성 장애 환자들의 IPSRT에서 주의를 기울여야 할 세 가지 측면의 치료 순응도가 있는데, 약물치료에 대한 순응도, 사회적 리듬 차트의 완성, 선택된 대인관계 문제영역에 대한 치료 회기 밖에서의 과제 등이다. 현재 약물치료를 받고 있지 않은 제II형 양극성 장애, 달리 세분되지 않은 양극성 장애, 순환감정 장애 환자라면, 치료자의 주의는 마지막 2개 영역에만 집중되면 될 것이다. 약물치료 모니터링과 처방된 약물치료 계획에 순응을 증진시키기 위한 환경을 만드는 데 있어 치료자의 책임에 관해서는 이미 이야기한 바 있다. 당신이 치료자로서 할 수 있는 중요한 일들을 다시금 열거하면, 환자가 약물치료 필요성에 동의하고 약물치료의 근거를 이해하고 있음을 확인하기, (일반인의 시각에서) 환자가 각 약물이 어떤 작용을 하도록 예상되는지를 알고, 불편한 부작용이 발생하면 치료자에게 솔직히 이야기하도록 하기 등이다. 제I형 양극성 장애 환자들은 매우 복잡한 약물치료 계획을 요하는 경우가 자주 있으며, 다수의 환자들이 4~5가지의 약물을 처방받는다. 이러한 다중약물요법(polypharmacy)이 이상적인 것은 아니지만, 증상 통제에는 때로 필요하다. 복잡한 약물치료를 받고 있는 환자들의 경우 약물치료를 지속해 나갈 수 있도록 자주 격려해 주어야 한다. 또한 여러 약물을 혼합 복용하는 결과로서 발생할 수 있는 부작용에 대해서도 자주 평가할 필요가 있다. 그러한 부작용은 천천히 생겨나는 경향이 있어 환자들이 알아차리기 어려울 수 있다. 여기에는 점진적인 그러나 위험한 체중 증가, 점차 심해지는 떨림, 운동 장애 등이 포함된다.

치료 회기 밖의 과제들에 관련하여, IPSRT에서 일차적인 것은 SRM과 리커트 형식의 기분 모니터링 차트 작성이다. 일부 IPSRT 환자들은 SRM을 '아주 자연스럽게' 받아들인다. 이들은 다소 강박적인 스타일이거나 오르락내리락하는 기분 증상에 직면하여 비교적 무력감을 느끼는 사람들인 경향이 있다. 그러한 환자들에게 있어 SRM 작성은 약을 복용하는 것 말고 병의 경과를 나아지게 하기 위하여 무언가를 할 수 있는 기회를 처음으로 갖는 것과 같다. 나이가 더 어린 환자들, 양극성 장애를 받아들이기 힘들어하는 환자들 그리고 특히 현 생활양식의 '자연스러움'을 포기하길 극도로 싫어하는 환자들은 SRM에 대해 매우 다른 반응을 보일 수 있다. 그런 환자들은 정기적으로 SRM을 작성하여 SRM 모니터링이 의미하는 생활양식 변화를 만들어 내기 위하여 상당한 격려와 치료적 묘책을 필요로 한다. 이전에 언급되었듯이 우리는 5문항과 17문항 버전의 SRM을 모두 사용해왔다. 17문항 버전은 환자 일상의 짜임새에 대하여 더 잘 이해하도록 해 줄 것이다. 그러나 17문항 버전을 매일 작성하는 것은 환자 입장에서 상당한 노력을 요한다.

SRM을 작성하는 데 어려움을 겪는 환자들에게는 처음부터 5문항 버전으로 시작하거나 또는 17문항 버전을 시도해 본 후 잘 되지 않으면 5문항 버전으로 변경하는 것도 가능하다. 기능 수준이 매우 낮은 환자들에게는 1~2문항 정도만을 작성하도록 하기도 하는데, 이를 통해 치료 초기 몇 주 동안 일과에서 1~2가지만이라도 안정화시키는 데 집중할 수 있다. 이러한 문항은 보통 '굿모닝 타임'(환자가 아침에 잠자리에서 일어나는 시각)이나 '굿나잇 타임'(환자가 불을 끄고 잠자리에 드는 시각)이다. 이는 사회적 리듬을 안정화시키는 데 가장 중요한 일과들이기 때문이며, 또 다른 측면에서는 이것이 다른 많은 사회적 일과(예: 아침 식사, 일의 시작 등)가 언제 수행될지를 결정하고, '굿모닝 타임'은 신체의 일주기 체계에 직접적인 영향을 미치기 때문이다.

만약 당신의 환자가 SRM을 작성하는 것에 '저항'하거나 문제가 있다면, 그 이유를 살펴보는 것이 치료자의 임무이다. 이전에 암시되었듯이, 환자가 과제를 완수하지 못하는 것에 대하여 제시하는 흔한 이유들은 우선 병에 대한 부정, 치료를 받는 것에 대한 일반적인 저항, 자신의 삶의 자연스러움을 포기하지 않으려는 것과 관련이 있다. 이 중에 어떤 문제가 가장 두드러지는지에 따라, 환자가 SRM 작성에 느끼는 어려움을 극복하기 위하여 각기 다른 전략과 전술들을 선택할 수 있을 것이다.

환자가 병에 대하여 부정하고 있는 상태라면, 현재 경조증 증상들에 의해 환자의 병식이 얼마나 영향을 받고 있는지를 평가해 볼 수 있다. 만약 증상들이 병식에 방해가 되지 않는다면, 병력 도표로 돌아가서 양극성 장애가 개인적 성장과 발전, 경제적 또는 대인 관계적 손실 등의 측면에서 얼마나 피해를 주었는지를 환자와 함께 검토해 보고, 사회적 일과의 붕괴와 새로운 기분삽화 발생의 관계성을 다시금 살펴볼 수 있다. 만약 환자가 사회적 리듬 안정화의 철학에 조금이라도 따르는 것이 자연스러운 삶의 자유를 포기하는 것으로 보고 내켜 하지 않는 것이 문제라면, 병력 도표를 사용하여 환자의 '자유롭고' '자연스러운' 생활양식의 결과가 무엇이었는지를 이해할 수 있도록 노력할 수 있다. 그런 다음 환자가 증상으로부터의 자유를 대가로 자신의 '자유'를 일부 포기할 만한 가치가 있는지를 결정 내릴 수 있도록, 원래 IPT 매뉴얼(Klerman et al., 1984)에 있는 의사결정 분석 과정을 참고할 수 있다. 무엇보다도 치료자는 치료원리(예: 사회적 리듬이 기분에 미치는 영향과 그 반대의 영향)가 환자의 마음에 분명히 이해되었다는 것을 확실히 해 두어야 한다.

SRM과 기분 평정 과제를 완수하지 않는 환자들에게 시도해 볼 수 있는 또 다른 방법은 Miklowitz와 Goldstein(1997)의 '저항을 정상화하기(normalizing the resistance)'이다. 이 용어는 이러한 지루한 작업을 사람들이 왜 하고 싶지 **않은지**, 행동 변화를 이루어 내기가 얼마나 어려운지를 백분 이해한다는 점을 환자와 공유하라는 의미이다. 치료자는 자신이 겪었던 어려움들 중 일부, 예를 들자면 좀 더 건강한 식단이나 정기적인 운동 계획을 따르기가 얼마나 어려웠는지 등을 환자와 나눌 수도 있다. 따라서 치료자로서 당신이 원하는 것은 환자가 이러한 과제를 할 수 없는 것 자체에 대하여 직접적으로 솔직하게 이야기하는 것이다.

우리의 경험에 따르면, 치료자는 SRM과 기분 평정 과제를 동시에 **완수하고**, 더 규칙적인 사회적 일과로 **변경하는** 사람들이 치료를 통해 분명 이득을 얻었다는 점을 강조해야 한다. 그렇게 하는 데 있어서, 운동 트레이너의 비유가 유용할 수 있다. 정기적으로 운동하는 사람들이 그렇지 않은 사람보다 보통 더 건강하긴 하지만, 운동 트레이너가 있는 사람들은 ① 운동하러 실제 나갈 확률이 높고, ② 그날에 계획된 운동을 모두 완수할 가능성이 높다. 환자는 SRM을 작성하는 것을 사회적 리듬 치료를 위한 무상의 운동 트레이너로 볼 수 있어야 한다.

어떤 사례에서는, 특히 여러 번의 기분삽화 및 장기간에 걸친 만성적 경과와 연관된 인지적 저하를 경험하는 나이가 많은 환자들에게는 SRM 작성이 너무 어려운 과제일 수 있다. 과거 양극성 장애는 (더 심각한 인지적 저하를 동반하는) 정신분열증에 비하여 '양호한 예후'를 가진 정신증으로 생각되었으나, 이제는 일군의 양극성 장애 환자들이 수년간 관찰되는 인지적 저하를 경험한다는 것이 알려져 있다. 이러한 저하가 있는 환자들은 SRM, 특히 17문항의 SRM을 작성하는 것을 스스로 감당할 수 없는 일로 여길 수 있다. 그러한 환자들 그리고 지능이 부족한 환자들에게는

'굿모닝 타임'과 '굿나잇 타임' 정도만을 묻는 1~2문항의 SRM을 사용하는 것이 필요하다. 또는 치료 회기 내에 형식에 얽매이지 않고 평가하는 것이 선호될 수도 있다. 그러한 환자들의 경우 일과를 규칙적으로 만들기 위하여 가족이나 배우자를 동참시킬 필요가 있다. 다시금 중요한 것은 치료 철학을 (가능한 한 가장 단순화된 용어로) 설명하여 치료에서 요구되는 변화들이 왜 환자에게 필요한지를 이해하도록 하는 것이다.

환자가 SRM을 작성하지 않을 때 고려해야 할 또 다른 가능성은 환자가 그것을 하기에 단지 너무 우울한 상태일 수 있다는 점이다. 17문항 버전 대신 1~2개 증상을 모니터링하도록 하는 것이 도움이 될 수 있다. 그러나 역설적으로 매우 우울한 환자들, 특히 무기력한 유형의 우울증인 경우, 사회적 일과를 바꾸는 것, 특히 '굿모닝 타임'을 변경하는 것이 환자를 돕기 위하여 치료자가 해야 할 가장 중요한 일일 것이다. 과수면, 특히 늦은 아침까지 늦잠을 자는 것은 기분장애 환자의 기분을 심히 저하시키는 작용을 할 수 있다. 환자의 '굿모닝 타임'을 점진적으로 더 이른 시각으로 옮기려는 노력은 기분 향상과 관련된다.

사례 예시

Johny는 41세의 자영업 목수로 IPSRT를 시작했을 당시 24년간 양극성 장애를 앓아 온 상태였다. 유대감이 강한 가족들은 그 24년의 대부분 기간 동안 그의 '광기'를 그저 참아 왔다. 때로 그는 일을 끊임없이 계속하여, 보통은 세 명 이상이 2배의 시간을 들일 만큼의 작업량을 완수해 냈다. 다른 때에는 업장에 나가 몇 시간 내내 계속 TV만 보고 있곤 했다. 그러나 어떻게든 기본적 생계는 유지할 수준이었다. 이번은 달랐다. 이제 그는 샤워도 하지 않았고 말도 거의 할 수 없는 것처럼 보였다. 어떤 날에는 저녁 6시까지 침대에 누워 있었다. 그를 일으켜 세워 차에 태워 병원으로 데려가는 데 두 형제의 힘이 필요했다. Johny의 치료자는 자신이 하는 말을 그가 거의 이해하지 못한다는 것을 알았지만, 그에게 도움이 필요하다는 것이 분명하다는 점을 확실히 이해하였다. 치료자는 평가나 심리교육의 방식을 시도하기보다, Johny가 우선 규칙적인 기상 시간을 지키도록 하는 데 초점을 맞추기로 결정하였다. 치료자는 매일 아침 7시 반에 일어나 형제들 중 한 명과 함께 커피를 마시러 나가는 계획에 Johny와 형제들의 동의를 구하였다. 그리고 만약 가능하다면 집에 돌아온 후 다시 침대로 돌아가지 않는 것이 중요하다고 설명하였다. 치료자는 이것이 그에게 얼마나 어려운 것인지를 알지만, 기분이 신속하게 나아질 수 있는 최선의 방법이라는 점을 전달했다. 약효가 나타나려면 앞으로 적어도 몇 주가 걸릴 것이었다. 일주일 후 Johny와 형제들이 치료 회기에 참석하여 7일 중 4일간 일찍 일어나서 깨어 있었다고 보고하자, 치료자는 크게 칭찬해 주었다. 그런 다음 환자가 일어나 있을 수 있던 날과 그렇지 못한 날 사이에 어떤 차이가 있었는지를 물었다. 이 질문에 그는 크게 당황했지만, 치료자가 매일 집에 돌아온 후 어떤 일이 있었는지를 상세히 분석해 나가면서, Johny는 자신이 그럭저럭 침대 밖에서 시간을 보낸 날에는 그가 귀가했을 때 아내가 부엌에 있었다는 점을 알아차렸다. 그렇지 않은 날들에는 아내가 지하실에 있거나 아니면 이웃집에 가 있었다. 치료자는 만약 아내가 그가 커피 '약속'에서 돌아올 시간 즈음마다 부엌에 있도록 할 수 있겠느냐고 Johny에게 질문하였다. 도움이 된다면 아내는 무엇이라도 하려 할 것이라고 그는 생각하였다. 그 다음주에 Johny는 7일 내내 아침에 일어나서 깨어 있었고 기분이 아주 조금 나아지기 시작했다. 매우 느린 속도로 진행하면서, IPSRT 치료자는 기상 시간과 '굿나잇 타임'을 안정화시키는 작업만을 계속하였다. 한 달 내에 Johny는 통상적으로 IPSRT 초기에 하는 다른 과업들—대인관계 질문지의 완성, 대인관계 문제영역의 선택 등—을 시도해 볼 수 있을 정도로 상태가 호전되었다.

특히 역할 갈등이나 역할 전환 문제의 맥락에서 고려해야 할 마지막 가능성은 환자의 외부 환경이 환자가 SRM을 작성하거나 사회적 리듬 안정화의 목표를 고수하기 어렵게 만들 수 있다는 것이다. 사회적 리듬 안정화 목표를 방해한 것이 무엇이었는지를 환자와 함께 하루씩 주의 깊게 검토해 보는 것은 사회적 일과가 더 안정되게 하기 위하여 대인 관계적으로 개입할 구체적인 방법들을 결정하는 데 도움을 줄 수 있다.

대인관계 문제영역 작업에 대한 순응도를 증진시키기

비록 선택된 대인관계 문제영역과 관련하여 IPSRT 치료자가 특정한 '숙제'를 주는 경우는 거의 없지만, 대인 관계적 역할 및 관계 변화에 강조점을 두는 치료의 속성상 환자 입장에서 치료 회기 외의 활동이 있어야 한다. 이는 사회적 · 직업적 활동 또는 주변인과의 대화의 형태로 이루어질 수 있다. IPSRT에서 치료가 잘 진행되어 가는 환자들은 보통 선택된 대인관계 문제영역과 관련하여 치료 회기 사이에 자신이 무엇을 했는지에 대해 분명하고 상세한 이야깃거리를 가지고 돌아오곤 한다.

사례 예시

Louise는 세 명의 장성한 자녀가 있는 47세의 가정주부였다. 작은딸은 아직 함께 집에 살고 있었고, 큰딸은 대학을 다니느라 따로 살았으며, 아들은 배관공으로 일하면서 몇 년간 혼자 살고 있었다. 큰딸과는 늘 사이가 좋은 편이었으며, 급성기 IPSRT 동안 문제영역으로 선택된 것은 아들 및 작은딸과의 역할 갈등이었다. 증상적 측면에서나 대인 관계적 관점에서도 그녀는 급성기 치료 기간 동안 잘해 왔고, 이제 몇 달간의 유지치료를 앞두고 있었다. 그녀는 치료 회기에 와서, 대학에 다니는 큰딸을 방문하러 작은딸과 함께 갔었다고 이야기하였다. 가는 길에 차에 몇 시간 동안 둘이서만 있었음에도 불구하고, 둘 사이에 큰 다툼은 없었고 이번에는 이런 시간을 실로 즐기기까지 했다. 이것은 과거와는 다른 분명한 변화였는데, 예전에는 몇 분만 지나도 서로 싸우기 일쑤였기 때문이다. 또한 그녀는 아들에게서 첫 번째로 어버이날 카드를 받았다고 하였다. 이러한 일들은 그녀를 매우 기쁘게 했고, 그녀는 치료자에게 대인관계 치료 목표에서 큰 진전이 있는 것 같다고 이야기하였다.

만약 그러한 진전이 일어나지 않고 있다면, 또는 변화가 일어나기 위하여 필요한 것들 중 어느 것도 해낼 수 없다고 환자가 반복적으로 이야기한다면, 치료자는 선택된 대인관계 문제영역이 이 환자에게 적절한 것인지를 재고해 볼 필요가 있다.

다양한 유형의 대인관계 심리치료를 20년 이상 실시한 후 우리가 깨달은 바로는 치료가 잘 진행되지 않을 때에는 선택된 대인관계 문제영역이 그 환자에게 맞는 것이 아니기 때문인 경우가 많다. 때로 환자와 명시적으로 이 문제를 상의해 볼 필요가 있지만, 때로는 그 사례를 치료자의 마음속에서 (또는 동료나 슈퍼바이저와 함께) 재검토해 보면 되고, 환자에게 직접적으로 말할 필요 없이 치료자가 적절한 문제영역이라고 결론 내린 쪽으로 치료 작업의 초점을 미묘하게 이동해 나갈 수도 있다.

예를 들어, 환자를 점차 더 알아 가게 되면서 처음에는 역할 갈등으로 보였던 것이 사실은 대인관계 결핍 사례라는 것을 알게 되는 경우가 있다. 환자의 일상생활을 더 많이 알게 되면서, 이것이 한 가지 중요한 인간관계에서 갈등 문제에 그치는 것이 아니라 갈등적인 요소가 환자의 대인관계 전반에 걸친 특징이라는 점을 보게 될 수 있다. 그러한 경우 환자가 기존에 선택한 갈등 관계를 해결하도록 돕는 것을 계속하면서, 동시에 환자의 다른 대인관계에서의 역할 기대가 상호적이지 않은 점이 갈등을 유발하는 경향이 있다는 것을 지적할 수 있다.

사례 예시

Shawnta는 20세의 미혼 여성으로 아프리카계 미국인 법학도였다. 대인관계 질문지에서 어머니와의 매우 갈등적인 관계가 드러났으며, 어머니는 Shawnta의 네 살배기 아들을 키워 주고 있는 중이기도 했다. Shawnta가 겪은 가장 최근의 우울 삽화는 모녀관계에서의 문제와 분명히 연결되어 있었다. Shawnta가 아들 양육과 다른 도움이 필요한 일들에 있어서 어머니에게 점차 의존하게 되면서, 이 역할 갈등을 해결하는 것이 학생으로서 그녀의 기능을 회복하는 데 결정적인 이슈였다. 몇 주간의 IPSRT 회기 동안 어머니와의 갈등을 어떻게 풀어 나가기 시작할 수 있을지 긴 대화를 거친 후에도 그녀가 그러한 방향으로 어떠한 움직임도 이루어 내지 못하고 있다는 것이 자명해졌다. 또한 Shawnta가 강도는 덜할지라도 교수 및 학생들 중 많은 사람들과 유사한 갈등을 겪고 있다는 점이 드러났고, 이것은 대인관계 질문지를 실시할 때 파악되지 않았던 측면이었다. 다른 갈등들에 대한 탐색을 해 나가면서 Shawnta가 타인이 자신에게 베풀어 주길 바라는 기대 수준이 비합리적으로 높은 반면, 자신이 실제적·정서적으로 상대방에게 보답하려는 생각은 거의 없다는 점이 치료자에게 분명해졌다. 이러한 점을 깨닫고 나서 치료자는 치료적 개입의 초점을 그녀가 주변 사람들에게 갖는 기대 수준을 현실적으로 조정하고, 타인들에게 비현실적 기대를 갖는 것이 자신을 얼마나 화나고 좌절스럽게 만드는지를 인식하게 하는 쪽으로 이동하였다. 동시에 치료자는 Shawnta의 변화 속도에 대한 기대 수준을 낮추었고, Shawnta가 학습하길 바라는 바람직한 행동들을 모델링하기 위하여 치료자의 회기 내 작업이 많이 필요할 것임을 생각하였다.

끊임없이 변동하는 증상과 양극성 장애 환자의 특정 기질(13장을 보라)을 비롯하여 많은 것들이 IPSRT 실시를 어렵게 할 수 있다. 이 장애의 맥락에서 치료 순응도에 대한 당신의 기대 수준을 합리적으로 유지하고, 기초적인 치료원리로 계속 돌아가는 것이 치료자와 환자 모두에게 IPSRT가 좀 더 만족스러운 경험이 되도록 만들 수 있는 두 가지 전략이다.

12장

IPSRT에서의 치료적 관계

지난 10년간 여러 다른 배경과 훈련 경험을 가진 다양한 치료자들이 대인관계 및 사회적 리듬 치료(IPSRT)를 실시해 왔다. 이들이 환자들과 맺은 관계와 유지했던 치료적 태도는 어느 정도 각자의 배경과 훈련으로부터 배태된 것이었다. 또한 치료 실제에서 다른 유형의 환자들은 다른 치료적 태도를 요하는 경우들이 있다. 마지막으로 동일한 환자라도 치료 도중 각 시점의 임상적 상태에 따라 다른 치료적 태도를 필요로 하는 경우도 있다. 따라서 IPSRT에서 효과적인 치료적 태도에는 다양성이 있는 것이 사실이며, 특정 환자 또는 환자의 상태에 따라 본인의 '통상적인' 치료적 태도를 조정하는 것이 필요해질 수 있다.

일반적으로 IPSRT에서의 치료적 태도는 따뜻하고, 공감적이며, 개방적이다. 그러나 접근법에 있어서는 여러 다른 방식들이 존재한다. 사회복지나 간호 쪽 배경을 가진 치료자들은 보다 개방적이고 자기공개적인 경향이 있으며, 반면 정신분석 또는 정신역동 훈련을 받은 임상가들은 치료적 거리를 더 유지하곤 한다. 무엇보다도 치료적 관계에는 환자에 대한 존중과 이 도전적인 병과 힘겹게 싸우고 있다는 점에 대한 인정이 있어야 한다. 사례개념화와 치료 과정에서 IPSRT 치료자는 (결손에 반대되는 개념으로서) 환자가 갖고 있는 것들을 강조하고, 변화나 안정성 유지를 위한 환자의 노력들을 공개적으로 지지한다.

IPSRT에서 당신의 통상적인 치료적 태도를 바꾸어야 하는 시기는 대개 환자의 임상적 상태가 악화될 때이다. 환자가 우울증에 빠져들면서, 치료자는 평소 자신에게 편하게 느껴졌던 것 이상으로 환자에게 직접적인 태도를 취하여 환자가 생각을 정리하고 활동 순서를 계획할 수 있도록 도와야 하는 상황에 처하게 될 수 있다. 환자가 경조증으로 기분이 고양되면서는 치료자가 평소보다 직면적인 태도를 취해야 할 수 있으며, 환자가 내리는 결정이 현명한지에 의문을 던지고, 환자의 행동이 최악의 상황이 다가올 수 있다는 전조가 되는 방식으로 변했다는 점을 지적하게 될 수도 있다. 환자가 위험에 처했다거나 나중에 극도로 당혹스러울 만한 무언가를 이제 막 실행하려고 하는 극단적인 상황에서, 치료자는 환자 주변에 안전망을 만들고 환자가 후일에 굴욕을 당하지 않도록 속임수까지도 써야 할 수 있다.

사례 예시

Louisa는 30년간 심각한 양극성 장애를 겪어 온 56세의 싱글 여성이다. 병의 초기에 여러 차례의 장기 입원을 했었고, 그중 한 번은 입원 기간이 1년 이상 지속되기도 했다. 근 10년간 그녀는 비교적 정상적인 기분과 경미한 우울증 사이를 오락가락했지만, 최근 12년 동안에는 입원한 적이 없었다. 비록 더 이상 일할 수는 없었지만, 현재 살고 있는 동네에 잘 융화되었으며 친한 친구들이 모두 가까이 살았다. 그녀는 이 친구들과의 관계에 대단한 자부심을 가지고 있었고, 친구와 이웃 중 여러 명은 지역에서 상당히 존경받는 성공한 전문직 종사자들이었다. 그녀는 수년간 한 달에 한 번씩 IPSRT 유지치료를 받아 왔다. 그녀와 치료자는 정직성과 상호 존경에 기초한 강력한 치료적 관계를 맺고 있었다. Louisa에게 갑자기 심각한 정신증적 조증이 시작되었을 때, 치료자는 입원이 필요하리라는 점을 알았다. 또한 그녀가 자발적으로 입원에 동의하지는 않을 것이라는 점도 직감했다. 치료자는 이웃들 앞에서 창피를 당할 위험을 감수하고 경찰을 보내 그녀를 병원에 보내야 할지, (전주에 클리닉에 방문을 했었지만, 다시 클리닉에 올 수 있게끔 만들도록) 리튬 혈중 농도를 체크해야 한다고 거짓말을 하고 치료적 관계에서의 파열음을 감수할지 사이에서 선택을 해야 했다. 치료자는 후자를 선택했고, 경찰이 대기하도록 하였으며 예상대로 그녀가 병원에 가길 거부한다면 병원의 외래까지 호송해 줄 수 있도록 준비하였다. 결국 그녀는 강제로 이송되는 것보다는 병원까지 경찰이 호송하는 것에 동의하였지만, 치료자에게 매우 화가 났고 입원 기간 내내 화가 수그러들지 않았다. 집에 돌아와 만약 경찰이 자택으로 찾아왔다면 어떠했을 것인가를 생각해 볼 기회를 가진 후에야, 그녀는 치료자의 사려 깊은 속임수에 대해 감사함을 표현할 수 있었다.

IPSRT이든 다른 치료이든 간에 양극성 장애 환자에게 한 가지 치료적 태도만을 견지하는 것을 어렵게 하는 것은 동일 환자 내에 나타날 수 있는 임상적 양상이 매우 가변적이라는 점 때문이다. IPSRT의 치료적 태도를 이상적으로 표현하는 한 단어는 아마도 '유연성'일 것이다. 어떤 주에 환자는 과민하지만, 치료자를 신뢰하고 있을 수 있다. 그 다음주에는 같은 환자가 과민하면서 치료자에 대해 의심을 품고 있을 수 있다. 처음에 당신은 과민성에 대해 환자에게 직면할 수도 있고, 과민성이 삶을 어떻게 방해하는지 물어보고 과민성을 줄이기 위하여 무엇이 도움이 될지 그리고 치료자가 그 과정에서 어떻게 도와줄 수 있는지를 이야기할 수 있을 것이다. 그러나 다음 번 방문 시에 이와 같은 접근은 참사가 될 것이며, 돕고자 하는 치료자의 동기는 논쟁의 단초가 되고 말 것이다.

대인관계 치료(IPT)와 IPSRT에서 시간적인 초점은 늘 현재와 미래에 있다. 현재의 어려움과 미래의 목표에 대한 지속적인 초점은 대인관계 치료의 성공 비결 중 하나일 것이다. 이는 과거를 전혀 참고하지 않는다거나 IPSRT 치료자가 과거 병력 및 과거의 관계들과 관련된 정보들을 무시한다는 의미는 아니다. 오히려 최선의 IPT 그리고 IPSRT 치료자들은 환자의 현재 문제들을 완화하고 미래의 문제들을 방지하는 데 있어서 과거 병력을 매우 염두에 둔다는 것이 우리의 주장이다. 그러나 일단 치료 초기가 지나고 나면, 환자의 현재 문제를 이해하도록 돕기 위한 목적에서 가끔 필요한 경우를 제외하고는, 과거의 대인관계 경험들에 대한 명시적인 언급을 최소한도로 유지한다. 그러한 때일지라도 IPSRT 치료자는 과거 대인관계에 기초하여 환자가 역설적인 방식으로 행동하는 이유에 대한 가설을 세우는 동시에 치료의 초점을 현재에 두려고 노력한다. 과거, 특히 과거의 문제나 불쾌한 일들에 대한 집중적인 초점은 반추와 우울한 기분을 증가시킬 뿐이라는 것이 우리의 추측이다. 따라서 우리는 현재에 집중하고 환자가 변화할 수 있는 능력에 대해 긍정하도록 부단히 노력하며, 이것이 결국 더 나은 기분과 만족스러운 대인관계로 이어진다고 본다. 어떤 측면에서 치료자는 말 그대로 환자의 치어리더라고 생각할 수도 있다. 풋볼 게임의 치어리더들이 선수들에게 집중하듯, 치료자는 환자의 가능성과 환자가 자신의 '점수'를 향상시키기 위하여 다음 순간, 내일, 다음주에 할 수 있는 일들에 집중한다.

사례 예시

Defne는 터키 태생의 29세 기혼 여성으로, 현 상황에 당황한 남편과 함께 IPSRT 치료를 받으러 왔다. 그들은 약 1년 전 미국으로 이민을 왔다. 최근 그녀는 몇 주간 지속된 첫 번째 조증 삽화를 겪었고, 그다음 중증 우울증으로 기분이 변했다. 이전까지는 새로운 환경에 적응을 잘했었다. 미국에 처음 왔을 때 영어가 그리 유창하지 않았지만, 그녀는 빠르게 배웠다. 곧 혼자서 쇼핑을 할 수 있었으며 미국식 요리를 하고, 영어를 하는 수리공을 만나 일을 볼 수 있는 등 대체로 혼자서 일들을 처리할 수 있었다. 그녀는 데이터를 입력하는 일을 찾았고, 비슷한 처지의 젊은 여자들이 많이 거주하는 아파트에 살았음에도 사회적으로는 고립되어 있는 상태였다.

그녀의 어린 시절은 트라우마와 학대로 점철되었다. 그녀는 7자매 중 막내였는데, 아들을 원했지만 갖지 못한 아버지는 딸들을 모두 심하게 홀대하였다. Defne의 기억에 어머니는 늘 우울했고, 아버지의 언어적·물리적 학대로부터 딸들을 보호해 주지 못했다. 치료 시작 시점에 그녀는 한가한 시간 대부분 동안 이러한 유년기 경험들을 곱씹고 있는 중이었고, 치료에서 그녀가 말하고 싶은 내용도 바로 이것이었다. IPSRT 치료자는 이러한 경험들에 초점을 두는 것이 Defne에게 도움이 되지 않을 가능성이 있다는 점을 정확히 평가했다. 비록 Defne가 미국에서의 삶에 피상적으로나마 양호하게 초기 적응해 왔지만, 치료자는 대인관계 문제영역을 불완전한 역할 전환으로 개념화하였다. 치료자는 몇 회기에 걸쳐 Defne가 새로운 나라에 와서 이루어 낸 것들을 상세히 언급하였다. 그녀는 아파트를 찾았고, 집세를 협의했고, 전화기를 설치했고, 필요한 것을 어디서 사는지를 배웠으며, 미국 제품과 도구들로 살림살이를 재정비했고, 괜찮은 복리후생 제도가 있는 좋은 직업을 구했는데, 이것들은 대다수의 젊은 미국 여성들도 해내기 어려울 일들이었다. 치료자가 다룬 유일한 과거는 어린 시절과 결혼 후 첫해 동안 Defne가 자매들로부터 얼마나 많은 힘과 지지를 받았는지였다. 치료자는 Defne가 매우 행복한 결혼생활을 하고 있지만, 동시에 동성 친구들과의 친교도 필요하다는 점을 이해하도록 도왔다. Defne의 우울증이 나아지기 시작하면서, 치료자는 그녀가 같은 아파트에 사는 다른 여자들에게 손을 내밀어 보길 격려했다. 그 과정의 모든 단계마다 치료자는 Defne의 뛰어난 장점에 초점을 맞추었고, 작은 성취마다 충분한 칭찬을 하였다.

IPSRT에서는 대인관계 문제영역이 대인관계 결핍이 아니라면 치료적 관계 자체에 대한 명시적인 강조점은 거의 두지 않는다. 그럼에도 불구하고 치료자의 개방적이고 지지적인 태도와 치료자와 환자 간의 상호 교류적 특성은 환자가 치료실 밖에서 찾고자 하는 관계의 속성들과 닮아 있어야 한다. 치료자가 치료 내에서 환자가 할 일들에 대해 합리적인 수준의 기대를 갖고 환자가 그것들을 실제 이루어 가면서, 환자가 치료자에게 갖는 기대를 명료화하고 자신이 양극성 장애를 극복하는 데 도움이 되는 방향으로 치료자가 자신의 기대를 충족시켜 준다는 점을 알게 되면서, 치료자는 IPT에서 이상적으로 여겨지는 기대의 상호성이 특징이 되는 대인관계를 모델링하는 것이다. 1984년 매뉴얼 원전에서 Klerman 등은 역할 갈등이 '비상호적인 역할 기대'로부터 발생한다고 하였다. 이 짧은 세 단어의 조합에는 세상의 모든 지혜가 들어 있다. 다른 말로 하자면, 어떠한 관계에서든지 각자 자신의 역할이 무엇이어야 하는지 그리고 상대방의 역할이 무엇이어야 하는지를 명확히 알고 있으며, 자신의 기대를 포기하지 않으면서 상대방의 기대를 만족시켜 줄 수 있다면 모든 일이 잘 되어 갈 것이다. 반대로 동일한 역할 기대를 공유하지 않거나 상대방의 기대를 만족시킬 수 없다면 문제가 일어날 것이다. 이는 치료적 관계에 있어서도 그러하며, 실망으로 이어져 결국 치료 탈락을 가져올 수 있다. 불행하게도, 양극성 장애의 다면적인 정신병리와 치료의 복잡성은 이상적이면서 상호 기대를 충족시키는 치료적 관계를 발전시키는 데 방해가 될 수 있다.

치료적 관계에서의 문제들

양극성 장애에 특징적인 기분 불안정성은 분명 치료적 관계에서 상당한 문제들을 유발할 수 있다. 환자가 (경)조증이든 우울증이든 간에, 기분 불안정성의 일관적인 특징은 과민성이다. 따라서 만약 환자가 기분의 양극단 중 하나 때문에 분투 중이라면, 그 환자는 과민성을 조절하기 어렵거나 또는 불가능하다고 느끼고 있을 것이다. 이는 치료자, 직원 또는 클리닉이나 대기실의 다른 사람들에 대한 불량한 행동으로 이어질 수 있으며, 임상적 상호작용을 매우 어렵게 만들 수 있다. 만약 환자가 어떤 날에 특히 과민해 보인다면, 치료자는 이에 대해 직접 언급하거나 또는 그 회기에서는 비교적 덜 어려운 작업을 하도록 선택할 수 있다. 이러한 상황에서 대개 효과적인 것으로 판명되는 일은, 만약 있다면, 과민성의 구체적인 원천이 무엇인지를 이해하도록 환자를 돕는 것이다.

사례 예시

Regina는 61세의 여성 양극성 장애 환자로 최근 몇 년간 관해된 상태로 지내왔으며, 과민성을 주 호소 문제로 IPSRT 치료에 찾아왔다. 그녀는 자신이 치료자와 클리닉 직원을 포함하여 모든 사람들을 무척 힘들게 하고 있다는 것을 잘 알고 있었다. 유방암으로 치료 받고 있는 어머니의 오랜 친구에 대해서도 쉽게 짜증이 난다는 것이 그녀를 특히 괴롭게 했다. 이 분은 어머니의 친구 중에 현재 살아계신 유일한 분이며, 어머니가 돌아가신 후 Regina에게 큰 힘이 되어 주셨다. 그러나 지금은 Regina가 정기적으로 전화하고 찾아오길 요구하면서도 이에 대해 별로 고맙게 여기지 않는 기색이었다. Regina의 치료자는 이 친구 분이 어떤 분인지, Regina와의 관계는 어떠한지 그리고 현재 병세는 어떠한지 등에 대하여 여러 질문들을 했다. 곧 분명해진 것은 Regina의 과민성이 이 분이 곧 죽게 될지도 모른다는 두려움과 분노로부터 발생하였다는 것이었다. 일단 자신이 무엇에 대해 그리도 기분이 나쁜지에 대하여 이해하게 되고 어머니의 친구가 더한 열정과 감사를 표현하기에는 어려움이 있었을 것이라는 점을 수긍하게 되자, Regina는 그분과 치료자에 대한 과민성을 더 잘 조절할 수 있게 되었다.

만약 과민성의 원인이 좀처럼 식별 가능하지 않은 것처럼 보인다면, 환자에게 이것이 심해졌다 약해졌다 하지만 결국 경감될 것으로 기대되는 병의 특징이라고 간단히 언급하는 것이 도움이 될 수 있다. 이전에 이야기하였듯이, 이러한 방식은 환자가 피해의식을 갖고 있지 않은 경우 효과적일 수 있지만, 만약 환자가 특히 의심을 많이 갖게 된 상태라면 다른 종류의 진술이 필요할 것이다.

양극성 장애 환자 상당수에게 나타나는 특정한 기질적 특성들도 치료적 관계를 어렵게 만들 수 있다. 어쩌면 다수의 양극성 장애 환자들이 보통 사람들이 경험한 바 없는 정신증적 경험을 했기 때문인지, 아니면 양극성 장애에 동반되는 에너지, 열정을 가지고 개인적으로 또는 가족 대대로 큰 성공을 거두었기 때문인지, 제I형 양극성 장애 환자 중 일부는 다른 정신과 외래 환자들에게서 거의 찾아볼 수 없는 특권주의적인 태도를 보인다. 이는 덜 요구적이고 때로는 자신을 낮추기까지 하는 단극성 우울증 또는 공황장애 환자들과는 달리, 당신의 IPSRT 환자들은 치료자가 병력의 세세한 부분까지도 모두 기억하고 치료 시간에 절대 늦지 않으며 치료 약속을 절대로 취소 또는 변경하지 않으리라 기대할 거라는 것이다. 그러한 환자들이 완전히 정상 기분일 때(그리고 과민하지 않을 때), 이것을 치료적 이슈로 꺼내는 것이 가능할 수도 있다. 그러나 환자가 이러한 특권주의적 태도를 보일 때 때로는 그들의 '모욕 받은 상처'에 대해 사과하는 것 말고는 달리 방도가 없기도 하다. 하지만 시기가 적절해 보인다면, 치료자가 환자의 우월감에 갖게 되는 반응을 이야기하고, 이러한 행동이 환자와 친구, 가족, 동료 또는 버스 운전사나 집배원 같은 서비스 직종 사람들과의 관계에 어떤 영향을 미치는지를 탐색해 보는 것이 도움이 될 수 있다. 그러한 논의는 매우 조심스럽게 시도되어야 하나, 향후 타인들이 환자와의 상호적 관계를 기꺼이 맺고 싶어 하게끔 만들어 주므로 환자의 삶의 질에 진정한 향상을 가져올 수 있다. 희소식은 환자들의 그러한 태도가 기분 증상의 변화와 함께 악화와 호전을 반복하는 경향이 있으며, 치료적 관계에 계속적인 위협이 될 소지는 낮다는 것이다.

일부 양극성 장애 환자들이 소송을 일삼는 것은 이러한 특권적 태도의 정교화되고 확장된 형태일 수 있다. 당신의 환자가 이에 해당된다는 사전 경고는 병력 도표를 완성하는 과정에서 수집된 정보 중에 있을 수 있는데, 환자가 여러 가지 송사, 민원, 편지 쓰기 캠페인 등에 관여한 적이 있다는 것이다. 만약 이러한 경우라면, 그 환자를 받을 것인지를 우선 고려해 보아야 하는데, 치료자가 그러한 소송의 초점이 되거나 또는 환자가 현재 생각하거나 계획 중인 다른 소송에 휘말리게 될 수 있기 때문이다. 이는 양극성 장애 환자들이 겪은 부당한 일들에 자신의 권리를 위해 법정에서 싸우는 일이 부적절하다고 이야기하는 것이 아니다. 그러나 치료자로서 당신은 특정 환자가 당신이 원치 않는 일에 연루시키려 할 확률을 가늠하기 위하여 최선의 임상적 판단을 활용해야 한다. 따라서 소송이 이슈가 될 수 있다는 의심이 들 때, 치료자의 기록 방식, 환자가 치료자 및 기관의 기록에 접근할 수 있는 권리 등에 관하여 환자와 특별히 구체적으로 의논해야 할 필요가 있다. 이 대화의 기록과 전반적인 치료 기록에 있어서 특히 조심해야 한다.

비밀유지와 관련된 이슈는 모든 양극성 장애 환자들과의 치료적 관계에서 문제가 될 수 있다. 조울병은 정신과 외래에서 다루는 대다수의 장애들에 비하여 훨씬 더 사회적 오명이 심각하다. 양극성 장애 환자들은 이 낙인에 대하여 잘 알고 있으며, 그렇기 때문에 다른 환자들에 비해 자신이 치료 받는 중이라는 사실이 알려지는 것, 공공장소에서 치료자가 자신을 아는 척하는 것 등에 대해 더욱더 민감하다. 이러한 연유에서 가족, 친구 또는 고용주들이 동참할 수도 있는 IPSRT에서 비밀유지와 관련한 방침에 대하여 환자와 구체적으로, 분명하게 이야기할 필요가 있다. IPSRT가 개발된 피츠버그 대학교에서 우리는 다른 만성 질환과 같이 양극성 장애는 가족, 친구, 때로는 고용주까지도 함께하며, 치료에서 무슨 일들이 진행되고 있는지를 서로 아는 분위기에서 가장 잘 관리될 수 있다는 점에 대해 강력한 입장을 취해 왔다. 환자가 치료자에게 가족, 친구와 의사소통할 수 있도록 허락한 후에는 그러한 입장을 취하고, 환자가 특수하게 비밀로 해 달라고 요청한 것이 아닌 이상 치료에 관한 어떤 것도 비밀로 유지되지 않는다. 그러나 이 관리 방침이 자신의 감정이나 의사에 맞지 않는다고 느끼는 환자들도 더러 있다. 이러한 모든 것들은 가능한 한 치료 초기에 정리되어야 한다. 이전에 언급되었듯이, 환자가 공공장소에서 치료자를 우연히 만나면 어떻게 하길 선호하는지에 대해서도 치료 초기에 일찌감치 정해 둘 필요가 있다. 대개 양극성 환자들은 혼자 있을 때는 인사하는 것을 괜찮게 생각하지만, 누군가와 함께 있을 때에는 아는 척을 하지 않는 편을 선호한다.

자살사고 및 자살행동의 관리는 양극성 장애 환자들과의 치료적 관계에서 또 다른 중대한 문제이다. 제I형과 제II형 양극성 장애 환자들은 다른 모든 정신과 환자들보다 더 높은 자살 성공률을 가질 위험성이 있는데, 이는 이 장애군에서 자살 관리가 매우 중요하다는 것을 의미한다. 자살사고 및 계획에 관해서는 치료자와 환자 사이에 **반드시** 개방성을 확립해 두어야 한다. 만약 환자가 이러한 이슈에 대해 치료자에게 터놓기를 불편해 한다면, 환자를 보호하기 위한 일들을 수행하는 것이 불가능할 것이다. 그러나 자살사고에 과잉 반응하는 것은 환자가 입을 다물고 향후 치료자에게 이를 개방하지 않는 결과로 이어질 수 있다. 이러한 가능성은 매우 세심하고 사려 깊게 다루어야 한다. 만약 당신이 환자의 약물처방의가 아니라면, 자살사고에 당신이 합동 대처할 수 있도록 환자의 약물을 처방하는 사람과 분명한 합의를 해야 한다. 또한 환자를 자살로부터 보호하기 위하여 비밀유지를 깨야 한다는 점에 대해 명심해야 하며, 환자가 자살에 대해 생각하고 있지 **않을** 때에는 이러한 방침에 대해 분명하게 밝혀야 한다. 하지만 환자가 자살사고를 표현하고 **있을** 때 이러한 이슈에 대해 다루는 것은 환자로 하여금 이러한 감정들에 대해 솔직하지 못하게 만들어, 그 시기에 환자를 효과적으로 보호하지 못하게 하고, 의도치 않은 결과를 가져올 수 있다. 당신이 환자에게 직접 약물치료를 처방하고 있지 않다면, 환자의 약물처방의와 양호한 관계를 유지할 필요가 있다. 최선의 상황은 환자의 약물처방의와 정기적인 의사소통을 갖고, 환자의 임상적 상태가 변할 때 부담 없이 즉각적인 연락을 취할 수 있도록 하는 것이 좋다. 만약 의사가 이러한 개방적 의사소통에 대해 꺼린다거나 환자의 상태에 대한 당신의 관점에 무관심하다면, 당신이 환자를 위해 안전한 치료적 상황을 제공해 줄 수 있을지를 고려해 볼 수도 있다. 이전에 언급했듯, 어떠한 상황에서라도 IPSRT를 실시하는 것은 전혀 IPSRT를 하지 않는 것보다 아마도 나을 것이지만, 환자의 처방의와 의사소통이 어렵거나 부재한 경우는 IPSRT에 이상적인 상황은 아니다.

당신이 여러 명의 양극성 장애 환자를 보기로 계획한다면, 양극성 장애 환자를 치료하는 데 유능하며 협력적인 접근을 하는 의사들로 구성된, 개인적인 의뢰 목록을 만드는 것을 고려해 볼 수 있다. 당신에게 찾아온 환자가 약물처방의가 없다거나 현 처방의를 변경하고 싶어 한다면, 목록에 있는 동료에게 환자를 의뢰할 수 있다. 만약 양극성 장애 환자들이 당신이 하는 치료의 큰 부분을 차지하게 된다면, 약물치료를 처방할 동료를 1~2명으로 제한하고 그들과 정기적으로 공유 사례들 및 일반적인 관리 전략에 대하여 논의하는 것이 이상적인 상황이 될 것이다. 그러한 상황에서는 어떤 임상적 상황에서 처방의가 어떻게 할 것인지를 이해하고, 환자에게 그다음 단계에 무엇이 이루어질 것인지를 예상할 수 있게 될 것이다. 마찬가지로 당신의 동료 의사도 치료 내에 제기되는 문제들을 IPSRT 치료자가 어떻게 다룰 것인지에 대해 예상할 수 있으며, 따라서 당신이 개입을 시작할 토대를 마련해 줄 수 있을 것이다.

13장

저조한 성과를 다루는 방법

양극성 장애의 임상 역학 자료에 따르면, 이상적인 치료 상황(즉, 가이드라인에 따른 약물치료와 매뉴얼에 따른 경험적으로 입증된 심리치료)일지라도 제I형 양극성 장애 환자 중 일부는 치료 성과가 여전히 저조하다. 현재 우리에게 사용 가능한 치료 도구 내에서는 어떠한 개입법 또는 개입법 조합을 사용하더라도 일부 양극성 장애 환자들에게서는 정상 기분 시기를 유지하는 것에 한계가 있는 것으로 보인다. 그러나 다수 사례들을 살펴보면, 치료 계획의 수정으로 치료하기 어려운 환자들이 분명한 이득을 경험할 수도 있다.

모든 '치료 반응이 저조한' 환자들에게 대인관계 및 사회적 리듬 치료(IPSRT) 치료자가 첫 번째로 해야 할 일은 이 문제의 가능한 원인(들)이 무엇인지를 평가하는 것이다. 환자의 진단이 잠정적으로만 내려졌는가? 환자가 의인성(iatrogenic) 또는 기질적인 의학적 문제를 겪고 있는가? 치료나 치료 순응을 어렵게 하는 알코올이나 물질 남용 문제가 공존하고 있는가? 새로운 또는 다른 방식으로 접근되어야 할 심리치료적 이슈들이 있는가? 혹시 치료자가 부주의하게 잘못된 IPSRT 문제영역을 선택하였는가? 문제영역이 치료 초기의 초점으로는 정확했지만, 더 이상 적절치 않은가? 초기 상태가 점차 조절되기 시작하면서 이상한 다른 공존 문제가 생겨나고 있는가? 그러한 공존 문제가 당신이 치료하기에는 훈련을 충분히 받지 못한 문제인가?

양극성 장애 환자들은 진단적으로 복잡하고 의학적 공존질환의 위험성이 높으며 복합적인 약물치료를 받는 경우가 잦기 때문에, 치료상 어려움의 원인을 찾는 과정은 (만약 당신이 약물처방의가 아니라면) 처방의와의 주의 깊은 공조를 요한다. 치료 반응이 그리 이상적이지 않을 때 의사가 아닌 임상가의 역할은 매우 중요한데, 왜냐하면 심리치료자는 보통 환자와 더 많은 시간을 함께 보내며 치료진 중에서 환자의 악화 또는 호전 실패를 가장 먼저 알아차릴 수 있는 사람이기 때문이다. 게다가 환자의 일상에 대하여 심리치료자가 더 친숙하기 때문에, 어려움의 원인이 무엇일지에 대한 가설을 더 많이 가지고 있고, 그러한 가설이 쉽사리 떠오르지 않을 때 그것을 탐색할 만한 더 나은 입장에 있는 경우가 많기 때문이다.

장기적인 관점을 잃는 것

IPSRT 치료자로서 우리는 환자의 현재 그리고 미래의 삶에 집중하기 때문에 환자의 과거로부터 오는 단서들을 놓칠 위험성이 있다. 환자들을 수개월 또는 수년간 볼 수도 있겠지만, 우리는 환자의 삶에서 오직 횡단적인 단면만을 보고 있을 뿐이다.

사례 예시

Carolyn은 살이 찐 47세의 제I형 양극성 장애 환자로, 알코올 남용 병력을 갖고 있었다. 그녀는 기분조절제(sodium divalproex)를 복용하면서 IPSRT를 받고 있었다. Carolyn은 집 근처에 있는 법률회사에서 법률 사무보조원으로 가끔씩 일했다. 치료 시작 시에는 우울증 때문에 병가를 낸 상태였다. 치료 초기에 Carolyn은 10여 년 전 술을 끊은 후 몸무게가 100파운드 늘었다고 하였으나, 치료자는 술을 끊기 전에 그녀가 어떤 모습이었을지 상상이 되지 않았다.

Carolyn이 기분조절제를 복용하는 동안, 다이어트 노력에도 불구하고 체중은 계속 늘어났다. 그녀와 치료자는 역할 전환 영역에 집중하기로 합의하였다. 그녀는 양극성 장애를 가진 채로 법률 사무보조원으로 일하는 것이 감당하기 어렵다는 점을 인식하게 되었고 스트레스를 덜 받는 일을 찾을 필요가 있다고 생각하였다.

IPSRT를 시작한 후 Carolyn이 삶의 다른 영역들에서는 천천히 그러나 꾸준한 진전을 보였으나, 구직 노력은 놀라우리만치 미약했다. 처음에는 왜 Carolyn이 걱정스러운 재정 상황에도 불구하고, 제안 받은 몇 안 되는 구직 면접을 피하고 적극적으로 이력서를 내지 않는지가 분명치 않았다. 구직 면접을 준비하고 면접을 보러 가는 과정을 치료자와 함께 단계별로 찬찬히 살펴보면서, 그제야 그녀는 자신을 막고 있는 것이 무엇인지를 깨닫게 되었다. 그 과정을 통하여 Carolyn과 치료자에게 모두 명확해진 것은 구직 면접을 위해 옷을 차려입는 과정에 문제가 있다는 것이었다. 그녀는 자신이 일했던 법률 회사에 구직하러 온 135파운드의 젊은 여성과 그 사람에 대해 자신이 어떤 느낌을 가졌던가를 아직 기억하고 있었다. Carolyn의 현재 체중은 신체에 대한 수치심을 갖는 데 지대한 기여를 했고, 새로운 고용주와 면접을 하면서 겪을 수 있는 창피함을 피하고 싶게끔 만들었다. 이전 회사에서 체중은 그저 한 가지 요소였을 뿐이었다. 그곳의 사람들은 그녀가 얼마나 살이 쪘는지 의식하지 않는 것처럼 보였고, 아니면 그들은 예의 때문에 아무 말도 하지 않았는지도 모른다. 그러나 새로운 사람을 만나 면접을 위해 자신을 내보인다는 것은 생각할 수도 없었다. 이러한 문제가 분명해지자 Carolyn의 치료자는 그녀가 치료받는 의사에게 이러한 고민들을 이야기해 보도록 격려했다. 이에 의사는 (나중에 경계선 범위로 비정상인 것으로 판명된) 갑상선 기능을 체크해 본 후 치료 약물에 토피라메이트를 추가해 주었고, 그녀를 체중 조절 프로그램에도 의뢰하였다. 의사는 앞으로 갑상선 기능을 계속 모니터해야 하며 만약 수치가 정상화되지 않는다면 추가적인 수단을 고려해야 한다고 이야기하였다. 체중이 감소하기 시작하면서 Carolyn은 점차 구직에 대해 편안하게 느끼게 되었고 자신의 외모를 개선하는 데 치료팀의 도움과 지지를 구하는 것에 대해서도 낙관적이 되었다.

약물대사에서의 변화

치료 내에서 또는 양극성 장애 경과상의 어떤 문제들은 대인 관계적 작업의 초점을 변경함으로써 해결될 수 있지만, 종종 약물치료나 다른 신체적 개입에서의 변화가 필요할 때도 있다. 비록 당신이 처방의가 아닐 수도 있지만, 대개 당신은 처방의보다 환자를 더 자주, 더 오랜 시간 동안 보게 될 것이다. 따라서 당신이 환자의 기분상 미묘한 변화를 관찰하고 약물치료에서의 변화를 제안할 수 있는 입장에 서게 될 수도 있다.

사례 예시

Lydia는 40년의 제I형 양극성 장애 병력을 가지고 있는 67세의 환자인데, 리튬이나 다른 기분조절제를 복용할 수가 없었다. 그래서 여러 해 동안 신경이완제, 삼환계 항우울제, 노르트립틸린을 조합하여 복용해 왔다. 병력 초기에는 다수의 심각한 우울증과 몇 차례의 자살 시도들이 있었지만, 이와 같은 약물치료 덕분에 수년간 비교적 정상적인 기분을 유지할 수 있었다. 항우울제로서 노르트립틸린의 긍정적 특징 중 한 가지는 최대 효과를 내기 위하여 혈중 약물 농도가 특정 범위 내에 있어야 한다는 점이다. 수개월간의 안정기 이후 Lydia는 정기적으로 IPSRT를 받으러 올 때마다 우울증 외의 다른 모든 것들에 대해 불평하였다. 평소 잘 지내던 이웃과 심한 언쟁을 했다거나, 슈퍼에서 사려고 했던 것들을 제대로 찾을 수가 없었다거나, 해야 할 일이 너무 많았지만 그중에 어느 한 가지도 완수할 수가 없었다는 식이었다. Lydia는 뚜렷한 기분 변화가 있다는 것을 부정했지만, 치료자는 그녀가 평상시보다 더 우울하고 과민해졌다는 점을 정확히 인지했다. 치료자는 항우울제 농도가 치료 범위 아래로 내려왔을지도 모른다는 의심이 들었고, 이 가능성을 Lydia에게 이야기했다. 처음에 Lydia는 자신의 기분이 나쁠 수도 있을 '정당한 이유들'을 모두 언급하며 그 가능성을 받아들이지 않았다. 과거에는 이와 비슷한 그리고 더 심한 불만에 대해서 그녀가 화내거나 짜증내지 않으면서 잘 대처했다는 점을 치료자가 지적한 다음에야, Lydia는 어쩌면 그럴 수도 있겠다는 점을 억지로나마 받아들일 수밖에 없었다. 적어도 그녀는 그 가능성에 대해 지켜보기로 하였다.

IPSRT 치료자는 병원에서 일하고 있었기 때문에, 당일에 혈중 노르트립틸린 농도를 확인해 볼 수 있었다. 그는 그간 밀접하게 협력해 온 Lydia의 약물치료자에게 전화를 걸었고 약물치료자는 환자의 혈중 농도를 체크해 보는 것이 의미가 있겠다는 점에 동의했다. 48시간 내에 결과가 나왔다. Lydia의 식단에 변화가 없었고 흡

연 등 혈중 농도에 영향을 줄 수 있을 요소들에 별다른 변화가 없었음에도 불구하고, Lydia의 혈중 노르트립틸린 농도는 치료 효과 범위 아래로 떨어져 있었다. 약물치료자는 즉각적으로 용량을 증량하였다. 며칠 내에 Lydia는 기분이 호전되기 시작하였다.

또한 Lydia의 사례는 양극성 장애 치료에서 심리치료자와 약물치료자의 긴밀한 협력이 갖는 가치를 잘 보여 준다. 이들의 관계가 상호신뢰 안에서 심리치료자가 의사에게 제안을 할 수 있고 마찬가지로 의사도 심리치료자의 평가에 대해 믿지 않았더라면, Lydia의 치료 성과는 더 나빴을 것이다. 결국 작은 '일시적인 문제'로 끝난 것이 치료자 간 협력이 없었더라면 장기화된 우울 삽화로 악화되었을 가능성도 있었다. 그러한 협력이 가능하지 않은 경우, 환자가 예방적인 약물 변경 및 약물치료의 다른 부분들에 대하여 자신의 입장을 의사에게 잘 피력할 수 있도록 교육하는 것이 도움이 된다. IPSRT 치료자와 약물치료자가 자주 효과적으로 소통을 하더라도, 실제 환자들이 자신의 약물치료자와 이와 같은 관계를 맺도록 교육하는 것은 좋은 생각이다. 만약 약물치료자가 심리치료자 또는 환자와 이러한 방식으로 협력하는 것을 꺼려 한다면, 환자의 건강보험 문제를 고려하여 가능한 다른 의사에게 갈 수 있도록 돕는 것이 심리치료자의 역할이 될 수도 있다.

계절성 기분 변동

양극성 장애는 본질적으로 순환성이며, 환자와 치료자가 치료 성과가 저조한 이유를 이해하는 것이 어려운 경우가 자주 있다. 변화에 어떤 패턴이 있는가, 아니면 전적으로 무작위적인가? 많은 양극성 장애 환자들이 계절성 패턴을 가지고 있다. 이러한 사례들에서 약물치료, 심리치료 초점 그리고 특히 SRM 작업이 계절에 따라 변경되어야 할 수 있다. 만약 치료자가 (치료 시작 시 병력 도표를 완성할 때 포함되어야 하는) 계절을 고려하여 환자의 이전 경과에 대한 정확한 병력 조사를 하지 않고 그 정보를 치료 작업에 적용하지 않는다면, 치료가 실패할 수 있다.

사례 예시

Janis는 제I형 양극성 장애를 가진 40세의 싱글 여성이었다. 12월 초 치료를 시작했을 때 그녀는 수개월간 지속되어 온 우울 삽화를 겪고 있었다. 그녀는 20대 초반부터 양극성 장애가 시작되었다고 보고하였고, 매년 조증과 우울증 삽화를 겪어 왔는데 여기에는 분명한 계절성 패턴이 있었다. 9월마다 기분이 가라앉기 시작했고 가을을 지나면서 증상이 더 나빠졌다. 2월 중순이면 기분이 들뜨기 시작했고 4월경이면 경조증 증상을 경험했다. 35세에 처음으로 양극성 장애 치료를 받으러 왔지만, 약물치료를 시작한 뒤에도 그다지 호전을 경험하지 못했다.

처음에는 IPSRT의 모든 것이 잘 진행되었다. Janis는 절박하게 우울증으로부터 벗어나고자 했다. IPSRT의 행동 활성화 작업을 열심히 했고, 혈중 농도로 볼 때 약을 규칙적으로 복용하고 있다는 점이 확인되었다. 크리스마스 즈음에는 기분이 훨씬 더 나아졌고 1월 말에는 정상 기분을 회복하였다. 그녀는 치료자와 함께 치료의 가장 중요한 초점으로 찾아낸, 불만족스러운 직장으로부터의 역할 전환 작업에 열정적으로 동참했다. 그러나 두 달 내에 그녀는 과민해졌고, 비합리적이었으며, 역할 전환을 위해 도움을 줄 만한 바로 그 사람들을 자신으로부터 멀어지게 만들고 있었다. 치료자가 Young 조증 평정 척도를 사용하여 기분 증상에 대한 체계적인 평가를 해 보았을 때, Janis의 점수는 18점이었는데 이는 심각한 경조증 범위였다. 치료자는 병력 도표로부터 지금이 시기상 조증 기간에 해당된다는 것을 알았으나, 그것은 약을 복용하기 전이었다. 비록 지금까지 Janis가 모범적인 환자이긴 하였으나, 치료자는 그녀가 약물 복용을 제대로 하고 있는지 궁금해졌다. 그가 Janis에게 지금이 그해의 조증 시기일 수도 있다는 가능성에 대해 직면하게 만들었을 때, 그녀는 늘 이 시기에 밀려오던 경조증의 흥분이 그리웠기 때문에 초봄마다 자의적으로 약을 중단해 왔다는 것을 인정했다. 그녀는 경조증 상태가 중독성이 있다는 것을 시인했다.

IPSRT 치료자는 처음 치료를 시작했을 때 작성했던 병력 도표를 찾아서 이렇게 약물을 중단한 경우들을 확인했다. 또한 가장 심각한 조증들이 약물 중단 시 발생했었고, 그 대가는 좋은 직장과 친구들을 잃는 것이었다는 점을 지적했다. 그는 Janis에게 전형적인 경조증 기간에 대해 자세히 이야기해 보도록 했다. 대부분의 경조증 기간에 생산성과 에너지는 올라갔지만, 동시에 직장과 사적인 삶에서의 갈등 증가도 있었다는 점이 밝혀졌다. 치료자는 그러한 몇 주간의 경조증이 그녀가 치른 대가를 감수할 가치가 있었는지를 물었다. 이러한 작업은 그녀가 약물 비순응의 진정한 결과와 (경)조증의 결과가 무엇인지에 대한 통찰을 얻을 수 있게끔 하였다. 또한 경조증을 이상화하는 것을 그만둘 수 있었다.

Janis가 다시 의사에게 연락하여 약물 복용을 재개하도록 설득하는 것에 더하여, 치료자는 기분 주기를 예상하기 위한 작업을 하였다. 경조증의 초기 경고 신호들을 탐색하고 기분 변화를 일찍 알아차리는 것은 Janis가 안정성을 얻기 위한 핵심적인 일이었다. Janis가 약을 다시 복용하기 시작하면서, 치료자는 그녀와 함께 초기 경고 신호들을 찾았고 이를 약물 조절을 담당하는 의사와도 공유하였다. 치료자는 수면-각성 스케줄을 안정화시키는 것의 중요성과 특히 계절상 취약한 시기에 자신에게 잠이 필요하지 않다고 스스로를 속이지 않는 것의 중요성을 강조하였다. 또한 치료자는 SRM 및 일반적인 스케줄 계획을 활용하여, 그녀가 이 기간 동안 큰 여행을 계획하지 않고 너무 자극적일 수 있을 만한 부가적인 활동들을 피하도록 격려하였다. 그리고 마음을 느긋하게 해 주고 자기위안이 될 활동들을 찾고, 무언가 자극이 될 만한 것을 원하게 될 때에는 스스로 속도조절을 하도록 하였다. 병력 도표에 따르면 Janis는 이 취약기에 연애를 시작하는 패턴이 있었다. 그러한 연애관계는 강렬했고 급속도로 발전하곤 했다. 치료자는 이런 패턴이 기분 고양의 결과이기도 했지만 동시에 이후 기분이 더욱 들뜨는 데 기여하는 요인이기도 하다는 점을 이야기하면서, 이른 봄에는 새로운 연애에 과몰입하는 것에 대해 주의해야 한다고 이야기했다. Janis는 치료를 통하여 이 패턴을 알 수 있게 되었고 새로운 연애관계가 진행되는 속도를 늦추었다.

몇 달 뒤 Janis와 치료자는 이른 가을이면 시작되곤 하는 우울증의 계절성 패턴도 점검해 보았다. 치료자는 가을이 다가올 때 Janis가 행동 활성화를 할 수 있도록 SRM을 활용하였고, 다시금 수면-각성 주기를 조절하도록 했는데 이때는 스케줄을 안정적으로 유지하도록 자기 자신에게 동기부여를 할 필요성을 강조했다. Janis는 운동 수업에 등록하기로 결정했는데, 일주일에 두 번 있는 이 수업은 그녀가 소외되어 있지 않도록 하고 에너지를 꾸준히 유지하는 데 도움이 될 터였다. 또한 가을이 오기에 앞서 미리 스케줄을 정리해서 끝마치지 못할 활동과 책무들이 쌓이지 않도록 했다. 경조증 증상의 경우와 마찬가지로, 치료자는 Janis가 우울증의 초기 경고 증상들을 이해하도록 했고 이러한 증상들이 생기면 정신과 의사에게 이야기하도록 했다. 10월에 Janis는 우울 삽화가 막 시작되는 것 같은 경험을 했다. 항우울제가 복용하는 약물들에 추가되었다. 그녀는 이전에 세워진 스케줄을 따를 수 있었으며 전년보다 약하고 더 짧은 '우울증'을 겪었다. 그해 겨울에 심각한 우울증이 수개월간 지속되지 않았기 때문에 이듬해 봄이 왔을 때에도 경조증에 대해 그리 절실한 느낌을 갖지 않게 되었다. 그해 7월이 되자 Janis는 성인이 된 이후로 처음 안정감을 경험한 첫해에 대해 돌아볼 수 있었다.

증상이 외래 치료에서 조절 가능한 범위를 넘어설 때

가장 헌신적인 치료진의 환자들일지라도 약물치료나 심리치료가 듣지 않을 정도로 양극성 장애의 심각한 악화를 경험할 수 있다. 이런 경우 입원이 필요할 때가 있다. 많은 사례에서 환자들은 더 집중적인 치료 필요성에 동의할 것이며 때로는 입원을 제안 받은 것에 안도감을 느끼기도 하지만, 일부 사례들에서는 강제 입원에 착수해야 하는 입장에 처하게 될 수도 있다. 이는 치료자에게 매우 두렵고 위협적인 경험이 될 수 있으며, 특히 치료적 관계가 오래되고 치료자, 환자 간에 높은 정도의 신뢰감이 있어 왔을 때 그러하다. 속임수라고도 부를 만한 상황에서 환자를 치료 회기에 오게 하는 일이 이 과정에 포함될 수도 있으며, 이러한 상황에서 치료자는 강제 입원 명령이 이미 내려졌고 경찰이 환자를 병원으로 호송하기 위하여 대기 중이라는 점을 알고 있을 것이다. 다른 상황에서는 환자의 병원 호송을 위하여 환자의 집으로 경찰을 보내게 될 수도 있다. 이는 매우 힘든 결정들이다. 치료자가 의사와 협력적 관계에 있고 의사 또한 강제 입원 필요성에 동의한다면, 이러한 결정들이 때로 조금 쉬워질 수 있기도 하다. 가족이나 친구들이 입원 필요성에 대해 동의하는 경우에도 그러하다.

이러한 종류의 개입을 특히 어렵게 만드는 것은, 양극성 장애와 연관된 높은 수준의 과민성 때문에, 강제 입원에 착수하는 사람들에 향해지는 적대감과 분노의 양이 실로 어마어마하다는 점이다. 우리의 경험상 치료자가 그러한 분노와 적대감에 마주하더라도 계속해 나가고, 입원 기간 동안 환자를 정기적으로 방문하고, 적절한 퇴원 시점까지 함께할 수 있다면, 결국 환자들이 이러한 방식으로 자신을 위해 준 것에 고마워하게 되곤 한다.

사례 예시

Angelo는 지역의 기술학교를 다니고 있는 20세 남성으로, 아들 걱정에 휩싸인 부모가 예전 치료자에게 데려온 경우였다. Angelo는 등교하지 않았고, 나이트클럽에서 만난 여자에 대하여 끊임없이 이야기하는가 하면, 잠을 거의 자지 않았다. 고등학교 시절 우울증으로 몇 년 치료받은 경험이 있기는 했지만, 조증이나 경조증은 이제까지 한 번도 없었다. 치료자가 보기에는 현재 Angelo가 조증이라는 점이 분명했다. 그녀는 Angelo가 의사를 만나야만 하고 약을 복용해야 한다는 점을 납득하게 하려고 시도했다. 그동안 Angelo가 이 치료자를 늘 좋아하고 신뢰했던 편이었음에도 불구하고, 이제는 전혀 그렇지 않았다. 그는 자신의 상태에 대한 병식이 없었으며 심지어 자부심이 과도한 상태였다. 그는 "난 하나도 이상하지 않아요. 이게 나의 가장 좋은 모습인 걸요!"라고 주장하며 정신과 의사를 만나길 거부했다. 치료자와 부모는 Angelo에 대해 매우 걱정했지만, 치료자가 강제 입원에 착수할 만큼의 위험한 행동이 있다는 증거는 아직 없었다.

치료자는 아들의 반대에도 불구하고 정신과 진료를 예약한 부모와 그 후로도 긴밀하게 연락을 취하기로 했다. 다음날 Angelo의 상태는 더욱 나빠졌다. 그는 밤에 전혀 자지 않았고, 자신이 초등학교 친구들을 법적 문제, 동네 깡패들로부터 구원할 운명이라고 확신하였으며, 자신의 얼굴에 할 큰 문신의 도안을 그렸다. 가장 걱정스러운 것은 그의 성미가 점점 더 폭발적이 되었다는 점이었다. 그러나 여전히 입원을 시켜야 할 명확한 근거는 부족했으며, Angelo는 자신에게 문제가 전혀 없다고 너무도 확신하고 있었다. 그다음 날 치료자는 Angelo의 부모에게 전화를 받았는데, 그들은 아들이 저녁에 '친구들'과 놀러 나간 뒤 승용차 뒷좌석에서 총을 여러 자루 발견했다고 알려 주었다. Angelo는 친구들을 돕기 위해 총을 가지고 있는 것뿐이라고 주장했다. 치료자는 이것이 잠재적으로 생명을 위협할 수 있는, 저하된 판단력의 증거일 수 있다는 것을 직감했다. Angelo와의 양호한 치료적 관계를 위태롭게 만들 수 있다는 점을 알면서도, 그녀는 강제 입원에 착수하기 위하여 Angelo와 겁에 질린 부모를 지역의 응급실에서 만나기로 약속하였다.

환자에 대한 감정이 치료를 방해할 때

IPSRT에서 저조한 성과의 또 다른 잠재적인 원천은 환자에 대한 치료자의 감정, 즉 부정적이든 긍정적이든 간에 치료자의 역전이(countertransference)라고 부를 수 있는 측면이다. 예를 들어, 어떤 치료자는 길고 험난한 경과를 겪어 왔으며 자신에게 남은 장점을 인식하거나 활용하지 못하는 환자에 대해서 특히 절망감을 느낄 수 있다. 반대로 치료자가 좋아하고 동일시하는 환자—아마도 치료자와 직업적 배경 또는 개인적 특성을 공유하는 환자—는 치료자로 하여금 비현실적으로 높은 목표를 세우게 할 수도 있다. 모든 심리치료에서 그러하듯, 치료자는 환자에 대한 자신의 감정을 파악하고, 그러한 감정이 환자의 치료를 방해하지 않도록 할 책임이 있다. 추가적인 슈퍼비전—심지어 경험이 많은 치료자일지라도—은 치료적 교착 상태의 원천이 되는 역전이를 찾아내는 데 매우 도움이 될 수 있다.

사례 예시

Jayna는 첫 삽화가 13세에 시작된 양극성 장애 병력을 가진 21세 여성이었다. 결정적인 발달 기간을 놓친 그녀는 나이에 비해 훨씬 더 어리게 행동했고, 홀어머니에게 극도로 의존했다. 어머니는 식사를 매끼니 다 준비했고, 아침마다 그녀를 깨웠으며, 무엇보다도 딸에게 아무것도 기대하지 않았다. Jayna는 어머니에 대한 의존성에 양가적이었다. 한편으로는 '다 자란 것'처럼 행동하길 원했고, 다른 한편으로는 어떠한 책임감도 질 수 없는 것처럼 보이기도 했다. 어머니와의 역할 갈등을 해결하는 맥락에서 몇 달간 이러한 이슈들에 대하여 Jayna와 이야기한 후, 치료자는 사기가 저하되기 시작하였다. 매주 Jayna는 집안일을 돕고, 구직을 하고, 스스로 알람을 맞추는 등의 일들을 하겠다고 이야기했지만, 실제로 실천에 옮긴 것은 아무 것도 없었다. 치료자는 Jayna가 어떠한 변화도 시도하지 않음에 화가 나기 시작했다. 치료자는 자신 내부의 이러한 감정들을 적절히 알아차렸고, 매주 과제를 더 작고 감당할 만한 부분들로 나누어 주려고 노력하면서 이러한 감정들이 치료에 개입되지 않도록 최선을 다했다. Jayna의 행동에 관찰 가능한 변화가 없는 상태로 이것이 몇 개월간 지속되었다.

마침내 Jayna가 모종의 진전을 보이기 시작했을 때, 그녀는 갑작스럽게 곧 입대를 앞둔 동네 친구와 결혼할 것임을 알렸고, 이 남자는 치료자가 그동안 전혀 들어보지 못한 사람이었다! Jayna의 계획은 결혼 후 조만간 이 남자를 따라 이사를 가는 것이었다. 비록 이것이 Jayna에게 건강한 변화가 아니라고 생각되었지만, 치료자는 이 계획에 대해 그리 적극적으로 개입하지는 않았다. 몇 달 내에 Jayna는 결혼을 해서 치료를 종결하였다. 치료자는 돌이켜 생각해 보면서, Jayna에 대한 좌절감과 부정적인 감정들 때문에 그녀가 비교적 낯선 상대와 결혼하고 그 남자가 어머니만큼 자신을 돌봐 줄 것이라 기대하는 위험성을 이해하도록 돕지 못한 것은 아닌지 의문을 가졌다.

또한 Jayna의 사례가 보여 주는 것은 잘못된 문제영역이 선택되었을 때 치료가 얼마나 빗나갈 수 있는가 하는 점이다. Jayna의 치료자가 선택하고 (Jayna가 동의한) 대인관계 문제영역은 어머니와의 역할 갈등이었다. 지적인 수준에서 Jayna는 21세가 된 자신에 대한 어머니의 기대가 전적으로 합당하다는 것에 동의할 수 있었지만, 그 갈등을 풀기 위해 필요한 변화들을 실행할 단계에 있지 못했다. Jayna의 치료자가 8년간의 기분 증상이 미친 영향을 신중하게 고려했더라면, 그리고 이 증상들이 그녀의 사회적 및 정서적 발달을 지연시켰다는 점을 인식했더라면, 대인관계 결핍을 문제영역으로 선택하고 Jayna가 점진적으로 어른의 자기개념으로 이동할 수 있도록 돕는 것에 더 집중했을지도 모른다. 의심할 여지없이, 이러한 접근은 어머니와의 역할 갈등에서 행해진 행동적 접근에 비해 훨씬 더 많은 미묘한 접근을 요하지만, 결과적으로 Jayna와 치료자 모두에게 좌절감을 덜 안겼을 것이다.

환자에 대한 긍정적인 감정이나 환자가 처한 상황에 대한 지나친 동일시도 치료적 진전을 방해할 수 있다. 다음의 사례는 이러한 잠재적인 위험을 보여 준다.

사례 예시

Eleni는 지방대 심리학과의 박사과정 학생으로, 크리스마스 휴가 동안 가족들과 다녀온 그리스 여행 후 양극성 장애로 진단받게 되었다. Eleni는 조증 상태로 미국에 돌아왔고, 자신이 아프로디테 여신의 환생이라 굳게 믿으며 '사랑과 평화'를 전 세계에 펼칠 계획에 여념이 없었다. 그녀는 단기 입원 후 퇴원하여 정신과 의사 및 IPSRT 치료자의 관리를 받게 되었다. 치료자는 즉각적으로 Eleni가 마음에 들었다. 그녀는 똑똑했고 유머감각이 있으며, 심리학 박사를 향해 가는 가운데 양극성 장애로 진단받게 된 역설적인 상황에 대한 이해력을 갖춘, 호감이 가는 사람이었다. Eleni는 곧 학교로 복귀했고 리튬을 복용하면서 잘 지내는 듯이 보였다. Eleni의 치료 회기들은 규칙적인 수면을 확립할 수 있도록 공부 습관을 조정하고, 불필요한 활동들을 제거하여 자극을 감소시킬 수 있도록 우선순위를 세우는 것에 집중되었다. Eleni는 학과 내 정치와 스캔들에 대한 이야기들로 치료자를 즐겁게 해 주었는데, 치료자도 몇 년 전 같은 대학에서 박사과정을 졸업했기 때문에 이는 치료자가 비밀스럽게 즐기는 정보가 되었다. 종합시험이 다가오자, Eleni는 공부를 더 많이 하면서 잠을 덜 자게 되었다. 사회적 리듬이 어지럽혀지는 것을 경고하기는 하였으나, 치료자 역시 Eleni가 시험 준비를 해야 할 필요성에 대해 매우 동감하고 있었다.

시험 전날 밤 Eleni의 룸메이트는 그녀가 새벽 3시에 기숙사 독서실에서 와해되고 초조한 상태로 있는 것을 발견하고 응급실로 데려왔다. 치료자는 환자 및 그녀의 상황과의 과잉 동일시 때문에 Eleni의 행동이 가져올 수 있는 잠재적인 위험성을 과소평가했다는 점을 뒤늦게 깨달을 수 있었다.

Eleni의 치료자가 이 매력적인 환자와 과잉 동일시하지 않았더라면, 환자에 대해 더 조심스럽게 대처할 수 있었을 것이다. 또한 Eleni에게 현 생활양식의 위험성을 경고하는 데 있어서 정신과 의사를 동참시키려는 노력을 했을 수도 있었다.

Eleni의 사례에서 치료자는 대학원생이었던 자신의 경험에 비추어 환자가 처해있는 상황을 이해할 수 있는 능력을 과신했기 때문에 그렇게 하지 않았던 것이었다. 치료자가 생각하지 못한 것은 양극성 장애가 있는 환자의 입장에서는 그 상황에 대처하는 데 완전히 다른 방법을 찾아야 할 필요성이 크다는 점이었다. 치료자는 장애를 고려하여 종합시험 응시 시 학교 측에서 어떤 특수한 배려가 가능할지에 대해서도 Eleni와 이야기해 보았어야 했을 수 있다. 예를 들어, Eleni는 시험공부를 하면서도 규칙적인 사회적 리듬을 유지하고 매일 적당한 수면을 취하기 위하여, 종합시험을 중간에 몇 주씩의 간격을 둔 2~3개의 시험으로 나누어 실시하는 방안을 요청해 볼 수도 있었을 것이다. 미국 장애인법(Americans with Disabilities Act)하에서는 그러한 조정을 받을 자격이 있다. 그러나 불행하게도 이러한 방안은 Eleni를 과잉 동일시하는 치료자의 머릿속에 떠오르지 않았다.

양극성 장애 환자를 치료하는 데 있어 또 다른 핵심적인 측면은 유연성이다. IPSRT 훈련을 받은 심리치료자들은 시점상 어느 때이더라도 치료에 대한 전반적인 초점과 함께 다음 회기에 대한 구체적인 계획을 가지고 있다. 지난 치료 회기 동안 대부분 우울한 모습을 보였던 환자들이 다음 회기 전까지 조증 상태로 기분이 변하는 것을 경험할 수 있고, 그 반대도 가능하다. 이러한 경우 치료자는 중심을 잡으면서도 재빨리 초점과 전략을 변경해야 한다. 치료자가 미묘한 변화들을 평가하면서 관찰된 변화들에 따라 필요한 개입과 예방책들을 실행하는 것도 중요하다. IPSRT 치료자로서 치료를 받으러 온 환자의 기분에서 크고 작은 변동들을 능숙하게 파악하는 것은 매우 중요하다. 대개 환자들은 미묘한 경조증 증상을 스스로는 잘 인식하지 못한다. 치료자는 (기분이 고양되면서 과민하거나 거칠어진) 환자에게 겁을 먹거나 놀라서 이러한 변화들을 지적하지 못해서는 안 된다.

저조한 치료 성과에 해당되는가, 아니면 부적절한 기대인가

치료상의 어려움 또는 '저조한' 성과의 원인을 평가할 때, 어떠한 종류의 결과들이 치료 목표로 설정될 수 있고 설정되어야 하는지를 명확히 하는 것 또한 중요하다. 어떤 경우에는 저조한 성과로 보이는 것이 사실은 변화 속도에 대한 비현실적인 기대로 인한 것일 수 있다. 이전 장들에서 언급하였듯이, 특히 대인관계 결핍을 가진 환자들은 피상적인 사회적 기술, 지능, 에너지 수준으로 인해 변화에 훨씬 더 많은 시간이 필요할 수 있다. 환자의 가족들이 이와 같은 변화 속도를 받아들일 수 없거나 또는 변화에 대한 가족의 기대 수준이 치료자보다 높을 때, 이는 치료자 입장에서 매우 난감한 문제가 될 수 있다. 이러한 경우 해결책은 자신의 (그리고/또는 환자의) 기대 수준을 조정하고 환자가 병으로 인한 좌절감을 조절할 수 있도록 돕는 것이다.

사례 예시

Tom은 시각예술을 전공하는 25세의 대학원생으로, 대학원에서 첫 번째 개인전을 연 뒤 첫 번째 조증 삽화를 겪게 되었다. 조증은 입원으로 이어졌고 뒤이어 심각하고 장기화된 우울증을 겪으면서 대학원에서 자퇴하게 되었다. 심리치료를 시작했을 때 그는 집에 완전히 고립된 상태였다. 부모와 형제자매 외에는 사회적 접촉이라고 할 만한 것이 전혀 없었다. 정신증적 조증과 회복되지 않는 우울증이 있었다는 것이 Tom에게는 트라우마였다. 그의 목표는 기분 안정성을 이루는 것이었으며, 기분이 '정상'으로 돌아오면 커리어에서의 목표도 새로이 생각해 보려 하였다. 그러나 부모는 아들의 예술적 커리어에 너무도 자기애적으로 몰입한 나머지 왜 아들이 그림을 다시 그릴 수 없는지 이해하지 못했다. 부모는 지하실을 작업실로 쓸 수 있게 치워 놓았다고 환자와 치료자에게 거듭 이야기하였으며, 전에 다니던 대학원에서도 아들이 다시 돌아오길 틀림없이 바라고 있을 것이라고 하였다. 치료를 시작한 첫 달 동안 Tom은 느린 진전을 보였다. 부모가 주는 압박이 Tom의 상태가 호전되지 못하는 데 기여하고 있음이 결국 분명해졌다. 치료자는 부모와 몇 번의 치료 회기를 가지면서, 양극성 장애의 예상되는 경과와 Tom이 예술 작업에 복귀할 상황을 자신 스스로 결정하게끔 하는 것의 중요성을 교육하였다. 치료자의 제안에 반응하여, 부모는 기대 수준을 낮추었고 아들에 대한 좌절감을 표현(억제)하기 위하여 지지집단에 참가하기로 하였다. 부모의 압박 없이 Tom은 자신의 필요와 목표들을 보다 솔직하게 탐색해 나갈 수 있었다. 시간이 가면서 그의 기분은 눈에 띄게 안정화되었고 천천히 예술 작업도 재개하였다. 첫 번째 조증 이후로 2년 반이 지난 시점에 Tom은 초등학교에서 미술을 가르치는 일을 시작하였다. 그는 언젠가 자신만의 작업으로 돌아갈 수 있길 바랐지만, 잠재적으로 탈안정화의 소지가 있는 전업 작가의 길보다는 당분간은 '정기적인' 직장이 기분 안정성이라는 목표에 더 부합할 것이라고 생각하였다. Tom의 부모는 그의 결정을 지지하였다.

부적절한 기대는 때로 환자, 가족 또는 친구가 아니라 치료자로부터 시작되기도 한다. 치료 회기의 낮은 출석률은 이와 같은 경우에 해당되어 치료자가 면밀히 주의를 기울여야 한다는 신호가 될 수 있다.

사례 예시

Jeff는 오랫동안 치료받지 않았던 33세의 양극성 장애 환자였다. 심리치료를 시작하면서, 그는 사춘기 이후로는 처음으로 정상 기분이 유지되는 기간을 경험하였다. 높은 지능에도 불구하고 그는 학교나 직장에서 성취라 할 만한 것을 이루어 내지 못했었다. 정신적인 문제와 약물 중독으로 점철된, 심각하게 학대적인 가족 환경에서 자란 그는 친밀한 가족관계를 형성하지 못했고 친구도 거의 없었다. 17세에 고등학교를 중퇴하고 집을 떠난 후로 여러 직업과 동네를 전전하였고, 한때 형성되었던 인간관계들이 끝날 때면 남들에게 이용당했다고 생각되었으며, 이럴 때면 과거 가족들에게 이용당했을 때와 비슷한 기분이 들었다. 나중에 검정고시로 고졸 학력을 취득하였으나, 고졸 수준 이상의 정규교육은 받은 적이 없었다. 집을 떠난 후로 겪은 어려움들 중 대다수가 치료받지 않은 양극성 장애로 인한 것임을 깨닫게 되면서, 이제 Jeff의 목표는 대학 졸업장을 받는 것이 되었다. 그는 자신이 이미 어느 정도 재능이 있다는 것을 입증한 일인 컴퓨터 그래픽 디자이너로 안정적인 전업 직장을 갖는 것을 꿈꾸었다. 대인관계 측면에서 Jeff의 목표는 파괴적인 관계들로부터 떨어져 있는 것뿐이었다. 그는 교육을 받는 것에 전적으로 몰두해 있었고, 친구는 집중에 방해가 될 뿐이며 연애는 재앙이 될 것이라고 확신하였다. 그러나 치료자는 사회적 관계들을 일부분이라도 받아들이는 것이 그의 삶의 질을 향상시키는 데 중요할 것이라고 생각하였다. Jeff는 당시 일하던 Kinko's에서 동료들과의 피상적 관계 외에는 별다른 인간관계가 없었다. 치료자는 치료 회기 내에서 가족들과의 화해나 다른 인간관계를 넓히는 주제들을 꺼낼 때마다, Jeff가 그 다음번 약속을 취소하고 몇 주씩 연락이 잘 되지 않는다는 것을 알아차렸다. 이런 일이 세 번째로 일어났을 때, 치료자는 Jeff에게 이를 직접적으로 직면시켰다. 그는 대인관계 필요성에 대한 이야기에 매우 기분이 상했음을 인정했다. 실제로 그는 지난 회기 이후 집에 가면서 내내 울었고, 이후로도 며칠간 기분이 다운되었다고 이야기하였다. 그는 이 이슈에 접근하기 위하여 사람들과 관계를 맺는 일이 너무 두렵다고 털어놓았다. 그는 자신의 초점은 대학 공부를 잘 해내어 학위를 취득하고 오랫동안 바라온 안정적인 직업을 갖는 것에 있음을 분명히 했다. Jeff의 치료자는 자신이 치료자로서 세운 목표가 기술적으로는 적절했더라도 너무 시기상조였음을 인정할 수 있었고, 치료 초점을 학교와 학업적 성공 쪽으로 두기로 하자 Jeff가 정기적으로 치료 회기에 오게 되었고 기분도 더욱 안정화되어 갔다.

복합적인 문제와 공병들: 치료자의 역량이 충분치 않을 때

최적의 치료에도 불구하고 향상되지 않는 환자들이 일부 있다. 이러한 경험은 치료자를 기운 빠지게 한다. 그러나 이것이 환자 입장에서는 더욱 기운이 빠지는 일이 된다는 점을 기억하는 것이 중요하다. 치료자는 장애의 경과에 따라 환자에게 지지를 제공하면서 새로운 치료가 활용 가능할 수 있다는 희망을 전달하는 중요한 역할을 담당하고 있다. 또한 때로는 당신 자신이 보유하고 있지 않은 추가적인 치료 기술들이 환자에게 필요하다는 점을 인정해야 할 수도 있다.

사례 예시

Mannie는 21년간 양극성 장애를 앓아 온 41세 남성이었다. 그는 머리가 비상했고 유명 대학에 입학 허가도 받은 적이 있었으나, 암페타민 유도성 조증을 겪은 후로 대학 2년에 중퇴를 하고 말았다. Mannie는 이후로 20여 년간을 양극성 장애로 고생하였다. 때로는 직업을 구해 볼 생각을 할 만큼 회복되는 듯이 보였으나, 이내 우울증에 빠져들기 일쑤였다. 그는 약물 남용과도 힘겨운 싸움을 했으며, 우울증에서 벗어나기 위하여 간헐적으로 코카인과 메타암페타민을 복용하기도 했다. 과량의 약물을 복용한 뒤에는 잠이 줄고, 치료 약물을 임의로 중단하고 입원하는 사태가 벌어지곤 했다. 오랫동안 Mannie의 인생에서는 별다른 변화가 없었다. 그는 자주 포기하고 싶어졌고, 40대가 된 이후로는 자살 생각도 자주 들었다. "내 인생은 쓰레기 같아요."라고 치료 회기마다 말하곤 했다. 치료자는 Mannie가 감정을 표현할 수 있는 지지적인 환경을 제공하고자 하였다. 그는 Mannie가 잃어버린 건강한 자기를 애도할 수 있도록 격려하는 한편, 그리 거대하지 않은 단기 목표들을 설정해 나갈 수 있도록 도왔다. 그는 Mannie가 약리학자의 자문을 구하는 것을 도왔으며, 양극성 장애와 약물 중독이라는 이중 문제를 갖고 있는 것이 비록 매우 어렵기는 하지만 치료 불가능한 것은 아니라는 점을 상기시켰다. 아마도 가장 중요한 것으로, 치료자는 자신이 양극성 장애 증상과 관련해서는 Mannie를 도울 수 있지만, 약물 중독 치료는 자신의 전문분야가 아니라는 점을 인정한 것이다. 비록 처음에는 총 세 명의 치료자를 만나야 한다는 것에 Mannie의 사기가 더욱 저하되었지만, IPSRT 치료자는 세 방향에서의 치료적 접근이 그가 오랫동안 바라던 안정성을 가져다줄 수 있을 것이라는 점을 결국 납득시킬 수 있었다.

때로는 약물치료, 심리치료 또는 다른 치료적 개입에서의 수정이 치료 성과에 상당한 차이를 가져올 수 있다. 어떤 때는 이것이 심리사회적 개입의 초점을 조금 변경하는 것이거나 현재 작업 중인 대인관계 문제영역을 완전히 변경하는 것일 수도 있다. 다른 때에는 환자의 약물치료에서 사소한 또는 큰 변화일 수도 있다. 아니면 치료적 관계 또는 환자에 대한 치료자의 태도 변화일 수도 있다. 만약 치료상 어려움을 초래할 수 있는 모든 원천들이 탐색되고 난 후에도 여전히 치료 성과가 기대 이하라면, 양극성 장애 사례 중 일부에서는 현 상태를 유지하고 더 악화되는 것을 막는 것만으로도 작은 성공일 수 있다는 점을 인정할 필요가 있을지도 모른다.

14장

치료의 종결

이전 장에서 명시적으로 설명했듯이, 평생 지속되는 장애를 겪는 환자들의 치료 종결 문제에 대하여 우리는 다소 양가적이다. 단기 심리치료 전통의 관점에서 한편으로는 환자의 현재 문제들에 집중하고 의존성을 조장하지 않는, 초점이 명확하고 목표 지향적인 치료의 가치를 이해한다. 다른 한편으로, 우리가 하고 있듯 만성적인 장애 관리의 시각에서 양극성 장애 치료에서는 진정한 의미의 종결을 절대 하지 말아야 할 사례들도 충분히 있음을 주장할 수 있다.

실제로 대인관계 및 사회적 리듬 치료(IPSRT)의 초기 원형은 20년도 전에 나에게 의뢰되었던 Lois라는 이름을 가진 한 여성 환자와의 작업에서 생겨났다고 할 수 있다. 그녀는 심각한 제I형 양극성 장애를 겪고 있었고, 공황장애가 공병하고 있었는데 이는 그리 드문 경우는 아니다. Lois가 처음 나를 만나러 왔을 때, 여러 번의 자살 시도력을 가지고 있었고 입원도 여러 차례 했었으며 어떤 때에는 입원이 1년 이상 가기도 했다. 그때의 기분삽화는 그녀의 아버지가 딸을 병원에서 꺼내 왔을 때에야 끝이 났으며, 병실에서 거의 긴장증적(catatonic) 상태로 지내는 동안 치료진들은 그녀를 약 30kg의 '가망 없는 환자'라고 부르곤 했다. 아버지는 딸을 정신분석 훈련을 받았음에도 불구하고 전기충격치료(ECT)를 시도할 의향이 있는, 용감한 정신과 의사의 손에 넘겼다. 전기충격치료를 받고 나서 그녀는 급속도로 그리고 극적으로 회복되었고, 몇 주만에 집으로 돌아올 수 있었다. 그러나 여전히 만성적으로 불안해했고, 중등도의 우울도 있었으며 모든 기능이 심각히 손상된 상태였다. 새로운 정신과 의사는 이 환자를 완전히 낫게 할 수 없다는 점에 낙담하여, 최신식 치료를 시도해 볼 것을 권유하게 되었다. 의사의 추천을 받아, 그녀는 자신이 간절히 원했던 기분 안정성을 제공해 줄 수 있는 어떤 치료법이 있을 것이라는 희망을 품고 미국 정신건강 클리닉 센터의 입원 병동에서 7개월 이상을 보내게 되었다. 끔찍한 공황 증상과 불안을 가라앉혀 준 대용량의 신경안정제 덕에 그녀는 그나마 아주 조금 나아진 상태로 집에 돌아오게 되었다. 그리고 더 나아질 수 있으며 거의 정상 기능으로 돌아갈 수 있으리라고 굳게 믿었다. 그녀는 『리더스 다이제스트(Reader's Digest)』에서 인지치료에 대한 내용을 읽었고, 어쩌면 자신에게도 도움이 될 만한 행동적 접근이 있을지도 모르겠다고 생각하게 되었다. 정신과 의사도 그런 시도를 해 볼 만한 가치가 있다는 점에 동의하였다.

처음 내 방에 왔을 때, 그녀의 복장은 깨끗했지만 그 밖의 외양을 보면 스스로를 돌보지 않는 사람처럼 보였다. 단 한 명의 가까운 친구를 보러 갈 때를 제외하고는 집 밖으로 나오는 일이 거의 없다고 하였다. 높은 지능과 기술 전문 작가(technical writer)로 성공적으로 일한 경력이 있음에도 불구하고, 그녀는 실직 상태였다. 때문에 경제적 여건이 심히 우려스러웠다.

그녀는 치료의 사회적 리듬과 행동 활성화 측면을 재빨리 이해하였다. 그녀는 합당한 격려와 타당화를 받으면서 외모에도 점차 신경을 쓰게 되었고, 옷장 깊은 곳에서 예쁜 출근복을 꺼내고 실로 몇 년만에 처음으로 미용사에게서 머리를 잘랐다. 그리고 예전 친구들과 다시 연락하기 시작하였다.

초기 형태의 사회적 리듬 치료라고 부를 만한 것을 약 4개월 간 진행한 후, 완전히는 아니지만 우울 증상과 기능 수준에서 확실한 호전이 있었다. 그녀는 자신의 삶을 조금 더 즐기기 시작했다.

그 시점에 이르러서, 단기치료 '책'에 나오는 것처럼, 나는 종결에 대해 의논하기 시작했고 총 20회기 안팎으로 치료를 종결하기 위하여 회기의 빈도를 줄여 가려고 했다. 그런데 내가 2주 뒤로 치료 회기 약속을 잡을 때마다 일종의 위기 상황들이 발생했다. 그녀가 아끼는 애완견이 아프거나, 아버지가 계신 요양원에서 아버지를 퇴소시키겠다고 위협하거나 하는 식이었다. 결과적으로 우리는 그다음 서너 달 동안 거의 매주 계속 만나게 되었다. 그 몇 달 후, 나는 Lois가 양극성 장애가 발병한 이래 처음으로 가장 긴 기간 동안 기분이 안정적이었으며 기능 수준도 점차 호전되고 있었는데, Lois와의 치료를 종결하는 것의 가치에 대해 의문을 품게 되었다. 치료 목표는 그녀가 잘 지내는 상태를 유지하는 것이었으며, 이 치료는 그것을 해내고 있는 것처럼 보였다. 근 10년 만에 찾아온 가장 긴 관해 상태를 유지하기 위해 필요한 것이 무엇인지를 나보다 그녀가 더 잘 알고 있었던 것은 아닐까?

IPSRT에서 유지치료의 지속

그 후로도 한 달에 2~3회기 정도의 빈도로 Lois를 계속 만났다. 이제는 22년이 넘어간다. 그 시간 동안 그녀는 꾸준한 기능 향상을 보여 왔다. 이제 자신을 도와주는 많은 친구들이 있으며 자신도 그들에게 도움이 되고 있다는 점을 자랑스러워한다. 몇 년 동안은 제빵 사업을 운영했는데, 사업을 할 수 있는 능력이 하늘로부터 받은 선물이라고 생각했기 때문에 회사에 '만나(Manna)'라는 이름을 붙였다. 그녀는 미술관과 동네에 있는 큰 수프 식당에서 자원봉사활동을 했는데, 식당에서 노숙자들을 위한 음식을 만들면서, 치료를 받지 않았더라면 자신의 운명이 어떻게 달라졌을지를 매주 생각하곤 했다.

최근에는 **건강한 자기를 상실한 것에 대한 애도** 전략을 활용하여, 시력을 잃어 가는 것을 포함하여 건강상의 변화들에 적응해 가고 있다. 아마도 가장 중요한 점은 그녀가 지난 22년간 세 번만 입원을 하였고, 자살 시도를 더 이상 하지 않았다는 점일 것이다.

때로 양극성 장애가 너무 심해서 환자가 (또는 정부가) 지속적인 치료에 드는 비용을 감당할 수 있는 한은 종결하는 것이 이치에 맞지 않는 경우도 있다. 내가 Lois를 처음 만났을 때처럼 병의 경과가 진행되었더라면, 그녀의 개인적인 고통을 차치하고서라도 입원비에 최소한 수십만 달러의 세금이 들었을 것이다. 만약 그 22년 동안 자살 시도에 성공하지 않고 살아 있다는 가정하에 말이다.

생명을 위협하는 심한 천식이나 심장병, 당뇨병을 가진 환자가 계속 치료받는 것의 필요성에 의문을 제기하는 사람들은 아마 없을 것이다. 우리는 그런 사람들에게 임상가와 꾸준히 연락을 취하고, 병의 경과를 정기적으로 모니터링하도록 권고한다. 양극성 장애 또한 생명을 위협하는 질병이며, 평생에 걸친 약물치료 및 심리치료가 필요할 수 있다.

IPSRT의 종결

그러나 양극성 장애가 그리 심각하지 않거나 개인적 · 현실적 이유들로 인하여 단기치료 접근이 고려되어야 할 환자들도 있다. 아마도 적절한 IPSRT 개입에 드는 최소한의 시간은 5~8개월에 걸쳐 계획된 20~24회기일 것이다. 심각한 정신증 삽화나 자살 시도의 과거력이 없고 비교적 지지적인 사회적 네트워크를 갖추고 있는 기능 수준이 양호한 환자의 경우, IPSRT를 종결하는 것이 일리 있는 선택일 수 있다. 단, 환자가 다시 증상을 겪게 되거나 또는 리듬 안정성, 대인관계 문제와 관련하여 추가적인 조언이 필요하다고 느낄 때 다시 치료를 받으러 올 수 있다는 조건을 달고 말이다. 어떤 환자들은 이사나 치료비를 지급할 수 없는 문제로 치료 종결이 필요해진다. 이와 같은 모든 경우에 종결은 미리 계획되는 것이 이상적이다. 마지막 몇 번의 회기들에서는 그간 환자가 이루어 온 진전 사항들을 검토해 보고 향후 재발 방지 전략을 의논한다.

종결 과정에서 치료자는 치료 초기에 만든 병력 도표를 활용하는 것이 유용하다는 것을 알게 되는 경우가 자주 있을 것이다. 환자가 병력 도표의 시간대를 현재 시점까지 연장해 보게 하고, 지금까지 개선된 것들이 무엇이며 리듬 안정성, 대인관계 영역에 있어 향후 목표가 무엇인지에 집중하도록 하는 것이 도움이 되곤 한다. 이와 동일한 방식의 병력 도표 검토가 종결 이전의 치료에 있어서 중요한 시점들에도 역시 유용할 수 있는데, 급성기에서 유지치료로 전환될 때나 유지치료 시 6개월 또는 1년이 지났을 때 등이다. 그리고 재발 시기에 치료자와 환자가 그간 무엇이 잘못 되었던 것인지를 도표상으로 이해하고자 할 때에도 도움이 된다.

이상적인 상황에서라면 IPSRT 치료가 수개월간 지속되어 왔을 것이기 때문에, IPSRT를 시작한 이후로의 병력 도표 검토는 열심히 치료를 받아 온 환자가 얻은 여러 가지 수확들을 보여 준다. 그러나 한때 '양호한 예후'를 가진 것으로 생각되던 병이 경우에 따라 지속적으로 악화되는 병으로 판명될 수 있다는 점을 명심해야 하며, 이는 제I형 양극성 장애와 연관된 것으로 현재 이해되고 있는 인지적 손상을 경험하는 환자들에게 특히 그러하다. 심각한 병력을 가지고 있는 나이가 든 환자들은 치료 시작 시의 수준을 유지하는 것만으로도 진정한 승리로 여겨질 수 있다. 특히 그러한 환자가 가족이나 동료 환자들이 양극성 장애의 결과로서 심각하게 악화되고 마는 것을 보아 온 경우라면, 현 상태 유지가 중요한 성취일 수 있다는 점을 지적하는 것이 매우 치료적인 개입이 될 수 있다.

사례 예시

6장과 9장에 등장했던 Steve는 분명한 우울증 또는 경조증 증상이 없었음에도 불구하고 기능 수준을 회복하는 데에 거의 2년이 걸렸다. 치료받은 지 약 1년이 지나자 다시 구직을 할 준비가 되었으나, 스스로는 나이가 문제가 된다고 생각했다. 그러나 그는 전 직장을 그만두었던 것이 오직 조증 시 보인 충격적인 행동 때문이었다는 점을 깨닫게 되었다. 18개월간 안정된 상태를 유지하였으며 자신의 권리에 대해 잘 이해하고 있던 그는 마침내 복직을 위해 정부에 소송을 제기하기로 결심했다. 복직할 준비가 되었다고 확신하는 치료자와 약물치료자의 응원을 받아, 그는 자신의 일자리를 되찾는 데 성공했다. 그러나 이는 세 달 안에 그가 현재 사는 곳을 떠나 예전 집으로 이사 가야 한다는 의미이기도 했다. Steve의 치료자는 남은 4회기 동안 병력 도표를 검토하였다. 치료자는 치료에서 그가 천천히, 그러나 꾸준하게 이루어 낸 진전들을 살펴보면서, 과거 일하던 자극적인 환경으로 돌아갈 준비가 되었다는 점에 대해 그를 안심시켰다. 또한 지난 2회의 조증 삽화와 관련된 주변 상황들과 (당시에는 그가 놓쳤던) 초기 경고 신호들을 매우 세세하게 살펴보았다. 치료자와 Steve는 그러한 상황을 피하기 위하여 무엇을 해야 할지에 대해 이야기했다. 아마도 그가 업무 자체는 잘 감당할 수 있을 것이지만, 과거에 했던 정치적인 조직 활동이나 캠페인으로부터는 거리를 두는 편이 나을 것이었다. 또한 조금은 조용한 삶을 살 필요가 있을는지도 모른다. 그들은 안정적인 사회적 리듬을 유지하는 데 문제가 될 만한 것들이 무엇일지, 예전 친구들과 다시 만나야 할지, 그렇다면 어떻게 해야 할지에 대해서도 이야기를 나누었다.

환자의 약물치료가 지속적으로 관리될 것임을 확실히 해 두는 일은 종결 과정의 핵심적인 부분이다. 만약 당신이 치료진의 일원으로 일하고 있다면, 당신과의 치료 종결은 환자가 현재의 약물치료자와도 헤어지게 된다는 의미일 것이다. 이러한 경우 환자가 앞으로 양질의 약물치료를 받게 되는지를 확인할 필요가 있다. 최선의 상황에서라면 약물치료자 변경은 IPSRT 치료 종결과 동시에 일어나서는 안 된다. 가능하다면 그보다는 새로운 약물치료자로 변경한 후 약 두 달 정도를 관찰하는 것이 좋을 것이다. 그러한 변경이 이사 때문이라면 이 방안이 가능하지 않을 수도 있지만, 대신 전화 연락을 유지할 수 있으며 환자가 새로운 약물치료자에게 잘 연결이 되었음을 확인한 후에 완전히 종결할 수 있다.

아직 IPSRT가 널리 보급된 치료가 아니기 때문에, 치료가 끝나기 전에 환자가 다른 지역으로 이사하는 것은 특수한 종결 관련 문제가 될 수 있다. 이런 때에는 다시금 먼저 최선의 약물치료를 보장할 수 있도록 노력하고, 만약 가능하다면 유능한 약물치료자에게 의뢰해야 한다. 그다음의 목표는 훨씬 더 어려운 문제가 될 수 있다. 기대할 수 있는 최선의 상황은 양극성 장애 환자를 치료한 경험이 있으면서 현재 지향적, 문제 초점적 접근을 가진 치료자를 찾는 것일 개연성이 높다. 새 치료자에게 어떻게 IPSRT를 설명할 것인지를 환자와 의논해 보는데, 특히 IPSRT의 어떤 점이 환자 자신에게 가장 도움이 되었는지를 새 치료자가 이해하도록 돕는 데 강조점을 둔다. 물론 환자가 받아 온 치료에 관해 당신이 직접 새 치료자와 이야기하는 것도 유용할 것이며, 그 과정에서 새 치료자가 이 책을 입수할 수 있다면 도움이 될 것이다.

종결 이후 연락을 유지하기

IPSRT와 관련된 작업에 착수할 때에는 종결 후 연락을 유지하는 것이 이 책에서 다루려고 한 주제는 아니었지만, 우리는 다시금 환자들로부터 많은 것을 배우게 되었다. 안정을 유지하고 임상적 주의가 그다지 필요하지 않았던 환자들로부터 우리가 관찰한 바는, 그럼에도 불구하고 그들이 자신이 어떻게 지내는지를 우리가 알고 있길 원했다는 것이다. 실제 그 안정성은 환자들의 승리일 뿐만 아니라 치료적 접근의 승리였고, 환자들은 이 치료가 계속 효과가 있음을 우리에게 알려 주고자 하는 것처럼 보였다. 보통 이러한 환자들은 1년에 한 번 정도 소식을 전해 오고, 우리는 치료 시 함께했던 일들이 계속 잘 되어 가서 기쁘다는 반응을 돌려준다.

(1장에 나왔던) Tad는 매 학년이 끝날 때 편지를 써서 자신의 학생들이 그해에 벌였던 재미난 사건들, 상을 받은 대회들, 왜 내년 학생들이 올해의 학생들에는 필적조차 할 수 없을지 등에 대해 특유의 풍자적인 남부 유머(Southern wit)를 가미하여 알려 준다. 자신의 '창의적인' 교과과정에 대해 교장이 얼마나 허용적인지, 어머니가 얼마나 큰 도움을 주는지에 대해서도 알려 준다. 또한 여름방학 계획을 이야기하면서는 규칙적인 일과를 지킬 것이니 안심하라고 하고, 자신이 건강하게 지내기 위해 어떤 방식으로 생활해야 하는지를 가르쳐 준 것에 대해 재차 감사함을 표한다.

(역시 1장에 등장했던) Jill은 편지를 보내진 않지만, 피츠버그에 올 때 클리닉에 들르곤 하며 가끔은 아이들을 데리고 온다. 그녀는 시애틀로 이사했고, 그렇기에 그녀가 원하는 것만큼 자주 아이들이 전남편을 만날 수는 없다. 그러나 이제 그녀에겐 남동생과 올케의 도움이 있고, 아이들에겐 함께 뛰어놀 사촌들이 있다. 치료자로서 우리가 해야 할 일은 아이들과 몇 분간 함께 있으면서 Jill이 얼마나 잘 지내는지를 알아주는 것뿐이다. 아이들은 에너지가 넘치지만 동시에 차분하고 예의 바르며 말을 조리 있게 잘 한다. 또한 그 셋이 잘 지낸다는 것을 아는 것은 매우 기쁜 일이기도 하다. 10년 이상 안정되게 지내 왔으며 이제 막내아들이 고등학교에 입학하는 Jill은 자신이 살고 있는 지역 내의 전문대학에서 가르치는 일을 찾아볼 생각을 하고 있다. 우리가 정기적으로 만나 치료를 했던 것은 이미 오래전의 일이지만, 그녀는 치료자가 자신의 아이디어에 대해 어떻게 생각하는지 아직도 궁금해한다.

TREATING BIPOLAR DISORDER

부록

부록 1 사회적 리듬 차트-II-5문항 버전(SRM-II-5)

부록 2 SRM-II-5의 점수 계산 방법

부록 3 사회적 리듬 차트-II-17문항 버전(SRM-II-17)

부록 4 SRM-II-17의 점수 계산 방법

부록 5 대인관계 질문지의 면담 가이드

부록 6 초기 IPSRT 회기들을 위한 치료자 체크리스트

부록 7 사회적 리듬 안정화 스케줄

부록 8 미래의 안정화 목표 차트

부록 9 기분장애 모니터링 차트

부록 1 사회적 리듬 차트-II-5문항 버전(SRM-II-5)

작성방법: 날짜(주차): ______________

- 이러한 일상 활동을 하기에 이상적인 목표 시간을 적으시오.
- 매일 그 활동을 한 실제 시간을 기록하시오.
- 그 활동을 함께한 사람을 기록하시오: 0=혼자, 1=타인이 있었음, 2=타인이 적극적으로 참여함, 3=타인이 매우 자극이 됨

활동	목표 시간	일		월		화		수		목		금		토	
		시간	사람	시간	사람	시간	사람	시간	사람	시간	사람	시간	사람	시간	사람
잠자리에서 일어남															
다른 사람과의 첫 번째 접촉															
일/학업/자원봉사/집안일을 시작함															
저녁식사															
잠자리에 듦															
하루의 기분을 -5~+5점으로 평가 -5=매우 우울 +5=매우 기분이 고조됨															

출처: 『Treating Bipolar Disorder: A Clinician's Guide to Interpersonal and Social Rhythm Therapy』(Frank, 2005).

부록 2 SRM-II-5의 점수 계산 방법

기본적으로 SRM-II-5를 채점하는 알고리즘은 SRM-II-17에서와 동일하다(부록 4를 보라). SRM-II-5 채점 과정을 설명하기 위하여 간단한 예시를 하나 들어 보도록 하겠다.

어떤 사람이 1주일간 쓴 차트를 보는 경우를 가정해 보자. 5일 동안 이 사람의 기상 시간이 오전 6시였는데, 2일간은 오전 8시에 일어났고, 이는 오전 6시에서 45분 이상 벗어난 것이므로 '잠자리에서 일어남'의 히트(hit)는 5이다. 다른 사람과의 첫 번째 접촉 문항에서 이 사람이 매일 아침 7시에 어머니에게 전화를 했는데, 늦게 일어난 2일 동안 하루는 전화를 9시 넘어 했고, 나머지 하루는 어머니가 친구를 만나러 외출하여 전화를 하지 않고 그 날은 하루 종일 혼자 집에 있었다고 하자. 그렇다면 '첫 번째 접촉' 문항의 히트는 4이다. 5일간 이 사람이 오전 7시 30분에서 45분 내외의 시각에 출근하여 일을 시작했다면, '일을 시작함'의 히트는 5이다. 이 사람의 저녁식사 시간은 매우 가변적이었는데, 보통은 오후 8시 15분이었다. 그러나 이번 주에는 8시 15분에서 45분 내외의 시각에 저녁을 먹은 것은 오직 두 번뿐이었다. '저녁식사'의 히트는 2이다. 하루를 마무리하며 그는 보통 10시 30분에 잠자리에 들었는데, 하루는 밤 12시가 넘어서야 자러 갔다. 그렇다면 '잠자리에 듦'의 히트는 6이다. 따라서 5개의 활동에 대하여 이 사람의 SRM 점수는 (5 + 4 + 5 + 2 + 6) / 5 = 4.4이다.

17문항의 사회적 리듬 차트 점수를 계산하는 전체 방법에 대해서는 부록 4를 참고하라.

부록 3 사회적 리듬 차트-II-17문항 버전(SRM-II-17)

이름: ______________________ 날짜: ________년 ____월 ____일

하루를 마무리할 때 작성하기 바랍니다.

요일: __________

사람
0=혼자
1=타인이 있었음
2=타인이 적극적으로 참여함
3=타인이 매우 자극이 됨

활동	시간	오전/오후	요일: 월	화	수	목	금	토	일
잠자리에서 일어남	더 이른 시간에 함								
	이를 때의 정확한 실행 시간								
평상시 범위의 중간 시간 →									
	더 나중 시간에 함								
	늦을 때의 정확한 실행 시간								
	오늘은 하지 않음								

〈계속〉

출처: 『Treating Bipolar Disorder: A Clinician's Guide to Interpersonal and Social Rhythm Therapy』(Frank, 2005).

			사람 0=혼자 1=타인이 있었음 2=타인이 적극적으로 참여함 3=타인이 매우 자극이 됨						
활동	시간	오전/오후	요일						
			월	화	수	목	금	토	일
다른 사람과의 첫 번째 접촉(직접 또는 전화)	더 이른 시간에 함								
	이를 때의 정확한 실행 시간								
평상시 범위의 중간 시간 →									
	더 나중 시간에 함								
	늦을 때의 정확한 실행 시간								
	오늘은 하지 않음								
아침 음료를 마심	더 이른 시간에 함								
	이를 때의 정확한 실행 시간								
평상시 범위의 중간 시간 →									
	더 나중 시간에 함								
	늦을 때의 정확한 실행 시간								
	오늘은 하지 않음								

〈계속〉

			사람 0=혼자 1=타인이 있었음 2=타인이 적극적으로 참여함 3=타인이 매우 자극이 됨						
활동	시간	오전/오후	요일						
			월	화	수	목	금	토	일
아침식사	더 이른 시간에 함								
	이를 때의 정확한 실행 시간								
평상시 범위의 중간 시간 →									
	더 나중 시간에 함								
	늦을 때의 정확한 실행 시간								
	오늘은 하지 않음								

〈계속〉

			사람 0=혼자 1=타인이 있었음 2=타인이 적극적으로 참여함 3=타인이 매우 자극이 됨						
활동	시간	오전/오후	요일						
			월	화	수	목	금	토	일
처음으로 바깥에 나감	더 이른 시간에 함								
	이를 때의 정확한 실행 시간								
평상시 범위의 중간 시간 →									
	더 나중 시간에 함								
	늦을 때의 정확한 실행 시간								
	오늘은 하지 않음								

〈계속〉

사람
0=혼자
1=타인이 있었음
2=타인이 적극적으로 참여함
3=타인이 매우 자극이 됨

활동	시간	오전/오후	요일						
			월	화	수	목	금	토	일
일/학업/자원봉사/	더 이른 시간에 함								
집안일을 시작함	이를 때의 정확한 실행 시간								
평상시 범위의 중간 시간 →									
	더 나중 시간에 함								
	늦을 때의 정확한 실행 시간								
	오늘은 하지 않음								
점심식사	더 이른 시간에 함								
	이를 때의 정확한 실행 시간								
평상시 범위의 중간 시간 →									
	더 나중 시간에 함								
	늦을 때의 정확한 실행 시간								
	오늘은 하지 않음								

〈계속〉

활동	시간	오전/오후	사람 0=혼자 1=타인이 있었음 2=타인이 적극적으로 참여함 3=타인이 매우 자극이 됨						
			요일						
			월	화	수	목	금	토	일
오후 낮잠	더 이른 시간에 함								
	이를 때의 정확한 실행 시간								
평상시 범위의 중간 시간 →									
	더 나중 시간에 함								
	늦을 때의 정확한 실행 시간								
	오늘은 하지 않음								
저녁식사	더 이른 시간에 함								
	이를 때의 정확한 실행 시간								
평상시 범위의 중간 시간 →									
	더 나중 시간에 함								
	늦을 때의 정확한 실행 시간								
	오늘은 하지 않음								

〈계속〉

사람
0=혼자
1=타인이 있었음
2=타인이 적극적으로 참여함
3=타인이 매우 자극이 됨

활동	시간	오전/오후	요일						
			월	화	수	목	금	토	일
운동	더 이른 시간에 함								
	이를 때의 정확한 실행 시간								
평상시 범위의 중간 시간 →									
	더 나중 시간에 함								
	늦을 때의 정확한 실행 시간								
	오늘은 하지 않음								

〈계속〉

사람
0=혼자
1=타인이 있었음
2=타인이 적극적으로 참여함
3=타인이 매우 자극이 됨

활동	시간	오전/오후	요일						
			월	화	수	목	금	토	일
저녁 간식/음료수	더 이른 시간에 함								
	이를 때의 정확한 실행 시간								
평상시 범위의 중간 시간 →									
	더 나중 시간에 함								
	늦을 때의 정확한 실행 시간								
	오늘은 하지 않음								
저녁 TV 뉴스 시청	더 이른 시간에 함								
	이를 때의 정확한 실행 시간								
평상시 범위의 중간 시간 →									
	더 나중 시간에 함								
	늦을 때의 정확한 실행 시간								
	오늘은 하지 않음								

〈계속〉

사람
0=혼자
1=타인이 있었음
2=타인이 적극적으로 참여함
3=타인이 매우 자극이 됨

활동	시간	오전/오후	요일						
			월	화	수	목	금	토	일
기타 TV 프로그램 시청	더 이른 시간에 함								
	이를 때의 정확한 실행 시간								
평상시 범위의 중간 시간 →									
	더 나중 시간에 함								
	늦을 때의 정확한 실행 시간								
	오늘은 하지 않음								

〈계속〉

사람
0=혼자
1=타인이 있었음
2=타인이 적극적으로 참여함
3=타인이 매우 자극이 됨

활동	시간	오전/오후	요일						
			월	화	수	목	금	토	일
활동 A	더 이른 시간에 함								
	이를 때의 정확한 실행 시간								
평상시 범위의 중간 시간 →									
	더 나중 시간에 함								
	늦을 때의 정확한 실행 시간								
	오늘은 하지 않음								

〈계속〉

사람
0=혼자
1=타인이 있었음
2=타인이 적극적으로 참여함
3=타인이 매우 자극이 됨

활동	시간	오전/오후	요일						
			월	화	수	목	금	토	일
활동 B	더 이른 시간에 함								
	이를 때의 정확한 실행 시간								
평상시 범위의 중간 시간 →									
	더 나중 시간에 함								
	늦을 때의 정확한 실행 시간								
	오늘은 하지 않음								

〈계속〉

사람
0=혼자
1=타인이 있었음
2=타인이 적극적으로 참여함
3=타인이 매우 자극이 됨

활동	시간	오전/오후	요일						
			월	화	수	목	금	토	일
(그 날의 마지막) 귀가 시간	더 이른 시간에 함								
	이를 때의 정확한 실행 시간								
평상시 범위의 중간 시간 →									
	더 나중 시간에 함								
	늦을 때의 정확한 실행 시간								
	오늘은 하지 않음								

〈계속〉

			사람 0=혼자 1=타인이 있었음 2=타인이 적극적으로 참여함 3=타인이 매우 자극이 됨						
활동	시간	오전/오후	요일						
			월	화	수	목	금	토	일
잠자리에 듦	더 이른 시간에 함								
	이를 때의 정확한 실행 시간								
평상시 범위의 중간 시간 →									
	더 나중 시간에 함								
	늦을 때의 정확한 실행 시간								
	오늘은 하지 않음								

기분 평정											요일						
					척도												
-5	-4	-3	-2	-1	0	+1	+2	+3	+4	+5							
매우 우울함					보통					매우 고양됨							

부록 4 SRM-II-17의 점수 계산 방법

주의사항: 연구 목적으로 사용할 때 SRM-II-17을 다음의 방법에 따라 채점할 수 있지만, 임상적 모니터링 도구로 사용할 때에는 SRM-II-17을 반드시 채점해야 할 필요는 없다.

SRM-II-17 점수를 계산하는 알고리즘

1. 각 활동이 실행된 평균 시각을 계산하라. 예를 들어, 어떤 환자가 활동 A(예: 강아지를 산책시키기)를 다음과 같은 시각에 실행했다고 가정해 보자.

   오전 6:00 1일차
   오전 5:50 2일차
   오전 8:01 3일차
   오전 7:55 4일차
   오전 5:45 5일차
   오전 5:50 6일차
   오전 5:50 7일차

   활동 A의 평균 시각은 오전 6:27이고, 표준편차(standard deviation: SD)는 62분이다.

2. 극단치를 결정하기 위하여 최소 그리고 최대 시간 범위를 계산하라. (극단치는 평균으로부터 1.5 표준편차 바깥에 있는 활동 시간들이다.)

   공식은

   MINTIME(최소시간) = AVERAGE TIME(평균 시간) - (1.5*SD)
   MAXTIME(최대시간) = AVERAGE TIME(평균 시간) + (1.5*SD)

   여기에 수치를 기입하면

   MINTIME = 6:27 - (93분) = 4:54
   MAXTIME = 6:27 + (93분) = 8:00

   따라서 극단치가 아닌 자료는 MINTIME 〈 TIME 〈 MAXTIME이며
   위의 예시에서는 4:54 〈 TIME 〈 8:00이 된다.

3. 1단계에서의 원자료를 사용하면 (3일차의) 8:01을 빼고는 모든 시간들이 위의 시간 범위에 든다는 것을 알 수 있다. 오전 8:01은 극단치로 간주된다.

4. 이제 극단치에 속하지 않는 6일간의 자료가 남는다.

오전 6:00 1일차
오전 5:50 2일차
오전 7:55 4일차
오전 5:45 5일차
오전 5:50 6일차
오전 5:50 7일차

5. 극단치가 제거된 후의 자료만을 사용하여 평균을 다시 계산하며, 이것이 습관적 시각(habitual time)이 된다. 이 예시에서 습관적 시각은 오전 6:12이다.

6. 극단치가 아닌 자료와 극단치 자료를 합쳐 히트(hit)를 결정한다. '히트'란 습관적 시각 앞뒤로 45분 내에 어떤 활동이 실행된 것이다.

공식은

MINIMUM TIME FOR HIT = NEW MEAN = 45분
MAXIMUM TIME FOR HIT = NEW MEAN = 45분

여기에 수치를 기입하면

MINHIT = 6:12 - 45분 = 오전 5:27
MAXHIT = 6:12 + 45분 = 오전 6:57

따라서 어떤 시각이 오전 5:27~6:57 사이에 들어갈 때에 '히트'이다(MINHIT 〈 TIME 〈 MAXHIT).

모든 자료들을 사용하면

오전 6:00 1일차
오전 5:50 2일차
오전 8:01 3일차
오전 7:55 4일차
오전 5:45 5일차
오전 5:50 6일차
오전 5:50 7일차

(각기 3일차와 4일차에 해당되는) 8:01와 6:57을 제외하고는 모든 활동 시간들이 이 범위에 드는 것을 볼 수 있다. 따라서 활동 A에 대해서 이 사람은

a. 히트가 가능한 7일을 보냈고

b. 그 7일 동안 다섯 번의 히트를 기록했다고 할 수 있다.

7. 17개의 활동 중 그 주에 적어도 세 번 이상 한 활동들을 선택하라. (활동 A는 7일간의 자료가 있기 때문에 선택될 수 있을 것이다.)

8. 주당 3회 이상 실행된 활동의 숫자와 그 활동에 대한 총 히트 개수를 계산하라.

예를 들어, 17개 활동 중에서 다섯 가지가 적어도 주 3회 이상 실행되었다고 해 보자(n=5).

활동	히트가 가능했던 날	그 기간 중 히트 개수
1	5	4
2	7	5
4	3	1
11	4	2
17	7	7
	n=5	합 19

9. 사회적 리듬 차트(SRM-II) 점수는 다음과 같이 정의된다.

$$\text{SRM-II-17 점수} = \frac{\text{주 3회 이상 실행된 활동들의 총 히트 개수}}{\text{주 3회 이상 실행된 활동의 개수}(n)}$$

8단계에서의 수치를 기입하면 SRM-II 점수는 19 / 5 = 3.8이 된다.

채점: SRM-II-17 알고리즘 순서도

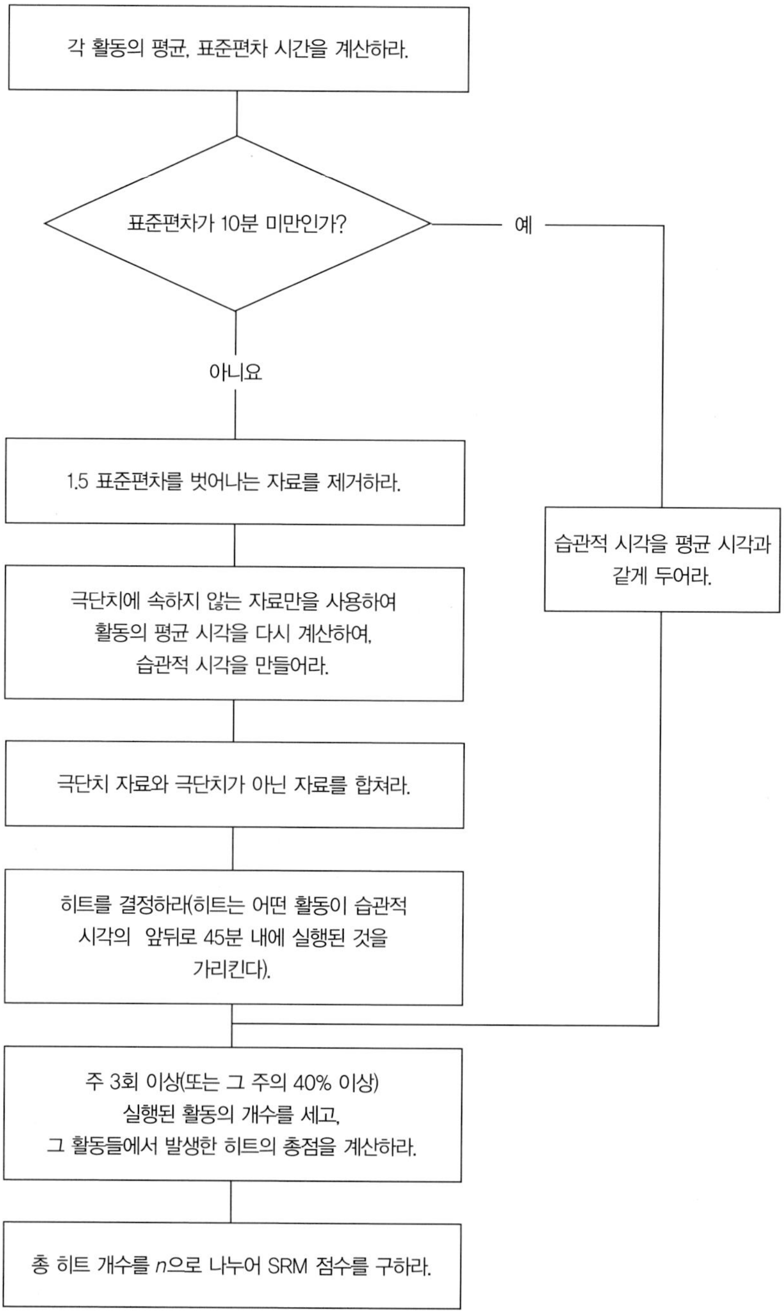

출처: Monk, Kupfer, Frank, & Ritenour (1991). (Section III를 보라). 저작권은 Elsevier Inc. (1991)에 있으며, 허락을 받아 각색함.

부록 5 대인관계 질문지의 면담 가이드

이름: ______________________

날짜: ______________________

주의사항: 대인관계 질문지를 완성하는 데 필요한 정보 중 대다수는 환자의 병력을 청취하는 과정에서 나타날 수 있다. 이 면담 가이드의 다양한 섹션들은 병력 도표를 완성한 후에 남은 정보의 공백을 채우기 위하여 사용되도록 만들어졌다.

섹션 A. 친밀한 대인관계

		메모
A1	현재 당신의 삶에서 중요한 사람들은 누구입니까? 가까운 대인관계가 있습니까?	
	만약 '예'라면, 이 대인관계들의 속성을 알아보시오.	
	당신에게 가장 가까운 사람들은 누구입니까? 가족? 친구? 연인? 동료? 또는 다른 사람입니까?	
	이 사람들 중에서 당신이 개인적인 문제를 터놓고 이야기하는 사람이 있습니까? 누구입니까?	
	만약 환자가 현재 가까운 사람이 아무도 없다고 하면, 섹션 A3과 A4로 가시오.	

〈계속〉

		메모
A2	환자의 현재 삶에서 중요한 사람들 각각에 대하여 다음을 질문하시오.	
1.	당신에게 문제가 있을 때 이 사람에게 도움을 청할 수 있습니까?	
2.	이 사람을 믿을 수 있고 이해받는다고 느낍니까?	
3.	이 사람 역시 당신을 믿고 속을 털어놓습니까?	
4.	이 사람과의 관계가 당신에게 어떤 느낌을 줍니까?	
5.	이 관계의 긍정적 · 부정적 측면들은 무엇입니까?	
6.	양극성 장애가 관계에 영향을 주었다고 생각합니까? 어떤 방식으로 그렇습니까?	
7.	이 관계에서 무언가 다르게 해 보고 싶은 것이 있습니까? 사이가 더 좋아지기 위해서 당신 자신이나 상대방에게서 무언가 변화시키고 싶은 점이 있습니까?	
8.	이 사람을 얼마나 자주 만납니까?	
9.	함께 어떤 일들을 하곤 합니까?	
A3	과거 가까운 대인관계가 있었습니까? 언제였습니까?	

〈계속〉

		메모
A4	환자의 과거 삶에서 중요한 사람들 각각에 대하여 다음을 질문하시오.	
1.	그 사람과 어떻게 지냈습니까?	
2.	이 관계가 왜 끝나게 되었습니까?	
3.	사람들과 가깝게 지내는 데 문제가 있다고 생각하십니까?	
4.	한번 친해진 다음 그 관계를 유지하는 것이 어렵습니까?	
5.	첫 만남 이상으로 관계가 진전될 시에 무엇을 해야 할지를 몰라서 어려움이 있습니까?	
6.	지난 1년간 새 친구를 사귀었습니까?	
7.	가까운 인간관계가 있는 것을 즐기는 편입니까?	
8.	가까운 인간관계가 그립거나 가까운 인간관계를 맺고 싶습니까?	
9.	외로움을 느낍니까?	
10.	지루함을 느낍니까?	
11.	얼마나 자주 외출을 합니까?	
	즐겁게 하는 일들은 어떤 것들입니까?	
	그 일들을 혼자서 합니까, 아니면 누군가와 함께 합니까(그리고 누구입니까)?	

〈계속〉

12.	과거에는 사회생활에 더 적극적이었습니까?	
13.	당신의 사회생활이 좀 더 활발해지길 바랍니까?	

섹션 B. 문제영역들의 확인

		메모
B1	이제 이 우울증(또는 조증)이 시작되었던 시기에 대해 생각해 보시기 바랍니다.	
1.	당신이 아끼던 누군가가 죽었습니까?	
2.	우울증이 시작된 시기가 누군가의 기일 즈음이었습니까?	
3.	우울증이 시작된 시기에 누군가 돌아가신 분에 대해 생각을 많이 하고 있었습니까?	
4.	집에서 배우자/연인과 문제가 있었습니까?	
5.	자녀들과 문제가 있었습니까?	
6.	부모와 문제가 있었습니까?	
7.	형제자매와 문제가 있었습니까?	
8.	시부모나 장인, 장모와 문제가 있었습니까?	
9.	직장에서 문제가 있었습니까?	

〈계속〉

10.	친구들과 문제가 있었습니까?	
11.	그 외의 사람들과 문제가 있었습니까?	
12.	가족이나 친구와 언쟁, 다툼이 늘어났었습니까?	
13.	연애 관계에서 실망을 느꼈었습니까?	
14.	결혼생활에 문제가 생기기 시작했었습니까?	
15.	이혼이나 별거를 겪는 중이었습니까?	
16.	자녀들이 집을 떠나게 되었습니까?	
17.	새로운 직장에 나가게 되었습니까?	
18.	실직을 했었습니까?	
19.	승진을 했었습니까?	
20.	은퇴를 했었습니까?	
21.	학교를 다니기 시작했었습니까?	
22.	졸업을 했었습니까?	
23.	이사를 했었습니까?	

〈계속〉

24.	누군가 이사 와서 함께 살게 되었습니까?	
25.	혼자 살기 시작했었습니까?	
26.	경제적 문제가 있었습니까?	
27.	아프게 되었습니까?	
28.	가족 중에 심각한 병을 앓는 일이 있었습니까?	
29.	다른 이유로 친척이나 친구들에 대해 걱정했었습니까?	
30.	당신에게 중요했던 사람과 연락이 끊기거나 전보다 자주 보지 못하게 되었습니까?	

섹션 C. 잠정적인 문제영역을 확인한 후, 다음과 같은 세부적인 질문들을 더 해 볼 수도 있다.

		메모
C1	대인관계 갈등	
1.	의견의 불일치나 갈등이 무엇이었습니까?	
2.	당신의 문제는 무엇이었다고 생각합니까?	
3.	이 관계에서 당신이 바라는 바는 무엇입니까?	
4.	_____가 이 관계에서 원하는 것은 무엇입니까?	

〈계속〉

5.	이 관계에서 _____가 당신을 실망시켰습니까?	
6.	그 사람의 입장에서는 당신에게 어떤 점이 실망스러웠을 것이라고 생각합니까?	
7.	당신이 원하는 변화들을 시작해 나갈 수 있으리라고 생각합니까?	
8.	_____가 원하는 변화들을 당신이 시작해 나갈 수 있으리라고 생각합니까?	
9.	서로 간의 차이점들을 해결해 가는 방법으로 어떤 것들이 있습니까?	
10.	당신과 _____가 차이점을 해결하는 방식은 보통 어떤 것입니까?	
11.	변화를 이루어 가기 위하여 사용할 수 있는 자원들로는 무엇이 있습니까?	
C2	역할 전환	
1.	이사, 이혼, 취직 (또는 어떠한 변화) 이후 삶이 어떻게 달라졌습니까?	
2.	이 변화에 대해 어떻게 느낍니까?	
3.	이 변화 때문에 잃어버린 대인관계가 있습니까?	
4.	그 빈자리를 대신하게 된 사람들이 있습니까?	

〈계속〉

5.	변화 이전에 당신의 삶은 어떠했습니까?	
6.	_____(학생, 직장인, 기혼자 등)로 사는 것의 좋은 점들로는 무엇이 있었습니까?	
7.	_____에 대해 그리 좋지 않았던 점들은 무엇이었습니까?	
8.	새로운 상황에서 좋은 점은 무엇입니까?	
9.	새로운 상황에서 그리 좋지 않은 점들은 무엇입니까?	
C3	애도	
1.	_____(고인)에 대해 다른 사람들과 이야기할 수 있습니까?	
2.	그 사람의 죽음 이후 슬프거나 기분이 울적했습니까?	
3.	잠을 자기가 어려웠습니까?	
4.	평상시와 같은 일상을 유지해 나갈 수 있었습니까?	
5.	눈물조차 흘릴 수가 없었습니까?	
6.	장례식 참석이나 묘지에 가는 것을 피했습니까?	
7.	고인과 같은 병을 갖게 될까 봐 두려웠습니까?	

〈계속〉

8.	고인의 물건들이 집에 남아 있었습니까?	
9.	고인의 물건들을 보관하고 있었습니까?	
10.	_____가 죽었을 때 당신이 의지할 사람들이 있었습니까?	

섹션 D. 면담을 마무리하기

		메모
D1	언제나 환자에게 다음의 질문을 하라.	
1.	제가 환자 분의 대인관계나 지금까지 살면서 해 왔던 다양한 역할들(예: 학생, 배우자, 부모, 조부모)에 대해 이해하기 위해서 중요한 다른 것들이 또 있을까요?	
2.	우리가 지금까지 이야기했던 문제들 중에서 최근의 우울증(또는 조증)과 가장 밀접한 것이 무엇이라고 생각하십니까?	

기타 메모:

출처: 『Treating Bipolar Disorder: A Clinician's Guide to Interpersonal and Social Rhythm Therapy』(Frank, 2005).

부록 6 초기 IPSRT 회기를 위한 치료자 체크리스트

__ 환자의 현재 기분 상태와 즉각적인 의학적 필요사항들을 평가하라.

__ 치료자(만약 치료자가 의사가 아니라면 치료자와 정신과 의사)의 역할을 설명하라.

__ 약물에 대해 환자를 교육하라.

  __ 환자가 약에 대해 갖는 두려움과 걱정을 듣고 대응하라.

  __ 부작용에 대해 이야기를 나누어라.

__ 응급 절차를 사용하는 것을 교육하라.

__ 환자의 허락하에 연인 또는 가족들을 만나 그들이 걱정하는 점을 듣고 병력에 대한 부차적인 정보들을 수집하라.

__ 양극성 장애에 관한 심리교육을 소개하라.

__ 병력 도표를 사용하여 환자와 함께 기분삽화의 내력을 검토하라.

  __ 선행사건과 결과들을 확인하라.

  __ 환자의 삶에 기분장애가 미친 영향을 평가하라.

  __ 환자가 받아 왔던 치료(약물 또는 심리치료)가 미친 영향을 평가하라.

  __ 중대한 생활사건이 기분삽화에 미친 영향을 평가하라.

__ 대인관계 질문지를 실시하라.

  __ 현재 그리고 과거 환자의 중요한 대인관계를 검토하라.

  __ 현재 대인관계상의 문제들을 확인하라.

__ 대인관계에서 반복적인 문제나 주제들을 확인하라.

__ 환자와 함께 대인관계 문제영역을 선택하라.

__ 사회적 리듬 및 일주기 안정성의 중요성에 대해 환자를 교육하라.

__ 일주기 안정성을 증진하기 위한 유용한 도구로서 사회적 리듬 차트(SRM)를 도입하라.

  __ SRM을 사용하도록 환자를 훈련시켜라.

__ 환자가 기분 불안정성과 사회적 리듬 사이의 관계를 관찰하고 이야기할 수 있도록 격려하라.

주의사항: 만약 환자가 급성기라면, 안정될 때까지는 다른 치료적 이슈들에 비해 증상 관리가 우선순위에 있게 될 수도 있다.

출처: 『Treating Bipolar Disorder: A Clinician's Guide to Interpersonal and Social Rhythm Therapy』(Frank, 2005).

부록 7 사회적 리듬 안정화 스케줄

_______________주 차

활동	목표 시간						
	월	화	수	목	금	토	일
잠자리에서 일어남							
다른 사람과의 첫 번째 접촉(직접 또는 전화)							
아침 음료를 마심							
아침식사							
처음으로 바깥에 나감							
일/학업/자원봉사/집안일을 시작함							
점심식사							
오후 낮잠							
저녁식사							
운동							
저녁 간식/음료수							
저녁 TV 뉴스 시청							
기타 TV 프로그램 시청							
활동 A							
활동 B							
(그 날의 마지막) 귀가 시간							
잠자리에 듦							

부록 8 미래의 안정화 목표 차트

활동	목표	계획된 날짜

다른 사람의 참여	목표	계획된 날짜

출처: 『Treating Bipolar Disorder: A Clinician's Guide to Interpersonal and Social Rhythm Therapy』(Frank, 2005). 저작권은 Guilford Press(2005). 이 부록을 복사할 권리는 이 책을 구입하여 개인적인 용도로 사용할 시에 한해 주어진다. (세부사항은 저작권 페이지 참고)

부록 9 기분장애 모니터링 차트

	14															
	12															
	10															
조증 점수	8															
	6															
	4															
	2															
	0															
SRM 점수	1.2															
	0															
	2															
우울 점수	6															
	8															
	10															
	12															
	14															
회기 번호																

출처: 『Treating Bipolar Disorder: A Clinician's Guide to Interpersonal and Social Rhythm Therapy』(Frank, 2005).

참고문헌

Altshuler, L., Suppes, T., Black, D., Nolen, W. A., Keck, P. E., Jr., Frye, M. A., et al. (2003). Impact of antidepressant discontinuation after acute bipolar depression remission on rates of depressive relapse at 1-year follow-up. *American Journal of Psychiatry, 160*(7), 1252, 1262.

American Psychiatric Association. (1994). *Diagnostic and statistical manual of mental disorders* (4th ed.). Washington, DC: Author.

American Psychiatric Association. (2000). *Diagnostic and statistical manual of mental disorders* (4th ed., text rev.). Washington, DC: Author.

American Psychiatric Association. (2002). Practice guidelines for the treatment of patients with bipolar disorder (Rev.). *American Journal of Psychiatry, 159*(4, April Auppl.).

Andrade, A. C. F., Frank, E., Neto, F. L., Lafer, B., & Moraes, C. T. L. (2004, June). *Interpersonal problems of bipolar patients: A cross-cultural assessment study.* Rapid communications session conducted at the First International Conference on Interpersonal Psychotherapy, Pittsburgh, PA.

Angus, L., & Gillies, L. A. (1994). Counseling the borderline client: an interpersonal approach. *Canaidan Journal of Counselling/Revue Canadienne de Counselling, 28,* 69-82.

Aschoff, J. (1981). *Handbook of behavioral neurobiology: Vol. 4. Biological rhythms.* New York: Plenum Press.

Avery, D., Wildschiodtz, G., & Rafaelsen, O. J. (1982). REM latency and temperature in affective disorder before and after treatment. *Biological Psychiatry, 17*(4), 463-470.

Barden, N., Reul, J. M. H. M., & Holsboer, F. (1995). Do antidepressants stabilize mood through actions on the hypothalamic-pituitary-adrenocortical system? *Trends in Neurosciences, 18*(1), 6-11.

Basco, M. R., & Rush, A. J. (2005). *Cognitive-behavioral therapy for bipolar disorder* (2nd ed.). New York: Guilford Press.

Bauer, M. S., Callahan, A. M., Jampala, C., Petty, F., Sajatovic, M., Schaefer, V., et al. (1999). Clinical practice guidelines for bipolar disorder from the Department of Veterans Affairs. *Journal of Clinical Psychiatry, 60,* 9-21.

Bauer, M. S., & McBride, L. (1996). Structured group psychotherapy for bipolar disorder: The Life Goals Program. New Yor: Springer.

Bech, P., Bolwig, T. G., Kramp, P., & Rafaelsen, O. J. (1979). The Bech-Rafaelsen Mania Scale and the Hamilton Depression Scale. *Acta Psychiatrica Scandinavia, 59,* 420-430.

Beck, A. T. (1967). *Depression: Clinical, experimental, and theoretical aspects.* New York: Harper & Row.

Beck, A. T., Rush, A. J., & Shaw, B. F., & Emery, G. (1979). *Cognitive therapy of depression.* New York: Guilford Press.

Beck, A. T., Steer, R. A., & Brown, G. K. (1996). *Beck Depression Inventory-II* (BDI-II). San Antonio, TX: Psychological Corporation.

Beck, A. T., Ward, C. H., Mendelson, M., Mock, J., & Erbaugh, J. (1961). An inventory for measuring depression. *Archives of General Psychiatry, 4,* 561-571.

Bertelsen, A. B., Harvald, A. B., & Hauge, H. (1977). A Danish twin study of manic-depressive disorders. *British Journal of Psychiatry, 130,* 330-351.

Birmaher, B. (2004). *New hope for children with bipolar disorder.* New York: Three Rivers Press.

Bowden, C. L., Calabrese, J. R., Sachs, G., Yatham, L. N., Asghar, S. A., Hompland, M., et al. (2003). A placebo-controlled 18-month trial of lamotrigine and lithium maintenance treatment in recently manic or hypomanic patients with bipolar I disorder. *Archives of General Psychiatry, 60,* 392-400.

Brown, G. B., & Harris, T. (1979). The social origins of depression. London: Tavistock.

Brown, G. W., Birley, J. L. T., & Wing, J. K. (1972). Influence of family life on the course of schizophrenic disorders: A replication. *British Journal of Psychiatry, 121,* 241-258.

Calabrese, J. R., Bowden, C. L., Sachs, G. S., Ascher, J. A., Monaghan, E., & Rudd, G. D. (1999). A double-blind placebo-controlled study of lamotrigine monotherapy in outpatients with bipolar I depression. *Journal of Clinical Psychiatry, 60,* 79-88.

Calabrese, J. R., Bowden, C. L., Sachs, G., Yatham, L. N., Behnke, K., Mehtonen, O. P., et al. (2003). A placebo-controlled 18-month trial of lamotrigine and lithium maintenance treatment in recently depressed patients with bipolar I disorder. *Journal of Clinical Psychiatry, 64,* 1013-1024.

Cartwright, R. D. (1983). Rapid eye movement sleep characteristics during and after mood-disturbing events. *Archives of General Psychiatry, 40,* 197-201.

Cassano, G. B., Banti, S., Mauri, M., Dell'Osso, L., Miniati, M., Maser, J. D., et al. (1999b). Internal consistency and discriminant validity of the Structured Clinical Interview for Panic-Agoraphobic Spectrum (SCI-PAS). *International Journal of*

Methods in Psychiatric Research, 8, 138-145.

Cassano, G. B., Dell'Osso, L., Frank, E., Miniati, M., Fagiolini, A., Shear, K., et al. (1999a). The bipolar spectrum: A clinical reality in search of diagnostic criteria and an assessment methodology. *Journal of Affective Disorders, 54,* 319-328.

Cassano, G. B., Frank, E, Miniati, M., Rucci, P., Fagiolini, A., Pini, S., et al. (2002). Conceptual underpinnings and empirical support for mood spectrum. *Psychiatric Clinics of North America, 25,* 699-712.

Cassano, G. B., Michelini, S., Shear, M. K., Coli, E., Maser, J. D., & Frank, E. (1997). The panic-agoraphobic spectrum: A descriptive approach to the assessment and treatment of subtle symptoms. *American Journal of Psychiatry, 154*(Special Suppl.), 27-38.

Cassidy, F., Ritchie, J. c., & Carroll, B. J. (1998). Plasma dexamethasone concentration and cortisol response during manic episodes. *Biological Psychiatry, 43*(10), 747-754.

Cerbone, M. J., Mayo, J. A., Cuthbertson, B. A., & O'Connell, R. A. (1992). Group therapy as an adjunct to medication in the management of affective disorder. *Group, 16,* 174-187.

Cervantes, P., Gelber, S., Kin, F. N., Nair, N. P., & Schwartz, G. (2001). Circadian secretion of cortisol in bipolar disorder. *Journal of Psychiatry and Neuroscience, 26*(5), 411-416.

Clarkin, J. F., Carpenter, D., Hull, J., Wilner, P., & Glick, I. (1998). Effects of psychoeducational intervention for married patients with bipolar disorder and their spouses. *Psychiatric Services, 49,* 531-533.

Clarkin, J. F., Glick, I. D., Haas, G. L., Spencer, J. H., Lewis, A. B., Peyser, J., et al. (1990). A randomized clinical trial of inpatient family intervention: V. Results for affective disorders. *Journal of Affective Disorders, 18,* 17-28.

Clarkin, J. F., Haas, G. L., & Glick, I. D. (Eds.). (1988). *Affective disorders and the family: Assessment and treatment.* New York: Guilford Press.

Colom, F., Vieta, E., Martinez-Aran, A., Reinares, M., Goikolea, J. M., Benabarre, A., et al. (2003). A randomized trial on the efficacy of group psychoeducation in the prophylaxis of recurrences in bipolar patients whose disease is in remission. *Archives of General Psychiatry, 60*(4), 402-407.

Coryell, W., Scheftner, W., Keller, M., Endicott, J., Mase, J., & Klerman, G. L. (1993). The enduring psychosocial consequences of mania and depression. *American Journal of Psychiatry, 150,* 720-727.

Craighead, W. E., Miklowitz, D. J., Vajk, F. C., & Frank, E. (1998). Psychosocial treatments for bipolar disorder. In P. E. Nathan, & J. M. Gorman (Eds.), *A guide to treatments that work* (pp. 240-248). New York: Oxford University Press.

Crits-Cristoph, P., Frank, E., Chambless, D. C., Brody, C., & Karp, J. (1995). Training in empirically validated treatments: What are clinical psychology students learning? *Professional Psychology: Research and Practice, 26*(5), 514-522.

Cutler, N. R., & Post, R. M. (1982). Life course of illness in untreated manic-depressive patients. *Comprehensive Psychiatry, 23,* 101-115.

Davenport, Y. B., Ebert, M. H., Adland, M. L., & Goodwin, F. K. (1977). Couples group therapy as an adjunct to lithium maintenance of the manic patient. *American Journal of Orthopsychiatry, 47,* 495-502.

Ehlers, C. L., Frank, E., & Kupfer, D. J. (1988). Social zeitgebers and biological rythms. A unified approach to understanding the etiology of depression. *Archives of General Psychiatry, 45*(10), 948-952.

Ehlers, C. L., Kupfer, D. J., Frank, E., & Monk, T. H. (1993). Biological rhythms and depression: The role of zeitgebers and zeitstorers. *Depression, 1,* 285-293.

Ehlers, C. L., Wall, T. L., Wyss, S. P., & Chaplin, R. I. (1988). A peer separation model of depression in rats. In G. F. Kobb, C. L. Ehlers, & D. J. Kupfer (Eds.), *Animal models of depression* (pp. 99-110). Boston: Birhauser.

Ellicott, A., Hammen, C., Gitlin, M., Brown, G., & Jamison, K. (1990). Life events and the course of bipolar disorder. *American Journal of Psychiatry, 147,* 1194-1198.

Fagiolini, A., Dell'Osso, L., Pini, S., Armani, A., Bouanani, S., Rucci, P., et al. (1999). Validity and reliability of a new instrument for assessing mood symptomatology: The structured clinical interview for mood spectrum (SCI-MOODS). *International Journal of Methods in Psychiatric Research, 8,* 71-82.

Fagiolini, A., Kupfer, D. J., Houck, P., Novick, D. M., & Frank, E. (2003). Obesity as a correlate of outcome in patients with bipolar I disorder. *American Journal of Psychiatry, 160,* 112-117.

Falloon, I. R. H., Boyd, J. L., McGill, C. W., Williamson, W., Razoni, J., Moss, H. B., et al. (1985). Family management in the prevention of morbidity of schizophrenia. *Archives of General Psychiatry, 42,* 887-896.

Fieve, R. (1975). The lithium clinic: A new model for the delivery of psychiatric services. *American Journal of Psychiatry, 132*(10), 1018-1022.

First, M. B., Spitzer, R. L., Gibbon, M., & Williams, J. B. W. (2002). *Structured Clinical Interview for DSM-IV-TR Axis I Disorders, Research Version, Patient Edition (SCID-I/P).* New York: Biometrics Research, New York State Psychiatric Institute.

Frances, A. J., Kahn, D. A., Carpenter, D., Docherty, J. P., & Donovan, S. L. (1998). The expert consensus guidelines for treating depression in bipolar disorder. *Journal of Clinical Psychiatry, 59*(Suppl. 4), 73-79.

Frank, E., Cyranowski, J. M., Rucci, P., Shear, M. K., Fagiolini, A., Thase, M. E., et al. (2002). Clinical significance of lifetime panic spectrum symptoms in the treatment of patients with bipolar I disorder. *Archives of General Psychiatry, 59,* 905-912.

Gelenberg, A. J., Kane, J. M., Keller, M. B., Labori, P., Rosenbaum, J. F., Cole, K., & Lavelle, J. (1989). Comparison of standard and low serum levels of lithium for maintenance treatment of bipolar disorder. *New England Journal of Medicine, 321,* 1489-1493.

Gershon, E. S., Hamovit, J., Guroff, J. J., Dibble, E., Leckman, J. F., Sceery, W., et al. (1982). A family study of schizoaffective, bipolar I, bipolar II, unipolar, and normal control probands. *Archives of General Psychiatry, 39,* 1157-1167.

Gershon, S., & Yuwiler, A. A. (1960). A specific pharmacological approach to the treatment of mania. *Journal of Neuropsychiatry, 1,* 229-241.

Gillin, J. C., Buchsbaum, M., Wu, J., Clark, C., & Bunney, W. (2001). Sleep deprivation as a model experimental antidepressant treatment: Findings from functional brain imaging. *Depression and Anxiety, 14*(1), 37-49.

Gitlin, M. J., Swendsen, J., Heller, T. L., & Hammen, C. (1995). Relapse and impairment in bipolar disorder. *American Journal of Psychiatry, 152,* 1635-1640.

Glick, I. D., Clarkin, J. F., Haas, G. L., Spencer, J. H., & Chen, C. L. (1991). A randomized clinical trial of inpatient family intervention: VI. Mediating variables and outcome. *Family Process, 30,* 85-99.

Goetze, U., & Toelle, R. (1987). Circadian rhythm of free urinary cortisol, temperature and heart rate in endogenous depressives and under antidepressant therapy. *Neuropsychobiology, 18*(4), 175-184.

Golden, R. N., Heine, A. D., Ekstrom, R. D., Bebchuk, J. M., Leatherman, M. E., & Garbutt, J. C. (2002). A longitudinal study of serotonergic function in depression. *Neuropsychopharmacology, 26*(5), 653-659.

Goodwin, F. K., & Jamison, K. R. (1990). *Manic-depressive illness.* New York: Oxford University Press.

Goodwin, G. M. (2003). Evidence-based guidelines for trating bipolar disorder: Recommendations from the British Association for Psychopharmacology. *Journal of Psychopharmacology, 17,* 149-173.

Gordon, N. P., Cleary, P. D., Parlan, C. E., & Czeisler, C. A. (1986). The prevalence and health impact of shiftwork. *American Journal of Public Health, 76,* 1225-1228.

Graves, J. S. (1993). Living with mania: A study of outpatient group psychotherapy for bipolar patients. *American Journal of Psychotherapy, 47,* 113-126.

Haas, G. L., Glick, I. D., Clarkin, J. F., Spencer, J. H., Lewis, A. B., Peyser, J., et al. (1988). Inpatient family intervention: A randomized clinical trial: II. Results at hospital discharge. *Archives of General Psychiatry, 45,* 217-224.

Halbreich, U., & Montgomery, S. A. (Eds.). (2000). *Pharmacotherapy for mood, anxiety, and cognitive disorders.* Washington, DC: American Psychiatric Press.

Hamilton, M. (1960). A rating scale for depression. *Journal of Neurology, Neurosurgery and Psychiatry, 23,* 56-62.

Hardman, J. G., Limbird, L. E., & Goodman Gilman, A. (Eds.). (2001). *Goodman and Gilman's pharmacological basis of therapeutics* (10th ed.). New York: McGraw-Hill.

Harrow, M., Goldberg, J. F., Grossman, L. S., & Meltzer, H. Y. (1990). Outcome in manic disorders: A naturalistic follow-up study. *Archives of General Psychiatry, 47,* 665-671.

Heckers, S., Stone, D., Walsh, J., Shick, J., Koul, P., & Benes, F. M. (2002). Differential hippocampal expression of glutamic acid decarboxylase 65 and 67 messenger RNA in bipolar disorder and schizophrenia. *Archives of General Psychiatry, 59,* 521-529.

Himmelhoch, J. M., Thase, M. E., Mallinger, A. G., & Houck, P. R., (1991). Tranylcypromine versus imipramine in anergic bipolar depression. *American Journal of Psychiatry, 148,* 910-916.

Hlastala, S. A., & Frank, E. (2000). Biology versus environment: Stressors in the pathophysiology of bipolar disorder. In J. Soares & S. Gershon (Eds.), *Bipolar disorders: Basic mechanisms and therapeutic implications* (pp. 353-372). New York: Dekker.

Hlastala, S. A., Frank, E., Kowalski, J., Sherrill, J. T., Tu, X. M., Anderson, B., & Kupfer, D. J. (2000). Stressful life events, bipolar disorder, and the "Kindling Model." *Journal of Abnormal Psychology, 109,* 777-786.

Hlastala, S. A., Frank, E., Mallinger, A. G., Thase, M. E., Ritenour, A. M., & Kupfer, D. J. (1997). Bipolar depression: An underestimated treatment challenge. *Depression, 5,* 73-83.

Hofer, M. A. (1984). Relationships a s regulators: A psychobiologic perspective on bereavement. *Psychosomatic Medicine, 46,* 183-197.

Hogarty, E. G., Anderson, C. M., Reiss, D. J., Kornblith, S. J., Greenwald, D. P., Javna, C. D., & Madonia, J. J. (1986). Family psychoeducation, social skills training, and maintenance chemotherapy in the aftercare therapy of schizophrenia: I. One-year effects of a controlled study on relapse and expressed emotion. *Archives of General Psychiatry, 43,* 633-642.

Holsboer, F. (1995). Neuroendocrinology of mood disorders. In F. E. Bloom, & D. J. Kupfer (Eds.), *Psychopharmacology: The fourth generation of progress: An official publication of the American College of Neuropsychopharmacology* (pp. 957-970). New York: Raven Press.

Holsboer, F. (2000). Current theories on the pathophysiology of mood disorders. In U. Halbreich & S. A. Montgomery (Eds.), *Pharmacotherapy for mood, anxiety, and cognitive disorders* (pp. 13-36). Washington, DC: American Psychiatric Press.

Honig, A., Hofman, A., Rozendaal, N., & Dingemanns, P. (1997). Psychoeducation in bipolar disorder: Effect on expressed emotion. *Psychiatry Research, 72,* 17-22.

Jacobs, L. I. (1982). Cognitive therapy of postmanic and postdepressive dysphoria in bipolar illness. *American Journal of Psychotherapy, 36,* 450-458.

Jacobson, N. S., Dobson, K. S., Truax, P. A., Addis, M. E., Koerner, K., Gollan, J. K., et al. (1996). A component analysis of cognitive-behavioral treatment for depression. *Journal of Consulting and Clinical Psychology, 64,* 295-304.

James, S. P., Weh, T. A., Sack, D. A., Parry, B. L., & Rosenthal, N. E. (1985). Treatment of seasonal affective disorder with light in the evening. *British Journal of Psychiatry, 147,* 424-428.

Janowsky, D. S., & Overstreet, D. H. (1995). The role of acetylcholine mechanisms in mood disorders. In F. E. Bloom & D. J. Kupfer (Eds.), *Psychopharmacology: The fourth generation of progress: An official publication of the American College of Neuropsychopharmacology* (pp. 945-956). New York: Raven Press.

Jauhar, P., & Weller, M. P. L. (1982). Psychiatric morbidity and time zone changes: A study of patients from Heathrow Airport. *British Journal of Psychiatry, 140,* 231-235.

Judd, L. L., Akiskal, H. S., Schettler, P. J., Endicott, J., Maser, J., Solomon, D. A., et al. (2002). The long-term natural history of the weekly symptomatic status of bipolar I disorder. *Archives of General Psychiatry, 59,* 530-537.

Ketter, T., Tohen, M., Vieta, E., Calabrese, J., Andersen, S., Detke, H. C., et al. (2003, May). Open-label maintenance treatment for bipolar depression using olanzapine or olanzapine/fluoxetine combination. Poster session presented at the 43rd annual meeting of the New Clinical Drug Evaluation Unit, Boca Raton, FL.

Klein, K. E., & Wegmann, H. M. (1974). *The resynchronization of human circadian rhythms after transmeridian flights as a result of flight direction and mode of activity.* Tokyo: Igaku Shoin.

Klerman, G. L., Weissman, M. M., Rounsaville, B. J., & Chevron, E. S. (Eds.). (1984).

Interpersonal psychotherapy of depression. New York: Basic Books.

Knutsson, A., Akerstedt, T., Jonsson, B. G., & Orth-Gomer, K. (1986). Increased risk of ischemic heart disease in shift workers. *Lancet, 2,* 89-92.

Kripke, D. F., & Robinson, D. (1985). Ten years with a lithium group. *McLean Hospital Journal, 10,* 1-11.

Kupfer, D. J. (1978). Application of EEG sleep for the differential diagnosis and treatment of affective disorders. *Pharmacopsychiatry, Neurology, and Psychopharmacology, 11,* 17-26.

Kupfer, D. J., Frank, E., Grochocinski, V. J., Cluss, P. A., Houck, P. R., & Stapf, D. A. (2002). Demographic and clinical characteristics of individuals in a bipolar disorder case registry. *Journal of Clinical Psychiatry, 63,* 120-125.

Kupfer, D. J., Frank, E., Grochocinski, V. J., Luther, J. F., Houck, P. R., Swartz, H. A., & Mallinger, A. G. (2000). Stabilization in the treatment of mania, depression and mixed states. *Acta Neuropsychiatrica, 12,* 110-114.

Kupfer, D. J., Reynolds, C., Weiss, B. L., & Foster, F. G. (1974). Lithium carbonate and sleep in affective disorders: Further considerations. *Archives of General Psychiatry, 30,* 79-84.

Kusumaker, V., Yatham, L. N., Haslam, D. R. S., Parikh, S. V., Matte, R., Sharma, V., et al. (1997). The foundations of effective management of bipolar disorder. *Canadian Journal of Psychiatry, 42*(Suppl. 2), 69S-73S.

Lam, D. H., Jones, S. H., Hayward, P., & Bright, J. A. (1999). *Cognitive therapy for bipolar disorder.* Chichester: Wiley.

Lam, D. H., Watkins, E. R., Hayward, P., Bright, J., Wright, K., Kerr, N., et al. (2002). A randomized controlled study of cognitive therapy for relapse prevention for bipolar affective disorder: Outcome of the first year. *Archives of General Psychiatry, 60*(2), 145-152.

Leatherman, M. E., Ekstrom, R. D., Corrigan, M., Carson, S. W., Mason, G., & Golden, R. N. (1993). Central serotonergic changes following antidepressant treatment; A neuroendocrine assessment. *Psychopharmacology Bulletin, 29*(2), 149-154.

Lewy, A. J. (1995). Circadian phase sleep and mood disorders. In F. E. Bloom & D. J. Kupfer (Eds.), *Psychopharmacology: The fourth generation of progress: An official publication of the American College of Neuropsychopharmacology* (pp. 1879-1894). New York: Raven Press.

Lewy, A. J., Sack, R. L., & Singer, C. M. (1985). Treating phase typed chronobiological sleep and mood disorders using appropriately timed bright artificial light. *Psychopharmacology Bulletin, 21,* 368-372.

Maes, M., & Meltzer, H. Y. (1995). The serotonin hypothesis of major depression.

In F. E. Bloom & D. J. Kupfer (Eds.), *Psychopharmacology: The fourth generation of progress: An official publication of the American College of Neuropsychopharmacology* (pp. 933-944). New York: Raven Press.

Maj, M., Pirozzi, R., & Kemali, D. (1989). Long-term outcome of lithium prophylaxis in patients initially classified as complete responders. *Psychopharmacology, 98,* 535-538.

Malkoff-Schwartz, S., Frank, E., Anderson, B., Sherrill, J. T., Siegel, L., Patterson, D., & Kupfer, D. J. (1998). Stressful life events and social rhythm disruption in the onset of manic and depressive bipolar episodes: A preliminary investigation. *Archives of General Psychiatry, 55,* 702-707.

Manji, H. K., Drevets, W. C., & Charney, D. S. (2001). The cellular neurobiology of depression. *Nature Medicine, 7,* 541-547.

Manji, H. K., & Lenox, R. H. (1999). Protein kinase C signaling in the brain: Molecular transduction of mood stabilization in the treatment of manic-depressive illness. *Biological Psychiatry, 46*(10), 1328-1351.

Markar, H. R., & Mander, A. J. (1989). Efficacy of lithium prophylaxis in clinical practice. *British Journal of Psychiatry, 155,* 496-500.

Markowitz, J. C., Skodol, A. E., & Blieberg, K. (in press). Interpersonal psychotherapy for borderline disorder: Possible mechanisms of change. *Journal of Clinical Psychiatry.*

Mauri, M., Borri, C., Baldassari, S., Benvenuti, A., Cassano, G. B., Rucci, P., et al. (2000). Acceptability and psychometric properties of the Structured Clinical Interview for Anorexic-Bulimic Spectrum (SCI-ABS). *International Journal of Methods in Psychiatric Research, 9,* 68-78.

Mendelson, W. B., James, S. P., Rosenthal, N. E., Sack, D. A., Wehr, T. A., Garnett, D., & Weingartne, H. (1896). The experience of insomnia. In C. Shagass, R. C. Josiassen, W. H. Bridger, K. J. Weiss, D. Stoff, & G. M. Simpson (Eds.), *Biological Psychiatry 1985: Proceedings of the 4th World Congress of Biological Psychiatry* (pp. 1005-1006). New York: Elsevier.

Mendelwicz, J., Linkowski, P., Kerkhofs, M., Desmedt, D., Goldstein, J., Copinschi, G., & Van Cauter, E. (1985). Diurnal hypersecretion of growth hormone in depression. *Journal of Clinical Endocrinology and Metabolism, 60,* 505-512.

Miklowitz, D. J., & Goldstein, M. J. (1990). Behavioral family treatment for patients with bipolar affective disorder [Special issue]. Recent developments in the behavioral treatment of chronic psychiatric illness. *Behavior Modification, 14,* 457-489.

Miklowitz, D. J., & Goldstein, M. J. (1997). *Bipolar disorder: A family-focused treatment approach*. New York: Guilford Press.

Miklowitz, D. J., Goldstein, M. J., Neuchterlein, K. H., Snyder, K. S,. & Mintz, J. (1988). Family factors and the course of bipolar affective disorder. *Archives of General Psychiatry, 45,* 225-231.

Miklowitz, D. J., Richards, J. A., George, E. L., Frank, E., Suddath, R. L., Powell, K. B., & Sacher, J. A. (2003). Integrated family and individual therapy for bipolar disorder: Results of a treatment development study. *Journal of Clinical Psychiatry, 64,* 182-191.

Miklowitz, D. J., Simoneau, T. L., George, E. L., Richards, J. A., Kalbag, A., Sachs-Ericsson, N., & Suddath, R. (2000). Family-focused treatment of bipolar disorder: 1-year effects of a psychoeducational program in conjunction with pharmacotherapy. *Biological Psychiatry, 48*(6), 582-592.

Modell, S., Ising, M., Holsboer, F., & Lauer, C. (2002). The Munich vulnerability study on affective disorders: Stability of polysomnographic findings over time. *Biological Psychiatry, 52*(5), 430.

Monk, T. H. (1988). Coping with the stress of shiftwork. *Work Stress, 2,* 169-172.

Monk, T. H., Flaherty, J. F., Frank, E., Hoskinson, K., & Kupfer, D. J. (1990). The social rhythm metric: An instrument to quantify the daily rhythms of life. *Journal of Nervous and Mental Disorders, 178,* 120-126.

Monk, T. H., Frank, E., Potts, J. M., & Kupfer, D. J. (2002). A simple way to measure daily lifestyle regularity. *Journal of Sleep Research, 11*(3), 183-190.

Monk, T. H., Kupfer, D. J., Frank, E., & Ritenour, A. M. (1991). The social rhythm metric (SRM): Measuring daily social rhythms over 12 weeks. *Psychiatry Research, 36,* 195-207.

Monk, T. H., Reynolds, C. F., III, Machen, M. A., & Kupfer, D. J. (1992). Daily social rhythms in the elderly and their relation to objectively recorded sleep. *Sleep, 15,* 322-329.

Montgomery, A. (1979). A new depression scale designed to be sensitive to change. *British Journal of Psychiatry, 134,* 382-389.

Newman, C. F., Leahy, R. L., Beck, A. T., Reilly-Harrington, N. A., & Gyulai, L. (2001). *Bipolar disorder: A cognitive therapy approach*. Washington, DC: American Psychological Association.

Nofzinger, E. A., & Keshavan, M. (1995). Sleep disturbances associated with neuropsychiatric disease. In F. E. Bloom & D. J. Kupfer (Eds.), *Psychopharmacology: The fourth generation of progress: An official publication of the American College of Neuropsychopharmacology* (pp. 1945-1960). New York: Raven Press.

O'Connell, R. A., Mayo, J. A., Flatow, L., Cuthbertson, B., & O'Brien, B. E. (1991). Outcome of bipolar disorder on long-term treatment with lithium. *British Journal of Psychiatry, 159,* 132-129.

Otto, M. W., Reilly-Harrington, N. A., & Sachs, G. S. (2003). Psychoeducational and cognitive-behavioral strategies in the management of bipolar disorder. *Journal of Affective Disorders, 73,* 171-181.

Palmer, A. G., Williams, H., & Adams, M. (1995). CBT in group format for bipolar affective disorder. *Behavioural and Cognitive Psychotherapy, 23,* 153-168.

Paykel, E. S., & Tanner, J. (1976). Live events, depressive relapse and maintenance treatment. *Psychological Medicine, 6,* 481-485.

Peet, M., & Harvey, N. S. (1991). Lithium maintenance: 1. A standard education programme for patients. *British Journal of Psychiatry, 158,* 197-200.

Perry, A., Tarrier, N., Morris, R., McCarthy, E., & Limb, K. (1999). Randomized controlled trial of efficacy of teaching patients with bipolar disorder to identify early symptoms of relapse and obtain treatment. *British Medical Journal, 318,* 149-153.

Plotsky, P. M., Owens, M. J., & Nemeroff, C. B. (1995). Neuropeptide alterations in mood disorders. In F. E. Bloom & D. J. Kupfer (Eds.), *Psychopharmacology: The fourth generation of progress: An official publication of the American College of Neuropsychopharmacology* (pp. 971-982). New York: Raven Press.

Post, R. M., Jimerson, D. C., Ballenger, J. C., Lake, C. R., Uhde, T. W., & Goodwin, F. K. (1984). Cerebrospinal fluid norepinephrine and its metabolites in manic-depressive illness. In R. M. Post & J. C. Ballenger (Eds.), *Neurobiology of mood disorders: Vol. 1. Frontiers of clinical neuroscience* (pp. 539-553). Baltimore: Williams & Wilkins.

Potter, W. Z., & Prien, R. F. (1989). R*eport on the NIMH Workshop on the Treatment of Bipolar Disorder.* Unpublished manuscript, available from R. F. Prien, National Institute of Mental Health, Parklawn Building, 5600 Fishers Lane, Rockville, MD 20857.

Priebe, S., Wildgrube, C., & Muller-Oerlinghausen, B. (1989). Lithium prophylaxis and expressed emotion. *British Journal of Psychiatry, 154,* 396-399.

Rea, M. M., Tompson, M., Miklowitz, D. J., Goldstein, M. J., Hwang, S., & Mintz, J. (2003). Family-focused treatment vs. individual treatment for bipolar disorder: Results of a randomized clinical trial. *Journal of Consulting and Clinical Psychology, 71*(3), 482-92.

Regestein, Q. R., & Monk, T. H. (1991). Is the poor sleep of shift workers a disorder? *American Journal of Psychiatry, 148,* 1487-1493.

Riemann, D., Voderholzer, U., & Berger, M. (2002). Sleep and sleep-wake manipulations in bipolar depression. *Neuropsychobiology, 45*(Suppl. 1), 7-12.

Risch, S. C., Janowsky, D. S., Parker, D., Kalin, N. H., Aloi, J., Cohen, R. M., et al. (1984). Neuroendocrine abnormalities in affective disorders: Possible cholinergic mechanisms. In R. M. Post & J. C. Ballenger (Eds.), *Neurobiology of mood disorders: Vol 1. Frontiers of clinical neuroscience* (pp. 664-672). Baltimore: Williams & Wilkins.

Rush, A. J., Carmody, T., & Reimitz, P. E. (2000). The Inventory of Depressive Symptomatology (IDS): Clinician (IDS-C) and self-report (IDS-SR) ratings of depressive symptoms. *International Journal of Methods in Psychiatric Research, 9,* 45-59.

Rush, A. J., Giles, D. E., Schlesser, M. A., Fulton, C. L., Weissenburger, J. E., & Burns, C. T. (1986). The Inventory for Depressive Symptomatology (IDS): Preliminary findings. *Psychiatry Research, 18,* 65-87.

Rush, A. J., Giles, D. E., Schlesser, M. A., Orsulak, P. J., Parker, C. R., Jr., Weissenburger, J. E., et al. (1996). The dexamethasone suppression test in patients with mood disorders. *Journal of Clinical Psychiatry, 57*(10), 470-484.

Rush, A. J., Trivedi, M. H., Ibrahim, H. M., Carmody, T. J., Arnow, B., Klein, C. N., et al. (2003). The 16-item Quick Inventory of Depressive Symptomatology (QIDS), Clinician Rating (QIDS-C), and Self-Report (QIDS, SR): a psychometric evaluation in patients with chronic major depression. *Biological Psychiatry, 54*(5), 573-583.

Rutenfranz, J., Colquhoun, W. P., Knauth, P., & Ghata, J. N. (1977). Biomedical and psychosocial aspects of shift work: A review. *Scandinavian Journal of Work, Environment and Health, 3,* 165-182.

Rybakowski, J. K., & Twardowska, K. (1999). The dexamethasone/corticotropin-releasing hormone test in depression in bipolar and unipolar affective illness. *Journal of psychiatric Research, 33*(5), 363-370.

Sack, D. A., Rosenthal, N. E., Parry, B. L., & Wehr, T. A. (1987). Biological rhythms in psychiatry. In H. Y. Meltzer (Ed.), *Psychopharmacology: The third generation of progress* (pp. 669-685). New York: Raven Press.

Schatzberg, A. F., & Schildkraut, J. J. (1995). Recent studies on norepinephrine systems in mood disorders. In F. E. Bloom & D. J. Kupfer (Eds.), *Psychopharmacology: The fourth generation of progress: An official publication of the American College of Neuropsychopharmacology* (pp. 911-920). New York: Raven Press.

Schou, M., Juel-Nielsen, N., Stromgren, E., & Voldby, H. (1954). The treatment of manic psychoses by the administration of lithium salts. *Journal of Neurology,*

Neurosurgery, and Psychiatry, 17, 250-260.

Scott, J., Garland, A., & Moorhead, S. (2001). A pilot study of cognitive therapy in bipolar disorders. *Psychological Medicine, 31*(3), 459-67.

Sharma, V., Mazmanian, D. S., Persad, E., & Kueneman, K. M. (1997). Treatment of bipolar depression: A survey of Canadian psychiatrists. *Canadian Journal of Psychiatry, 42,* 298-302.

Shear, M. K., Cassano, G. B., Frank, E., Rucci, P., Rotondo, A., & Fagiolini, A. (2002). The panic-agoraphobic spectrum: Development, description, and clinical significance. *Psychiatric Clinics of North America, 25,* 739-756.

Shear, M. K., Greeno, C., Kang, J., Ludewig, D., Frank, E., Swartz, H. A., & Hanekamp, M. (2000). Diagnosis of non-psychotic patients in community clinics. *American Journal of Psychiatry, 157,* 581-587.

Sheehan, D. V., Lecrubier, Y., Sheehan, K. H., Amorim, P., Janavs, J., Weiller, E., et al. (1998). The Mini-International Neuropsychiatric Interview (M.I.N.I.): The development and validation of a structured diagnostic psychiatric interview for DSM-IV and ICD-10. *Journal of Clinical Psychiatry, 59*(Suppl. 20), 22-33.

Siever, L. J., Guttmacher, L. B., & Murphy, D. L. (1984). Serotonergic receptors; Evaluation of their possible role in the affective disorders. In R. M. Post & J. C. Ballenger (Eds.), *Neurobiology of mood disorders: Vol. 1. Frontiers of clinical neuroscience* (pp. 587-600). Baltimore: Williams & Wilkins.

Simon, G. E., Ludman, E. J., Unutzer, J., & Bauer, M. S. (2002). Design and implementation of a randomized trial evaluating systematic care for bipolar disorder. *Bipolar Disorders, 4*(4), 226-236.

Simon, G. E., Ludman, E. J., Unutzer, J., Bauer, M. S., Operskalski, B., & Rutter, C. (2005). Randomized trial of a population-based care program for people with bipolar disorder. *Psychological Medicine, 35,* 13-24.

Soldatos, C. R., & Bergiannaki, J. D. (2000). Sleep in depression and the effects of antidepressants on sleep. In U. Halbreich & S. A. Montgomery (Eds.), *Pharmacotherapy for mood, anxiety, and cognitive disorders* (pp. 255-272). Washington, DC: American Psychiatric Press.

Spencer, J. H., Glick, I. D., Haas, G. L., Clarkin, J. F., Lewis, A. B., Peyser, J., et al. (1988). A randomized clinical trial of inpatient family intervention: III. Effects at 6-month and 18-month follow-ups. *American Journal of Psychiatry, 145,* 1115-1121.

Suppes, T., Dennehy, A. C., Swan, C. L., Bowden, J. R., Calabrese, J. R., Hirschfeld, R. M. A., et al. (2002). Report of the Texas Consensus Conference Panel on medication treatment for bipolar disorder 2000. *Journal of Clinical Psychiatry,*

63, 288-299.

Suppes, T., Swann, A. C., Dennehy, E. B., Habermacher, E. D., Mason, M., Crismon, M. L., et al. (2001). Texas Medication Algorithm Project: Development and feasibility testing of a treatment algorithm for patients with bipolar disorder. *Journal of Clinical Psychiatry, 62*(6), 439-447.

Swartz, H. A., & Frank, E. (2001). Psychotherapy for bipolar depression: A phase-specific strategy? *Bipolar Disorders, 3,* 11-22.

Swartz, H. A., Frank, E., Shear, M. K., Thase, M. E., Fleming, M. A. D., & Scott, A. M. (2004). A pilot study of brief interpersonal psychotherapy for depression among women. *Psychiatric Services, 55,* 448-450.

Swartz, H. A., Pilkonis, P. A., Frank, E., Mallinger, A. G., Cherry, C. R., & Kupfer, D. J. (2000, January). *Bipolar disorder and comorbid borderline personality disorder: Treatment course and pharmacotherapy. Poster session at the Bipolar Disorder: From Pre-clinical to Clinical, Facing the New Millenium* meeting, Phoenix, AZ.

Swartz, H. A., Pilkonis, P. A., Frank, E., Proietti, J. M., & Scott, J. (2005). Acute treatment outcomes in patients with bipolar I disorder and co-morbid borderline personality disorder receiving medication and psychotherapy. *Bipolar Disorders, 7,* 192-197.

Szuba, M. P., Yager, A., Guze, B. H., Allen, E. M., & Baxter, Jr., L. R. (1992). Disruption of social circadian rhythms in major depression: A preliminary report. *Psychiatry Research, 42,* 221-230.

Tepas, D. I., & Monk, T. H. (1987). Work schedules. In G. Salvendy (Ed.), *Handbook of human factors* (pp. 819-843). New York: Wiley.

Thase, M. E., Frank, E., & Kupfer, D. J. (1985). Biological processes in major depression. In E. E. Beckham & W. R. Leber (Eds.), *Handbook of depression: Treatment, assessment, and research* (pp. 816-913). Homewood, IL: Dorsey Press.

Thase, M. E., Frank, E., Mallinger, A. G., Hamer, T., & Kupfer, D. J. (1992). Treatment of imipramine-resistant recurrent depression: III. Efficacy of monoamine oxidase inhibitors. *Journal of Clinical Psychiatry, 53*(1), 5-11.

Thase, M. E., Mallinger, A. G., McKnight, D., & Himmelhoch, J. M. (1992). Treatment of imipramine-resistant recurrent depression: IV. A double-blind crossover study of tranylcypromine for anergic bipolar depression. *American Journal of Psychiatry, 149*(2), 195-198.

Tohen, M., Bowden, C., Calabrese, J., Sachs, G., Jacobs, T., Baker, R., & Evans, A. (2003, May). *Olanzapine versus placebo for relapse prevention in bipolar disorder.* Paper presented at the 156th annual meeting of the American Psychiatric

Association, San Francisco.

Tohen, M., Marneros, A., Bowden, C., Calabrese, J., Koukopoulis, A., Belmaker, H., et al. (2002, September). *Olanzapine vs. lithium in relapse prevention in bipolar disorder: A randomized double-blind controlled 12-month clinical trial.* Paper presented at the Third European Stanley Foundation Conference on Bipolar Disorder, Freiburg, Germany.

Tohen, M., Waternaux, C. M., & Tsuang, M. T. (1990). Outcome in mania: A 4-year prospective follow-up of 75 patients utilizing survival analysis. *Archives of General Psychiatry, 47,* 1106-1111.

Van Gent, E. M., Vida, S. L., & Zwart, F. M. (1988). Group therapy in addition to lithium therapy in patients with bipolar disorder. *Acta Psychiatrica Belgica, 88,* 405-418.

Van Gent, E. M., & Zwart, F. M. (1991). Psychoeducation of partners of bipolar-manic patients. *Journal of Affective Disorders, 21,* 15-18.

Van Gent, E. M., & Zwart, F. M. (1994). A long follow-up after group therapy in conjunction with lithium prophylaxis. *Nordic Journal of Psychiatry, 48,* 9-12.

Vaughn, C. E., & Leff, J. P. (1976). The influence of family and social factors on the course of psychiatric illness: A comparison of schizophrenia and depressed neurotic patients. *British Journal of Psychiatry, 129,* 125-137.

Volkmar, F. R., Bacon, S., Shakir, S. A., & Pfefferbaum, A. (1981). Group therapy in the management of manic-depressive illness. *American Journal of Psychotherapy, 35,* 226-334.

Wehr, T. A., & Goodwin, F. K. (1983). Biological rhythms in manic-depressive illness. In T. A. Wehr, & F. K. Goodwin (Eds.), *Circadian rhythms in psychiatry, psychobiology and psychopathology* (pp. 129-184). Pacific Grove, CA: Boxwood Press.

Wehr, T. A., Sack, D. A., & Rosenthal, N. E. (1987). Sleep reduction as a final common pathway in the genesis of mania. *American Journal of Psychiatry, 144,* 210-214.

Weissman, M. M., Markowitz, J., & Klerman, G. L. (2000). *Comprehensive guide to interpersonal psychotherapy.* New York: Basic Books.

Wever, R. A. (1984). Man in temporal isolation: Basic principles of the circadian system. In S. Folkard & T. H. Monk (Eds.), *Hours of work: Temporal factors in work-scheduling* (pp. 15-28). New York: Wiley.

Wever, R. A. (1988). Order and disorder in human circadin rhythmicity: Possible relations to mental disorders. In D. J. Kupfer, T. H. Monk, & J. D. Barchas (Eds.), *Biological rhythms and mental disorders* (pp. 253-346). New York: Guilford

Press.

Wilner, P. (1995). Dopaminergic mechanisms in depression and mania. In F. E. Bloom & D. J. Kupfer (Eds.), *Psychopharmacology: The fourth generation of progress: An official publication of the American College of Neuropsychopharmacology* (pp. 921-932). New York: Raven Press.

Wirz-Justice, A., & Van den Hoofdakker, R. H. (1999). Sleep deprivation in depression: What do we know, where do we go? *Biological Psychiatry, 46*(4), 445-453.

Wulsin, L., Bachop, M., & Hoffman, D. (1988). Group therapy in manic-depressive illness. *American Journal of Psychotherapy, 42,* 263-271.

Yatham, L. N., Kusumaker, V., Parikh, S. V., Haslam, D. R. S., Matte, R., Sharma, V., & Kennedy, S. (1997). Bipolar depression: Treatment options. *Canadian Journal of Psychiatry, 42*(Suppl. 2), 87S-91S.

Yatham, L. N., Liddle, P. F., Shiah, I., Lam, R. W., Ngan, E., Scarrow, G., et al. (2002). PET study of [18F]6-fluoro-L-dopa uptake in neuroleptic- and mood-stabilizer-naive first-episode nonpsychotic mania: Effects of treatment with divalproex sodium. *American Journal of Psychiatry, 159*(5), 768-774.

Young, R. C., Biggs, J. T., Ziegler, V. E., & Meyer, D. A. (1978). A rating scale for mania: Reliability, validity, and sensitivity. *British Journal of Psychiatry, 133,* 429-435.

Zaretsky, A. E., Segal, Z. V., & Gemar, M. (1999). Cognitive therapy for bipolar depression: A pilot study. *Canadian Journal of Psychiatry, 44,* 491-494.

찾아보기

저자 소개

Ellen Frank 박사는 미국 피츠버그 대학교 의과대학의 정신의학 및 심리학 교수이다. 1979년 피츠버그 대학교에서 심리학으로 박사학위를 받았다. Frank 박사의 업적은 기분장애의 치료, 특히 재발 예방에 집중되어 있다. 그녀는 350건이 넘는 학술논문, 저서 그리고 교재를 집필하였다.

TREATING BIPOLAR DISORDER

역자 소개

김빛나(Kim, Bin-Na)는 서울대학교 윤리교육과를 졸업하고, 동 대학원 심리학과에서 임상 · 상담심리학을 전공하여 양극성 장애에 대한 연구로 박사학위를 받았다. 삼성서울병원 정신과에서 임상심리 레지던트 과정을 수료하였으며, 임상심리전문가와 정신보건임상심리사 1급 자격증을 취득하였다. 현재 서울대학교 등에 출강하고 있다. 우울증과 양극성 장애 등 기분장애에 관심을 가지고 있으며, 『양극성 장애』(2판, 공저, 학지사, 2016) 외에 정신병리 및 심리평가에 대한 다수의 국내외 논문을 집필하였다.

양극성 장애의 치료

대인관계 및 사회적 리듬 치료의 임상가 가이드

Treating Bipolar Disorder: A Clinician's Guide to Interpersonal and Social Rhythm Therapy

2018년 6월 5일 1판 1쇄 인쇄
2018년 6월 15일 1판 1쇄 발행

지은이 • Ellen Frank
옮긴이 • 김빛나
펴낸이 • 김진환
펴낸곳 • (주) 학지사
04031 서울특별시 마포구 양화로 15길 20 마인드월드빌딩
대표전화 • 02)330-5114 팩스 • 02)324-2345
등록번호 • 제313-2006-000265호

홈페이지 • http://www.hakjisa.co.kr
페이스북 • https://www.facebook.com/hakjisabook

ISBN 978-89-997-1561-7 93180

정가 18,000원

이 도서의 국립중앙도서관 출판시도서목록(CIP)은 서지정보유통지원시스템 홈페이지(http://seoji.nl.go.kr)와 국가자료공동목록시스템(http://www.nl.go.kr/kolisnet)에서 이용하실 수 있습니다.
(CIP 제어번호: CIP2018014838)